BÄREN

BÄREN

Sue Pearson

WILHELM HEYNE VERLAG
MÜNCHEN

Dieses Buch ist den Agg-Kindern gewidmet:
Edward, William, Thomas, Henry und Emily

Titel der englischen Originalausgabe: BEARS
Aus dem Englischen von Simone Wiemken

Die Originalausgabe erschien 1995 im Verlag
De Agostini Editions Ltd, London
Copyright © 1995 De Agostini Editions Ltd
Text © 1995 Sue Pearson
Copyright © 1996 der deutschen Ausgabe
by Wilhelm Heyne Verlag GmbH & Co. KG, München
Umschlaggestaltung: Art & Design Norbert Härtl, München
Buchdesign: Manisha Patel
Satz: Kort Satz GmbH, München
Printed in Italy by Officine Grafiche De Agostini, Novara

ISBN 3-453-09750-5

Inhalt

Einführung

Teddybären zu sammeln ist meine größte Leidenschaft. Sie hat mich in viele Länder geführt, und durch sie habe ich viele nette Leute kennengelernt und gute Freunde gewonnen. Meinen ersten Bären, den meine Mutter mir schon früh schenkte, habe ich sehr geliebt. Er hatte sie bereits durch ihre eigene Kindheit begleitet, und als ich ihn bekam, trug er eine wunderschöne Jacke mit Silberknöpfen, die meine Großmutter für ihn genäht hatte. Diesen Bären habe ich noch heute, und er nimmt in meiner Sammlung einen Ehrenplatz ein.

Ich habe großes Glück, denn ich bekomme in meinem Geschäft in der Altstadt von Brighton viele wundervolle Bären zu sehen. Mein Laden ist voll von ihnen, und jeden Morgen, wenn ich das Geschäft aufschließe, freue ich mich über ihre putzigen Pelzgesichter. Einige von ihnen sind unverkäuflich, denn mir geht es wie jedem anderen Sammler: Es gibt immer wieder einen Bären, der sagt »Nimm mich mit«, und dem kann ich nicht widerstehen. Ich freue mich sehr, Ihnen in diesem Buch einige meiner Bären vorstellen zu können, und hoffe nur, sie verleiten Sie dazu, Ihren eigenen Lieblingsbären zu finden, denn ich weiß, wieviel Freude er in Ihr Leben bringen kann.

LINKS Ein Foto von mir mit nur einigen meiner Lieblinge.

RECHTS Mein allererster Bär, den ich als Kind von meiner Mutter bekam.

Wie fängt man an, Teddybären zu sammeln?

Bärenjagd

Welche Art von Bären jemand sammelt, hängt immer von seinem persönlichen Geschmack ab – sind zehn Sammler in einem Raum voller Bären, wird sich wahrscheinlich jeder einen anderen aussuchen.

Manche Sammler bevorzugen neue Bären, die entweder von einem der vielen Teddybärdesigner stammen, die es heute gibt, oder aus einer der berühmten Manufakturen wie Steiff oder Gebrüder Hermann in Deutschland oder Merrythought und Dean's in England. Andere sammeln nur Bären aus der Zeit vor

Rote, weiße und blaue Miniaturmaskottchen aus dem Ersten Weltkrieg.

dem Zweiten Weltkrieg. Viele Leute beginnen ihre Sammlung mit nur einer bestimmten Art von Bären, zum Beispiel den Repliken eines Herstellers oder den Designerbären eines bestimmten Künstlers, doch obwohl dies ein guter Anfang ist, begrenzt es die Auswahl, und die meisten Sammler erweitern deshalb schon bald ihr Sammelgebiet.

Ein Merrythought-Bär von 1991.

Bären einer bestimmte Farbe zu sammeln, kann viel Spaß machen – die schwarzen sind besonders gefragt. Natürlich grenzt auch diese Beschränkung die Auswahl enorm ein, stellt aber für den Sammler eine besondere Herausforderung dar. Farbige Bären gibt es in großer Vielzahl, und sie geben ein hübsches Bild ab, wenn sie nebeneinander auf einem Regal sitzen. Sie wurden vor allem gegen Ende der 20er und während der 30er Jahre hergestellt, und es gibt sie in unzähligen Farben und Farbkombinationen: Rosa, Blau, Grün, Rot, Orange und Weiß, um nur einige zu nennen.

Viele Leute bevorzugen Miniaturbären, weil ihre Sammlung weniger Platz braucht. Das ist gar kein so abwegiger Gedanke – man glaubt

kaum, wie schnell Teddybären sich ausbreiten und ein ganzes Haus besetzen können! Die Auswahl an Miniaturen ist riesig, denn sie wurden nicht nur von den frühen Manufakturen wie Schuco und Steiff hergestellt, sondern werden auch von modernen Herstellern und Künstlern produziert. Sie sind oft leuchtend bunt und meist Einzelstücke und machen sich besonders gut, wenn man mehrere von ihnen in einer Vitrine ausstellt.

Einige Sammler alter Bären kaufen nur Stücke im Bestzustand, während andere speziell nach alten, abgegriffenen Bären suchen, die einen besonderen Charme haben. Ebenso bestehen manche Sammler auf einem Echtheitszertifikat und kaufen nur Bären, die noch die Etiketten namhafter Hersteller tragen. Andererseits sind auch Bären, deren Hersteller nicht mehr nachzuweisen ist, ein interessantes Sammelgebiet; sie haben zudem den Vorteil, daß sie meist preiswerter sind.

Sehr beliebt sind auch bekleidete Bären. Es gibt original alte und neue Bären zu kaufen und auch Miniaturen, die

LINKS Ein deutscher Musikbär von Jopi aus den 20er Jahren.

RECHTS Ein farbenfroher Hugmee-Bär von Chiltern aus den 30er Jahren.

Kleidung tragen. Auch viele Bärendesigner ziehen ihre Bären an. Für manche Sammler kommen allerdings nur Bären im Originalzustand in Frage, und bei ihnen sind Zustand und Qualität des Pelzes von ausschlaggebender Bedeutung.

Manche Bären haben eine interessante Geschichte, manchmal existieren sogar noch Fotos ihrer früheren Besitzer und eine Familiengeschichte. Eine ganze Sammlung von ihnen zusammenzustellen, dürfte schwierig sein, aber ein oder zwei dieser »Bären mit Geschichte« wären eine nette Ergänzung für jede Kollektion.

Doch dies sind nur Vorschläge. Niemand ist gezwungen, sich für eine bestimmte Art von Bären zu entscheiden – es gibt Hunderte von Sammlern, die jeden Bären nehmen, ob alt oder neu, klein oder groß; das einzige Kriterium ist, daß er ihnen gefällt und sie ihn mitnehmen wollen.

Trotz seines erbärmlichen Zustands hat dieser Bär ein ansprechendes Gesicht.

Wer sammelt denn überhaupt Bären? Ein Bär aus der eigenen Kindheit oder ein von einem Vorfahren geerbter alter Bär haben schon so manchen dazu gebracht, eine Sammlung anzufangen. Manche Sammler hatten vielleicht nur vor, einem auf dem Dachboden oder im Keller gefundenen alten Bären einen Gefährten zu schenken. Einen Teddybären zu verschenken, war schon immer ein Ausdruck von Zuneigung – man schenkt sie Freunden zum Geburtstag und zu anderen schönen Anlässen. Auch diese Geschenke können sich als Grundstein zu einer Sammlung erweisen.

Bären werden sowohl von Männern als auch von Frauen gesammelt; von jungen Leuten ebenso wie von alten, und schon so manches Paar hat sich bei dem Versuch, einen Bären auszuwählen, hoffnungslos zerstritten!

Wo Sie Ihren Bären kaufen, hängt in erster Linie von Ihrem Wohnort ab; in manchen Ländern ist das Angebot an Sammlerstücken viel größer als in anderen, und beson-

Zwillingsbären, ca. 1912, in alte Taufkleider gewandet.

ders passionierte Sammler schrecken auch vor Reisen ins Ausland nicht zurück, um einen bestimmten Bären zu bekommen. Diejenigen, die das Glück haben, einen auf Teddybären spezialisierten Laden in ihrer Nähe zu haben, können sich von ihrem Händler beraten und helfen lassen. Außerdem bekommt man in diesen Geschäften ein Zertifikat, auf dem das ungefähre Alter des Bären ebenso vermerkt ist wie der Hersteller, falls er festgestellt werden kann (was wichtig ist, wenn Sie Ihre Neuerwerbung versichern wollen). Viele dieser Geschäfte bieten Ratenzahlung an, was für Sammler mit begrenzten finanziellen Mitteln sehr angenehm ist.

Für diejenigen, die kein Teddybärgeschäft in ihrer Nähe haben, empfiehlt es sich, eine Fachzeitschrift zu abonnieren. In ihr finden sich viel Wissenswertes über Bären, aber auch Kleinanzeigen von Händlern, von denen viele auch per Post liefern.

Besonders gut einkaufen kann man auf Ausstellungen. Sie werden weltweit abgehalten und in den Zeitschriften angekün-

LINKS Diese beiden hübschen alten Steiff-Bären gehörten einmal Zwillingsmädchen.

LINKS Fotos von Bären mit ihren früheren Besitzern sind bei Sammlern sehr beliebt.

digt. Auf diesen Ausstellungen findet man Designer und Händler unter einem Dach. So viele Bären auf einmal zu sehen, nützt vor allem dem Neuling, denn er kann sich einen Überblick über Marktlage und Preise verschaffen. Anwesend sind auch immer zahlreiche Fachleute, die bereit sind, Anfängern mit Rat und Tat zu helfen – also scheuen Sie sich nicht, sie anzusprechen!

Teddybärenfreunde mit kleinem Geldbeutel können auf Flohmärkten oder bei Haushaltsauflösungen gute Schnäppchen machen. Auch auf Möbel- oder Haushaltsauktionen tauchen Bären auf, die einsam und verloren herumsitzen und nur darauf warten, daß jemand sie mitnimmt und ihnen ein schönes Zuhause gibt. In den größeren Auktionshäusern werden gelegentlich Teddybären und Puppen versteigert, und vielleicht finden Sie dort genau den Bären, der in Ihrer Sammlung noch fehlt.

Wer ernsthaft Teddybären sammeln will, braucht als erstes ein gutes Buch zum Thema. Es versorgt den Neuling mit nützlichen Hintergrundinformationen und weist ihn in die richtige Richtung. Vor dem Kauf des ersten Bären empfiehlt es sich, Erfahrungen zu sammeln – besuchen Sie Teddybärgeschäfte und nehmen Sie möglichst viele Bären in die Hand, um ein Gefühl

Nicht identifizierbare Bären können wunderschön sein und sind außerdem relativ preiswert zu haben.

für sie zu bekommen und zu lernen, worin sich die verschiedenen Materialien unterscheiden. Vergessen Sie dabei nicht, daß sich Ihr Geschmack mit der Zeit ändern könnte; lassen Sie sich Zeit, herauszufinden, was Ihnen gefällt, und kaufen Sie nicht übereilt.

Zertifikate

Wenn Sie einen Bären kaufen, sei es in einem Geschäft oder auf einer Auktion, lassen Sie sich stets ein Zertifikat geben, auf dem das ungefähre Herstellungsdatum (das ist das Wichtigste, vor allem wenn es vor 1940 liegt) und, falls bekannt, der Hersteller und das Ursprungsland vermerkt sind. Schließen Sie für

jeden wertvollen Bären eine Versicherung ab. Machen Sie ein Foto von ihm und heben Sie es bei den Versicherungsunterlagen auf.

Fälschungen

Wegen der steigenden Beliebtheit alter Bären sind mittlerweile auch viele Fälschungen auf dem Markt. Für jeden Sammler ist es enttäuschend, wenn er herausfindet, daß der für teures Geld auf einer Auktion gekaufte alte und schmutzige Teddybär eine Fälschung ist, doch ohne ordentliches Zertifikat kann er dagegen nichts tun. Diese Fälschungen werden nur hergestellt, um gutgläubige Sammler zu betrügen. Man sollte sie jedoch nicht verwechseln mit neuen Designerbären oder Repliken, die zwar Etiketten tragen wie ihre alten Vorbilder, aber kein Alter vortäuschen. Fälschungen sind in der Regel leicht festzustellen, obwohl sie oft Merkmale aufweisen, die auch echte alte Stücke haben (lange Arme, einen Buckel, eine Strohfüllung), doch meistens nicht in der richtigen Kombination. Wer einmal eine Fälschung in der Hand hatte, ist in der Lage, auch alle anderen zu erkennen. Das auffälligste Merkmal aller gefälschten Bären ist, daß sie fast ausnahmslos sehr schmutzig sind (und oft auch um die Nase und am Bauch sehr abgenutzt, damit sie echter aussehen).

Eine typische Fälschung.

Über dieses Buch und die Preisangaben

Die Bären in diesem Buch sind geographisch geordnet und nach ihren Herstellern aufgelistet. Außerdem finden Sie Abschnitte über die Pflege Ihrer Bären und im Anhang ein Verzeichnis mit Adressen in aller Welt. Auch die wichtigsten Veranstaltungen sind aufgeführt. Die angegebenen Preise sollen nur als Anhaltspunkte dienen und geben den Marktpreis zur Zeit der Drucklegung an. Sie können von Land zu Land stark differieren. Eine große Rolle spielt der Zustand – ein Bär im Spitzenzustand mit allen Etiketten ist wesentlich mehr wert als einer in mäßigem Zustand und ohne Etikett. Außerdem regeln Angebot und Nachfrage den Preis.

Detektivspiel

Es gibt eine Reihe von Dingen, worauf Sie vor dem Kauf achten sollten, denn oft ist der niedliche Teddy, in den Sie sich verliebt haben, nicht das, was er zu sein scheint!

Checkliste für Bärenkäufer

 **Welches Material wurde verwendet?** Das Fell alter Bären ist gewöhnlich aus Wollmohair. Von 1930 an wurde Kunstseidenplüsch verwendet und nach dem Zweiten Weltkrieg Baumwollplüsch. In den 50er Jahren kamen dann Nylonplüsch und andere Kunstfasern hinzu. Vor allem in Frankreich wurde für die meisten Bären kurzer Mohair- oder Baumwollplüsch verwendet. Es ist wichtig, sich Aussehen und Struktur dieser verschiedenen Materialien einzuprägen, außerdem sollten Sie so viele alte Bären wie möglich ansehen und in die Hand nehmen, denn das erleichtert es Ihnen, das Alter und die Herkunft eines Bären zu schätzen, den Sie zu kaufen beabsichtigen.

 **Sitzen die Ohren an der richtigen Stelle?** Vergleichen Sie Ihren Bären mit denen in alten Prospekten, um zu sehen, ob die Ohren original sind. Suchen Sie nach Löchern im Plüsch, die darauf hindeuten, daß die Originalohren abgetrennt wurden. Wenn Löcher zu finden sind, sind die Ohren irgendwann ersetzt worden.

 **Passen die Augen zum Bärentyp?** Wenn der Bär vor dem Ersten Weltkrieg hergestellt wurde, müßte er Augen aus Schuhknöpfen haben. Von den 20er Jahren an wurde vielfach Glas verwendet (in Großbritannien allerdings schon etwas früher), und von den 50er Jahren an sind die Augen aus Plastik.

 **Ist die aufgestickte Nase erneuert worden, und wenn ja, wie originalgetreu?** Dies ist ein besonders wichtiges Merkmal, denn jeder Hersteller gab seinen Bären eine unverwechselbare Nasenform, wodurch man sie relativ leicht zuordnen kann. Häufig wurden die Nasen mit schwarzer Wolle nachgestickt, was nicht korrekt ist, denn die meisten Hersteller haben Nähseide verwendet (von den 50er und 60er Jahren an wurden auch Nasenspiegel aus Gummi und Plastik aufgesetzt).

 **Welche Füllung wurde verwendet?** Wie schwer ist der Bär? Fühlt er sich leicht an, ist er mit Kapok gefüllt, eventuell mit etwas Holzwolle vermischt, wenn er aus England kommt. Ist er nur mit Holzwolle gefüllt, knirscht er, wenn man ihn drückt. Nach 1940 hergestellte Bären können mit »Sub« gefüllt sein, und später wurden sehr leichte Schaumstoffe verwendet. In Frankreich wurde Holzwolle länger verwendet als in Deutschland und England, und die meisten frühen Bären aus Frankreich sind sehr hart gestopft.

 **Woraus bestehen die Fußsohlen?** Sind sie ersetzt worden? Das bei alten Bären am häufigsten verwendete Material war Filz. Auch Baumwolle war gebräuchlich, vor allem in Australien, doch sie ist nicht sehr haltbar und bei den wenigsten Bären noch im Original vorhanden. In den späten 30er Jahren waren Samt und Rexin sehr beliebt, und einige der späteren Bären haben mit Plüsch oder Leder bezogene Pfoten. In den 70er Jahren wurde Alcantara, ein damals neues Material, verwendet. Es ist zwar immer schön, einen Bären im Originalzustand zu finden, doch die Fußsohlen sind meist stark abgenutzt. Sind sie jedoch fachmännisch erneuert worden, bedeutet dies keine Wertminderung. Vielleicht haben Sie auch Glück – manchmal finden sich unter den aufgesetzten Stoffstücken perfekt erhaltene Originale.

 **Hat der Bär ein Etikett?** Das ist natürlich die einfachste und sicherste Methode, einen Bären zu identifizieren, doch leider hatten vor allem die frühen Bären nur Etiketten aus Papier, die längst verloren gingen. Achten Sie also auf eingestickte Firmenzeichen und Metallknöpfe an den Armen oder im Ohr.

 **Ist der Bär beweglich?** Viele alte Bären haben runde Pappgelenke, die von außen nicht zu sehen sind; in den 60er Jahren wurden auch Bären ohne Gelenke hergestellt. In Frankreich und Japan bevorzugte man Drahtverbindungen, die von außen zu sehen sind, und bei den meisten australischen Bären ist der Kopf nicht beweglich.

 **Wie sieht der Bär aus?** Längere Arme und eine längere Schnauze deuten gewöhnlich darauf hin, daß der Bär Anfang dieses Jahrhunderts hergestellt wurde. Wenn Ihr Bär außerdem einen Buckel hat, ist er vermutlich ebenfalls sehr alt. Bären aus der Zeit nach dem Zweiten Weltkrieg haben generell kürzere Arme und ein flacheres Gesicht. Machen Sie sich mit den Produkten der verschiedenen Hersteller vertraut, denn sie haben alle ihren eigenen Stil.

 **In welchem Zustand ist der Bär?** Betrachten Sie ihn genau, um keine möglicherweise sorgfältig vertuschten Schäden zu übersehen. Wenn der Bär bekleidet ist, sehen Sie auch unter der Kleidung nach und achten Sie auf Abnutzung oder Mottenfraß (ein Kleid oder Pullover kann abgewetztes Fell oder eine ersetzte Gliedmaße verbergen). Fast alle Schäden können irgendwie behoben werden, die einzige Ausnahme sind Fäulnisschäden, die sich nicht rückgängig machen lassen.

Die Geschichte des Bärensammelns

Die dressierten Tanzbären der fahrenden Schausteller des 19. Jahrhunderts waren die ersten Bären, die die breite Öffentlichkeit zu Gesicht bekam. Sie bildeten die Grundlage für die Herstellung der ersten holzgeschnitzten Bären in der Schweiz und in Deutschland, heute als Schwarzwaldbären bezeichnet. Andere frühe Bärenprodukte sind die englischen Keramikbecher, auf denen Bären dargestellt sind, die einen Ring in der Nase tragen oder mit Ketten gefesselt sind und an den grausamen Sport der Bärenhatz erinnern.

Die ersten weichen Spielzeugbären erschienen um die Jahrhundertwende; sie standen auf allen vieren und waren oft auf eine Platte mit Rädern montiert – sowohl Steiff als auch die französischen Firmen Martin und Pintel haben solche Bären produziert. Postkarten und Bücher zeigten Bären oder handelten von ihnen, häufig von Grizzlybären, und viele basieren auf alten Märchen und Fabeln. Eines der bekanntesten Märchen ist *Goldlöckchen und die drei Bären*, das in viele Sprachen übersetzt wurde.

Doch wie wurde aus diesem gefährlich aussehenden Tier der von allen Kindern geliebte Teddy, wie wir ihn heute kennen?

Wer den Teddybären erfunden hat, ist bis heute ungeklärt, doch die Amerikaner erheben den bekanntesten und am besten dokumentierten Anspruch auf diese Erfindung. 1902 soll dem amerikanischen Präsidenten Theodore Roosevelt auf einem Jagdausflug in Mississippi kein einziger Bär vor die Flinte gelaufen sein. Daraufhin fingen seine Begleiter ein Jungtier und banden es an einen Baum, doch der Präsident weigerte sich, auf das Tier zu schießen. Die *Washington Post* vom 16. November 1902 berichtete über dieses Ereignis, und der Artikel war illustriert mit der inzwischen berühmt gewordenen Karikatur von Clifford K. Berryman, die den Titel »Drawing the Line in Mississippi« trägt. Diese Zeichnung war ein voller Erfolg und erregte großes Aufsehen. Sie brachte Morris Michtom, einen russischen Einwanderer, auf die Idee, einen

»Drawing the Line in Mississippi«. Diese Karikatur von Clifford Berryman erschien am 16. November 1902 in der *Washington Post*.

Spielzeugbären herzustellen und in seinem Geschäft in Brooklyn zu verkaufen. Er nannte ihn Teddy's Bear (Roosevelts Spitzname war Teddy); angeblich hatte er zuvor die Erlaubnis des Präsidenten eingeholt, seinen Namen verwenden zu dürfen. Der Rest ist Geschichte. Die amerikanischen Großhändler Butler Brothers kauften Michtoms gesamten Bestand an Teddybären auf und ermöglichten es ihm, die erste Teddybärenfabrik der Vereinigten Staaten zu gründen – die Ideal Novelty and Toy Co. Schon 1907 wurden dort Teddybären in großer Stückzahl hergestellt.

Zur selben Zeit, in der in den Vereinigten Staaten das Teddybärenfieber ausbrach, wurden die Bären auch in Deutschland immer beliebter. 1903 entwarf Richard Steiff einen Plüsch-

OBEN Die frühesten »glotzäugigen« Bären von Ideal sind dem von Berryman gezeichneten noch sehr ähnlich.

Schädel eines hölzernen Schwarzwaldbären.

Ein früher Bär auf Rädern.

No. II. The Roosevelt Bears at the Boston Public Library.
"They took the books and down they sat,
To read Emerson and the Autocrat."

LINKS Auf frühen Postkarten und in Büchern sind oft realistische Grizzlybären dargestellt. Seymour Eatons Teddy B und Teddy G, die hier abgebildet sind, sind typische Beispiele.

bären für die Spielzeugfabrik seiner Tante. Er basierte auf Zeichnungen, die er von Bären im Stuttgarter Zoo angefertigt hatte. Steiffs erster Bär – der Bär 55PB – erregte auf der Leipziger Spielwarenmesse das Interesse des amerikanischen Großhändlers George Borgfeldt, der sofort 3000 Stück bestellte. 1905 ließ Steiff sein Knopf-im-Ohr-Warenzeichen registrieren, und von 1907 an trugen die Bären von Steiff den Namen Teddy. 1907 erschien das Wort Teddybär erstmals in einem Wörterbuch; alle früheren Spielzeugbären trugen offenbar den Namen Bruin. Der amerikanische Schriftsteller Seymour Eaton soll der erste gewesen sein, der das Wort Teddybär in einem seiner Gedichte über die Roosevelt-Bären Teddy B und Teddy G benutzt hat, doch es herrscht Einstimmigkeit darüber, daß Michtom der Erfinder des Namens ist.

LINKS Ein früher Steiff, ca. 1905.

RECHTS Ein lilafarbener Farnell.

die Umstellung auf Bären kein Problem war. Diese frühen englischen Bären sind heute beliebte Sammelobjekte.

Der Ausbruch des Ersten Weltkrieges änderte einiges, denn die Einschränkungen des Handels mit Deutschland führten dazu, daß die Länder ihren Bedarf an Bären nun selbst decken mußten – die Firmen Chad Valley, Chiltern und Farnell in Großbritannien, Pintel und Fadap in Frankreich und Joy Toys in Australien waren von 1920 an bekannt für ihre Teddybären. Vor dem Ersten Weltkrieg hatten die Bären noch Augen aus Schuhknöpfen, doch von den 20er Jahren an wurden sie allmählich von Glasaugen abgelöst. Die einzige Ausnahme machte Großbritannien – dort wurden schon ab 1912 Bären mit Glasaugen hergestellt. Die frühen Bären waren mit Excelsior fest ausgestopft, doch nach dem Ersten Weltkrieg wurde zunehmend Kapok, ein weicheres und sich angenehmer anfühlendes Material, verwendet.

In den 20er Jahren kamen ständig Neuheiten heraus, denn die Hersteller in der ganzen Welt kämpften miteinander um die Vorherrschaft auf dem Markt. In den 30er Jahren waren bunte Bären sehr beliebt, und alle großen Hersteller produzierten Bären in leuchtendem Blau, Rot, Grün und Pink. Typische Produkte dieser Zeit sind auch die bunten, fröhliche Weisen

Chilterns erster Bär: Der Master Teddy.

Auch die Briten behaupten, den ersten Teddybären hergestellt zu haben; allerdings klingt ihre Begründung dafür etwas schwach. Der englische König Edward VII. soll sich im Londoner Zoo in einen australischen Koalabären verliebt haben, worauf das Tier ihm zu Ehren den Namen Teddybär bekam. Diese Geschichte muß nicht stimmen, doch ist sie ein gutes Indiz für das zu jener Zeit herrschende enorme Interesse an Teddybären.

Zwischen 1906 und 1908 erreichte das Teddybär-Fieber seinen Höhepunkt, und dieser Zeitraum wird, vor allem in den USA, oft als »die Teddybär-Jahre« bezeichnet, zumal er mit der zweiten Amtszeit von Präsident Roosevelt zusammenfällt (1905–1909). Deutschland war der wichtigste Hersteller, und ein Großteil der Produktion ging in den Export. Doch auch andere Länder begannen Anfang des 20. Jahrhunderts, Teddybären für den eigenen Markt herzustellen, unter ihnen Großbritannien, für dessen hochentwickelte Spielzeugmanufakturen

LINKS Ein blonder Steiff aus den 20er Jahren.

RECHTS Ein Ja/Nein-Bär aus den 30er Jahren mit Originaletikett von Schuco.

spielenden Musikbären des deutschen Herstellers Jopi. Zu jener Zeit gab es auch Teddybären, die als Clowns oder Hofnarren verkleidet waren – die Firma Steiff war nur eine unter vielen, die einen Teddybär-Clown herausbrachte. Solche besonderen Bären wurden auf der ganzen Welt produziert – in Australien und Japan ebenso wie in Großbritannien und Deutschland. Die deutschen Hersteller Schuco und Gebrüder Bing stellten Bären her, die liefen, tanzten, Purzelbäume schlugen und sogar Ball spielten. Auch Miniaturen waren sehr gefragt, und die Kompaktpuderdosen und Parfümflaschen in Bärengestalt von der Firma Schuco wurden in der Modewelt begeistert aufgenommen. Um diese Zeit wurden auch die Geschichten von Winnie the Pooh (Pu der Bär) und dem Bären Rupert geschrieben.

In den 30er Jahren wurden neue Materialien wie Kunstseidenplüsch verwendet, und eine neue Variation des Teddybären kam auf den Markt: der Pandabär, der in Großbritannien und in den Vereinigten Staaten erstmals in Zoologischen Gärten zu sehen war. Merrythought, Chiltern und Gund waren in den 30er

Jahren die wichtigsten Hersteller weicher Stoffpandas.

Bei Ausbruch des Zweiten Weltkrieges im Jahr 1939 kam die Spielzeugproduktion fast völlig zum Erliegen, denn Material und Arbeitskräfte wurden in der Rüstungsindustrie gebraucht. Viele Fabriken mußten schließen und nahmen die Produktion nie wieder auf; diejenigen, die immer noch Bären herstellten, waren gezwungen, ihre Designs grundlegend zu ändern: Bären, die während des Krieges hergestellt wurden, sind von ökonomischerem Zuschnitt und haben oft kürzere Beine und einen kleineren Körper. Eine Möglichkeit, der drastischen Materialknappheit entgegenzuwirken, war es, die Bären anzuziehen. Unter der Kleidung bestand der Bär aus Baumwolle, die wesentlich billiger war als Mohair.

Nach dem Zweiten Weltkrieg ließen sich viele neue Hersteller in der amerikanisch besetzten Zone Deutschlands nieder, und auch die anderen Länder begannen allmählich, sich von den ihnen durch den Krieg auferlegten Beschränkungen zu erholen. Bären wurden aus jedem Stoff gefertigt, der zu bekommen war, vor allem aber aus Wolle und Baumwolle. Die teure Füllung aus Kapok und Holzwolle, die vor dem Krieg gebräuchlich war, wurde durch »Sub« ersetzt, billige Baumwollreste, die als Abfallprodukte anfielen.

1948 meldete die englische Teddybär-Herstellerin Wendy Boston die ersten kindersicheren Teddybär-Augen zum Patent an. Außerdem wurden synthetische Materialien patentiert, die ein preisgünstigeres Teddyfell abgaben als Mohair. 1954 war es wieder Wendy Boston, die den ersten waschbaren Teddybären auf den Markt brachte. Er bestand aus Nylon und war mit Schaumstoff gefüllt – ihre Bären konnten sogar in die Waschmaschine gesteckt werden.

In den 60er und 70er Jahren ging der Trend von den traditionellen Bären des

Ein in den 40er Jahren von Gund produzierter Panda aus Synthetikplüsch.

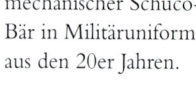

OBEN Einer der vielen als Clown verkleideten Bären, die in den 30er Jahren auf den Markt kamen.

RECHTS Ein mechanischer Schuco-Bär in Militäruniform aus den 20er Jahren.

Zwei waschbare Wendy-Boston-Bären.

frühen 20. Jahrhunderts weg zu Designs der Massenproduktion. Die zunehmende Konkurrenz aus Ostasien trieb viele der frühen Hersteller in den Konkurs – in den 70er Jahren hatten fast alle Firmen in Australien die Produktion eingestellt, ebenso in Frankreich, und in England wurden viele Fabriken von größeren Konzernen aufgekauft, die Spielzeug aus dem Fernen Osten importierten. Diejenigen aber, die überlebten – zum Beispiel die Firma Dean's in England, Steiff in Deutschland und Ideal in Amerika –, produzierten weiterhin qualitativ hochwertige Bären, die an die Tradition ihrer früheren Produkte anknüpften und heute begehrte Sammlerstücke sind. Zu jener Zeit erschienen auch viele Teddybär-Charaktere auf dem TV-Bildschirm, und Spielzeugversionen von den Bären Paddington, Pu und Rupert kamen auf den Markt.

Die ersten Designerbären – moderne, handgearbeitete Einzelstücke – wurden in den 80er Jahren an der amerikanischen Westküste hergestellt, und nur wenige Jahre später arbeiteten Künstler in so weit voneinander entfernten Ländern wie Neuseeland, Japan, Holland, der Schweiz und Österreich ebenfalls an der Herstellung von einzigartigen Teddybären. Heute ist die Teddybärkunst ein lohnendes Geschäft, denn die Zahl der Liebhaber, die Designerbären sammeln, und derer, die alte Bären bevorzugen, hält sich in etwa die Waage. Mittlerweile werden schon Ausstellungen veranstaltet, auf denen nur Designerbären zu sehen sind.

1980 brachte Steiff die erste Teddybär-Replik heraus, gefolgt von einer ganzen

LINKS Zwei Bären von Applause aus den 80er Jahren mit dem typisch geformten Gesicht.

RECHTS Designerbären der englischen Künstlerin Jennie Sharman-Cox.

Reihe von Repliken ihrer traditionellen Bären, die alle nur in limitierter Auflage hergestellt wurden. Heute bieten die meisten der noch existierenden alten Firmen Repliken an, unter ihnen Merrythought und Dean's in Großbritannien, Thiennot in Frankreich und neben Steiff auch Gebrüder Hermann in Deutschland. Viele Hersteller, die natürlich wissen, daß ihre Bären beliebte Sammlerstücke sind, bringen nun auch Jubiläumsbären und andere Sonderstücke in begrenzter Stückzahl heraus, die speziell für den Sammlermarkt gedacht sind. Einige, wie Steiff und Dean's, haben sogar einen eigenen Sammlerclub.

Heutzutage sind Teddybären so beliebt, daß in Auktionshäusern spezielle Teddybär-Auktionen stattfinden. In den letzten Jahren sind zum Teil Rekordpreise erzielt worden, und gelegentlich findet man in Zeitungen auf der ganzen Welt sogar Artikel über besonders teure oder berühmte Bären.

RECHTS Teddy Rose, von Steiff ursprünglich 1925 hergestellt, kam 1987 als Replik in einer limitierten Auflage von 10 000 Stück erneut auf den Markt.

GANZ RECHTS Das House of Nisbet produzierte 1987 diese Replik des Bären Aloysius aus dem britischen Fernsehfilm *Wiedersehen mit Brideshead* – er hat sogar seine ursprünglichen Flicken wiederbekommen!

1865–1910

1865 Ignaz und Adolf Bing gründen die Firma Gebrüder Bing in Deutschland

1886 Margarete Steiff beginnt mit der Herstellung von Spielzeug

1897 John Farnell gründet in England die Spielzeugfabrik J. K. Farnell

1902 Steiff produziert den ersten Bären, den Bär 55PB

1902 Die berühmte Karikatur von Clifford K. Berryman erscheint in der *Washington Post*

1903 Henry Samuel Dean gründet in England die Firma Dean's Rag Book Co.

1903 Gründung der ersten Teddybärenfabrik Amerikas, der Ideal Toy & Novelty Co.

1905 Seymour Eatons Geschichten über die Roosevelt-Bären erscheinen in Amerika

1905 Steiff läßt sein Knopf-im-Ohr-Warenzeichen eintragen

1907 Bing produziert die ersten Bären

1907 Seymour Eaton verwendet in einem Gedicht das Wort Teddybär

1907 Die Columbia Teddy Bear Manufacturers bringen in den USA den Lachenden Roosevelt-Bären auf den Markt

1907 Der Engländer John Bratton schreibt *The Teddy Bear's Picnic*

1908 Steiff produziert die ersten Bären mit einer Kippmechanismus-Brummstimme

1908 Josef Eisenmann gründet die Chiltern Toy Works

1911–1920

1911 Die französische Firma Pintel et Fils bringt ihren ersten Bären heraus, einen mechanischen Clown, der Purzelbäume schlägt

1912 Heinrich Müller und Heinrich Schreyer gründen die deutsche Firma Schreyer & Co.

1912 Steiff produziert die ersten Bären mit Glasaugen

1912 US-Präsident Roosevelt wird nicht wiedergewählt

1914 Der Ausbruch des Ersten Weltkrieges und das darauf folgende Verbot des Imports von Teddybären aus Deutschland führt zur Gründung von Spielzeugfirmen überall auf der Welt

1915 Chad Valley produziert seine ersten Teddybären

1915 Die Chiltern Toy Works produzieren ihren ersten Bären: Master Teddy

1916 Harwin & Co. produzieren in Großbritannien Bären als Maskottchen für Truppen der Alliierten

1919 Emile Thiennot gründet in Frankreich eine Fabrik für Teddybären

1920 Max Hermann gründet die deutsche Firma Hermann Spielwaren

1920 Knickerbocker produziert seine ersten Bären in den USA

1920 Mary Tourtels Zeichentrickfigur Rupert Bear erscheint erstmals in der britischen *Daily Mail*

1920er Joy Toys in Australien beginnt mit der Produktion von Teddybären

1921–1930

1921 Schreyer & Co. lassen ihre Firma unter dem Namen Schuco registrieren und stellen ihren ersten Ja/Nein-Bären her

1921 Harrods in London verkauft einen Alpha-Farnell-Bären an Christopher Robin, den Sohn von A. A. Milne, der dem Vater die Inspiration für das Buch *Pu der Bär* lieferte

1923 Chiltern bringt seine Hugmee-Bären auf den Markt

1924 Chiltern Toys wird ein eingetragenes Warenzeichen

1924 Der englische Verlag Methuen veröffentlicht A. A. Milnes ersten Gedichtband *When We Were Very Young*

um 1925 Die deutsche Firma Gebrüder Süssenguth bringt ihren Bären Peter auf den Markt

1925 J. K. Farnell läßt sein Alpha-Warenzeichen registrieren

1925 Fadap beginnt mit der Produktion von Teddybären

1928 Steiff stellt das Modell Petsy vor, und auch andere Hersteller bringen Bären aus Dualplüsch auf den Markt

1929 Britische Firmen wie Farnell und Chiltern verwenden Plüsch aus Kunstseide

1930 Merrythought läßt sein Warenzeichen registrieren

1930 Der erste Pu-Teddybär kommt auf den Markt

1930er Bernhard Hermann gründet in Deutschland die Firma Gebrüder Hermann

1931–1950

1930er Bunte und neuartige Bären sind gefragt. Steiff erfindet den Teddy-Clown

1931 Merrythought bringt das Bingie-Sortiment mit bekleideten Bären auf den Markt

1932 Die Firma Bing stellt die Produktion ein

1935 J. K. Farnell eröffnet eine neue Fabrik, nachdem die erste abgebrannt ist

um 1935 Der Cartoon-Koala Blinky Bill erscheint in Australien

1937 Der Zoo von Chicago hält als erster in der westlichen Welt einen Riesenpanda, der die amerikanischen Hersteller zur Produktion weicher Spielzeugpandas animiert

1938 Chad Valley wird zum offiziellen Spielzeuglieferanten der Königin ernannt und druckt diese Tatsache auf seine Etiketten

1938 Der Londoner Zoo bekommt Pandabären; einige britische Firmen wie Merrythought und Chiltern beginnen mit der Herstellung von Stoffpandas

1938 Knickerbocker bringt die ersten Bären mit einer eingesetzten, geschorenen Schnauze hervor

1939 Der Ausbruch des Zweiten Weltkrieges zwingt zahlreiche Spielzeughersteller auf der ganzen Welt zum Aufgeben

1945 Das Ende des Zweiten Weltkrieges bringt eine enorme Materialknappheit mit sich. Die Teddybären bekommen kürzere Gliedmaßen und einen kleineren Körper und bestehen aus den unterschiedlichsten Materialien

1951–1970

1950er Synthetische Materialien sind auf dem Vormarsch und werden von den Spielzeugherstellern für ihre Teddybären verwendet

1951 Steiff läßt sich das Design für einen neuen Original-Teddybären patentieren

1951 Auf der französischen Spielzeugmesse *Salon du Jouet* stellen mehr als 25 inländische Firmen aus

1951 Steiff bringt den langhaarigen Dualplüsch-Bären Zotty heraus; eine Reihe anderer Hersteller kopiert diese Idee

1952 Chad Valley erhält die Exklusivrechte zur Herstellung der Handpuppe Sooty aus der Fernsehshow des britischen Komikers Harry Corbet

1953 Die US Forestry Commission beauftragt die Ideal Novelty Company mit der Herstellung ihres Brandverhütungs-Maskottchens Smokey Bear

1953 Krönung der britischen Königin Elisabeth II. Chad Valleys Privileg wird auf die Königinmutter übertragen

1954 Die Engländerin Wendy Boston bringt den ersten waschbaren Teddybären heraus

1957 Merrythought bringt die Bärenserie Cheeky auf den Markt

1958 Michael Bonds *A Bear Called Paddington* wird in Großbritannien veröffentlicht

1967 Chiltern wird von Chad Valley übernommen und produziert fortan Bären, auf deren Etikett beide Firmennamen stehen

1970 Schuco stellt die Produktion ein

1971 bis heute

1970er Die ersten Designerbären werden an der Westküste der USA hergestellt

1971 Joy Toys stellt die Produktion ein

1972 Die britische Künstlerin Gabrielle Clarkson entwirft die erste Plüschtierversion vom Paddington-Bären

1975 Eden Toys erhält die Weltrechte zur Herstellung von Paddington-Bären

1976 Pintel stellt die Produktion ein

1978 Fadap stellt die Produktion ein

1978 Die North American Bear Company wird gegründet

1979 Die North American Bear Company bringt ihre Very Important Bear-Collection auf den Markt

1980 Steiff produziert die ersten Repliken

1982 Harris Toibb von der Firma Wallace Berrie kauft die Applause-Abteilung von Knickerbocker auf

1985 Das Londoner Auktionshaus Sotheby's veranstaltet seine erste Teddybärenauktion

1988 Die britische Ladenkette Woolworth übernimmt nach Einstellung der Produktion den Namen Chad Valley

1989 »Happy«, ein Steiff-Bär von ca. 1926, erzielt bei Sotheby's in London den Rekordpreis von 55 000 Pfund (ca. 120 000 DM)

1994 Teddy Girl wird bei Christie's zum Rekordpreis von 110 000 Pfund (ca. 240 000 DM) verkauft

Bären aus aller Welt

Deutsche Bären

In Deutschland hat die Spielzeugherstellung eine lange Tradition, und die Gegend um Sonneberg in Thüringen ist auf der ganzen Welt berühmt für ihre Puppen und Plüschtiere. Zwei wichtige Hersteller, die nicht in dieser Region angesiedelt waren, sind Steiff in Giengen in Baden-Württemberg und Bing in Nürnberg. In der Gegend um Sonneberg standen nicht nur einige der wichtigsten deutschen Spielzeugfabriken, sondern hier wurden auch unzählige Bären in Heimarbeit hergestellt. Männer, Frauen und Kinder arbeiteten auf engstem Raum, um die enorme Nachfrage nach Teddybären auf der ganzen Welt zu befriedigen. Viele der Bären trugen kein Firmenzeichen, und heute lassen sich nur noch wenige von ihnen einem bestimmten Hersteller zuordnen. Die wichtigsten deutschen Hersteller von Teddybären sind Steiff, Schuco, Bing, Gebrüder Süssenguth und Gebrüder Hermann, doch gibt es auch eine Reihe weniger bekannter Firmen wie etwa Eduard Crämer, deren Produkte heute ebenfalls begehrte Sammlerstücke sind. Deutsche Bären sind bekannt für ihre hohe Qualität und auf der ganzen Welt sehr gefragt.

LINKS Zwei frühe Steiff-Bären, einer von ihnen in der seltenen Zimtfarbe, beim gemeinsamen Lesen.

RECHTS Ein früher Steiff-Bär von ca. 1904 mit Metallstab-Gelenksystem und dem Elefanten-Knopf im Ohr.

Steiff

Die weltberühmte Firma Steiff wurde 1877 von Margarete Steiff gegründet. Die durch Kinderlähmung an den Rollstuhl gefesselte Firmengründerin stellte Tiere aus Filzresten her, die in der Stoffabrik ihres Onkels anfielen. Als ihr Neffe Richard in die Firma eintrat, legte er ihr Zeichnungen von Bären vor, die er bei seinen Besuchen im Stuttgarter Zoo angefertigt hatte. Der erste Bär aus dem Hause Steiff, der 55 PB, wurde 1902 hergestellt und hatte primitive Schnurgelenke. Er wurde 1903 auf der Frühjahrsmesse in Leipzig vorgestellt, und ein Einkäufer des namhaften New Yorker Importeurs George Borgfeldt und Co. bestellte eine beachtliche Stückzahl. Über den Verbleib dieser ersten Bären gibt es keine Aufzeichnungen; es ist unwahrscheinlich, daß heute noch einer von ihnen existiert. Richard arbeitete am Design seiner Bären, und das Ergebnis war ein kleinerer, nicht mehr so plumper Bär mit verbesserten Gelenken und hellem Mohairpelz, der 1904 als Bär 35 PB auf den Markt kam. Er kam bei den Kunden besser an, und bis Jahresende waren 12 000 Stück verkauft. 1904 wurde der 28 PB in das Sortiment aufgenommen, eine kleinere Version des 35 PB mit kurz zuvor patentierten Gelenken aus Metallstiften. 1905 kam der sehr erfolgreiche 35 PAB auf den Markt. Die Bären von Steiff sind vermutlich die gefragtesten, vielleicht weil die Neigung des Kopfes und die ausdrucksvollen Gesichter sie für Sammler auf der ganzen Welt unwiderstehlich machen.

RECHTS Steiff 35 PB hatte noch einfache Schnurgelenke, doch beim 28 PB führte ein Metallstab durch den ganzen Körper. Diese zwei Bären waren die einzigen Modelle, die Steiff zwischen 1904 und 1905 anbot – sie sind die frühesten ihrer Bären, die bis heute überlebt haben. Sie unterscheiden sich noch sehr von den späteren Steiff-Bären, denn sie haben realistischere lange Arme und gebogene Pfoten, mit denen sie auf allen vieren stehen können.
Größe: *weißer Bär 40 cm; beigefarbener Bär 45 cm.*
Geschätzter Wert: je 12 500–22 000 DM

LINKS Diese Röntgenaufnahme zeigt das Metallstab-Gelenksystem, das diesen Bären zusammenhält. Die Metallstäbe und die festgestopfte Füllung aus Holzwolle und Kapok machten diesen Bären sehr hart, was dazu führte, daß er bei Kindern nicht sehr beliebt war. Viele erhalten gebliebene Exemplare haben eine Mittelnaht auf dem Kopf, durch die das Füllmaterial gestopft wurde. Die frühen Bären hatten fünf Krallen an den Vorder- und Hinterfüßen.
Größe: 40 cm
Geschätzter Wert:
17 000–22 000 DM

OBEN Der PAB ist einer der ersten Bären mit Pappgelenken. Er ist weicher als der mit den Metallstäben und außerdem sehr leicht, denn er ist mit Kapok und Excelsior gestopft. **Größe:** 71 cm
Geschätzter Wert:
11 000–12 500 DM

LINKS Dieser seltene Bär mit Maulkorb ist ein besonders gefragtes Sammlerstück. Die Idee zu diesem Design beruht auf den Zirkus-Tanzbären, die sowohl in Europa als auch in den USA zu bestaunen waren. Der hervorragende Zustand dieser 1910 hergestellten Bären macht sie besonders wertvoll.
Größe: *links* 40 cm; *rechts* 33 cm
Geschätzter Wert:
8500–12 500 DM

OBEN In den Anfangsjahren hatte jeder siebte Steiff-Bär eine Mittelnaht auf dem Kopf, weil auch die Reste jeder Stoffbahn genutzt wurden. Diese Naht verleiht den Bären ein besonders ansprechendes Gesicht, wie bei diesem Exemplar von ca. 1907 deutlich zu sehen ist, und macht sie zu besonders begehrten Sammlerstücken. Ursprünglich war die Naht durch den dicken Plüsch nicht zu sehen, bei abgenutzten Exemplaren tritt sie jedoch deutlicher hervor.
Größe: 40,5 cm
Geschätzter Wert: 8000–10 000 DM

OBEN Der Gesichtsausdruck hat bei Steiff-Bären einen wichtigen Einfluß auf den Marktpreis. Dieser zimtfarbene Bär sieht besonders nett aus. Die Überreste eines weißen Etiketts und die Brummstimme beweisen, daß er nach 1908 hergestellt wurde, denn in diesem Jahr wurden diese Merkmale von Steiff eingeführt.
Größe: 63,5 cm
Geschätzter Wert: 8500 bis 12 500 DM

Kegelförmige Nase, 1904–1905

Mittelnaht auf der Nase

Nase aus Siegellack, 1904–1905

Typische Nase, 1905

Helle Stickerei auf weißen Bären

Nase der Bären unter 40 cm

RECHTS Zwei der beliebtesten und seltensten Plüschfarben bei Steiff-Bären sind Zimt und Weiß. »Montgomery«, der um 1907 hergestellt wurde, zeigt die hellbraune Stickerei, die für Steiffs weiße Plüschbären typisch ist. In seine großen, flachen Füße sind Pappscheiben eingearbeitet, wie man sie bei vielen größeren Bären findet. Bei den frühen Steiff-Bären, bei denen die obere Filzschicht auf den Pfoten abgenutzt ist, kommen gelegentlich Fußsohlen aus andersfarbigem Filz zum Vorschein (manchmal sogar in unterschiedlichen Farben), die rot, blau oder grün sein können, je nachdem, welcher Filz den Fabrikarbeitern zur Verfügung stand. Bei den späteren Bären hatte diese Filzunterlage neutrale Farben. Dieser Bär hat die für frühe Steiff-Produkte typischen langen Arme. Eine andere Besonderheit eines Steiff-Bären ist die handgearbeitete Mittelnaht auf dem Bauch.
Größe: 63,5 cm
Geschätzter Wert: 8500 bis 12 500 DM

Profil eines Metallstangen-Bären, 1904–1905. Es zeigt die typische lange Nase, lange Gliedmaßen, hochgebogene Pfoten und den deutlichen Buckel auf dem Rücken.

Der Bär mit der Kegelnase von 1905 hat eine deutlich rundere Schnauze. Die Pfoten sind groß und löffelförmig und haben fünf mit schwarzem Garn aufgestickte Krallen.

Um 1907 bekommen die Steiff-Bären einen kompakteren Körper, und die Schnauze wird feiner als bei den Kegelnasen-Bären.

In den 20ern haben die Steiff-Bären immer noch lange Arme und große Füße, doch der Körper ist jetzt etwas plumper als früher.

Der Original Teddy von 1951 hat deutlich kürzere Gliedmaßen, ein runderes Gesicht und einen dickeren Körper als seine Vorgänger.

LINKS Der ausgezeichnete Zustand dieses bildschönen und seltenen zimtfarbenen Bären von 1910 deutet darauf hin, daß nie jemand mit ihm gespielt hat, was kaum zu verstehen ist, weil ihn sein putziges Gesicht wirklich niedlich aussehen läßt. Guterhaltene zimtfarbene Bären sind selten, weil ihre Farbe bei zuviel Lichteinfluß schnell ausbleicht. Der Plüsch ist bei diesen Bären oft recht dünn, vielleicht deshalb, weil das Färbemittel das Material angreift.
Größe: 40,5 cm
Geschätzter Wert: 8500–12 500 DM

LINKS Die kleinen Steiff-Bären – wie der auf diesem Foto links abgebildete – haben in der Regel keine Fußsohlen aus Filz. Dieser wurde um 1912 hergestellt und hat Glasaugen, die zu jener Zeit eingeführt wurden, um der Nachfrage auf dem britischen Markt nachzukommen. Kurz darauf wurden die Knopfaugen generell durch Glasaugen ersetzt. Der größere Bär stammt von ca. 1920. Beide sind aus kurzflorigem, goldfarbenem Mohairplüsch, der für kleinere Bären und Miniaturen bevorzugt verwendet wurde.
Größe: *links* 11 cm; *rechts* 23 cm
Geschätzter Wert: *links* 850 bis 1100 DM; *rechts* 1100-1250 DM

LINKS Bei diesem schwarzen Bären fehlt der gewöhnlich zum Unterlegen der Augen verwendete rote Filz, was ihn zu einem außergewöhnlich seltenen Exemplar macht. Er ist in ausgezeichnetem Zustand, sein Fell ist aus langem Mohairplüsch. Die schwarzen Knopfaugen und die langen, beweglichen Gliedmaßen sind typisch für frühe Steiff-Bären. Er ist im selben Stil hergestellt wie der Bär rechts, sieht aber runder aus, weil sein Plüsch in besserem Zustand ist. **Größe:** 41 cm **Geschätzter Wert:** 38 000 bis 42 000 DM

RECHTS Dieser schwarze Bär von Steiff aus dem Jahr 1912 war Teil einer Sonderbestellung für den britischen Markt. Im Gegensatz zu dem links abgebildeten Bären sind die Augen dieses Exemplars durch den untergelegten roten Filz besser zu sehen. Vielfach ist der Pelz schwarzer Bären im Laufe der Jahre verblaßt und oft auch abgenutzt, doch dieses Exemplar ist immer noch in einem sehr guten Zustand, was seinen Wert natürlich erhöht. **Größe:** 38 cm **Geschätzter Wert:** 17 000–22 000 DM

Elefanten-Knopf, 1904–1905

Unbezeichneter Knopf, 1905–1909

1905–1950 Steiff-Knopf mit unterstrichenem F

KNOPF IM OHR

1905 ließ sich die Firma Steiff ihr Knopf-im-Ohr-Warenzeichen patentieren, um andere Hersteller am Kopieren ihrer Produkte zu hindern. Das erste Markenzeichen von Steiff war aus Pappe und zeigte einen aufgedruckten Elefanten mit S-förmig geschwungenem Rüssel. Diese Pappanhänger gingen jedoch schnell verloren, und so erfand man eine dauerhaftere Methode der Kennzeichnung: einen Metallknopf im linken Ohr. Auf den ersten Knöpfen ist noch das Elefanten-Logo zu sehen, doch es wurde 1905 durch das Wort »Steiff« ersetzt. Zwischen 1904 und 1905 wurde auch teilweise ein unbezeichneter Knopf verwendet. 1908 wurden Stoffetiketten an die Knöpfe gehängt. Die Knöpfe und Etiketten wurden mehrfach gewechselt, und oft wurden alte und neue Versionen gleichzeitig verwendet. Zusätzlich zu den Metallknöpfen wurden immer Papieretiketten angebracht (*siehe Seite 30*).

1920–1950 etwas größerer Knopf

Knopf von 1920 bis in die 50er Jahre

Messingknopf aus den späten 30er Jahren

Unbezeichneter Knopf, 1948–1950

1950–1952

1952–1970

1952–1970 für Wollplüsch-Miniaturen

Verchromter Knopf, 1965

Messingknopf, 1979

Unbezeichneter Messingknopf für Repliken ab 1984

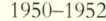

OBEN Diese beiden Bären waren seit ihrer Herstellung um 1920 nie getrennt. Als sie 1994 in einem Londoner Auktionshaus angeboten wurden, durften sie nur unter der Bedingung verkauft werden, daß sie zusammenblieben. Der größere, stehende Bär ist eigentlich kein Teddybär, sondern eine Rassel, die noch heute ein Geräusch von sich gibt, wenn man sie schüttelt. Obwohl der Mohairplüsch jetzt grau aussieht, war er ursprünglich einmal weiß. Der Bär hat braunschwarze Glasaugen und, wie viele kleinere Bären, keine Filzsohlen. Das Fell seines winzigen Freundes ist aus kurzflorigem, goldfarbenem Mohair. Sein Pullover ist wahrscheinlich erst später hinzugefügt worden.
Größe: *hinten* 13 cm; *vorne* 9 cm
Geschätzter Wert:
je 850–1250 DM

LINKS Dieser Dolly-Bär ist bei Sammlern besonders gefragt, denn er ist nicht nur sehr selten, sondern gehört auch zu der begrenzten Anzahl von Bären, die anläßlich eines wichtigen historischen Ereignisses produziert wurden. Diese Bären in den amerikanischen Nationalfarben Blau, Weiß und Rot wurden speziell für die Präsidentschaftswahl von 1912 hergestellt, bei der Theodore Roosevelt nicht wiedergewählt wurde. Die Bären kamen in drei Größen auf den Markt (20,5 cm, 30,5 cm und 33 cm) und wurden bis 1916 produziert. Dieses Exemplar ist in ausgezeichnetem Zustand. Körper und Gliedmaßen sind aus rotem Mohair, das Gesicht und die Halskrause sind weiß und die Knopfaugen schwarz. Obwohl dieser Bär eigentlich eine Sonderanfertigung ist, hat er doch den unverwechselbaren Steiff-Buckel und einen Knopf im Ohr.
Größe: 30 cm
Geschätzter Wert: 22 000 bis 25 000 DM

LINKS Von den 20er Jahren an wurde das Profil des Kopfes etwas flacher, die Arme sind jedoch immer noch lang. Zu dieser Zeit begann Steiff, häufiger Kapok zum Füllen zu verwenden (anfangs mit Excelsior vermischt), was die Bären leichter und weicher machte.
Größe: 61 cm
Geschätzter Wert:
5500–7500 DM

UNTEN Diese entzückenden Tanzbären aus der Zeit um 1920 umarmen sich so innig, weil sie zusammengenäht sind. Dieses Paar ist eine besondere Rarität, weil es noch die Originalkleidung trägt, die zudem in ausgezeichnetem Zustand ist. Diese Bären sind mit ihren waagerecht aufgestickten Nasen und den schwarzbraunen Glasaugen typisch für die Steiff-Produktion der 20er Jahre.

Der Knopf im Ohr ist bei dem Bärenmann deutlich zu sehen. Bekleidete Steiff-Bären sind sehr gefragt, und die Tatsache, daß dieses Paar das einzig bekannte ist, erhöht seinen Wert natürlich beträchtlich.

Größe: *Tänzer* 30 cm; *Tänzerin* 28 cm
Geschätzter Wert:
17 000–22 000 DM

ANDERE STEIFF-TIERE

Das erste Stofftier, das Margarete Steiff herstellte, war ein Elefant, der ursprünglich als Nadelkissen gedacht war, und von den Kindern, die bis dahin nur hartes Holzspielzeug kannten, begeistert aufgenommen wurde. Seit dieser Zeit waren in den Steiff-Katalogen stets nicht nur Teddybären, sondern auch viele andere Tiere enthalten; im Katalog von 1911/12 zum Beispiel waren es 1700 verschiedene Arten. Mitte der 20er Jahre waren Katzen und Hunde am beliebtesten. Sie bestanden nicht mehr aus Filz wie ihre Vorgänger, sondern aus Plüsch. In der Regel wurden die kleineren Tiere in größerer Zahl hergestellt als die großen. Neuerdings erfreut sich das Sammeln von Stefftieren einer wachsenden Beliebtheit, und zwar nicht nur als Ergänzung zu einer Bärensammlung, sondern als eigenständige Sammlung einer Tierart oder einer ganzen Menagerie.

Steiffs Bemühungen, den Charakter des beliebten Comic-Welpen Bonzo einzufangen, wurden von seinem Erfinder George Studdy nicht gewürdigt, und so wurden nur 115 Exemplare hergestellt. Das hier abgebildete, das um 1920 produziert wurde, hat ein Musikspielwerk, das durch einen Blasebalg in der Brust betrieben wird. **Größe:** 43 cm
Geschätzter Wert: 4200–6500 DM

Peter Rabbit wurde bis zum Ersten Weltkrieg hergestellt, doch dieses Exemplar läßt sich anhand des Elefanten-Stempels auf der Sohle des linken Schuhs und seiner Knopfaugen auf etwa 1905 datieren. Diese Kaninchen wurden ausschließlich für den britischen Markt produziert.
Größe: 30,5 cm
Geschätzter Wert: 1700–2500 DM

Schon von Anfang an wurden bei Steiff auch Katzen hergestellt. Dieses Exemplar stammt aus der Zeit um 1935. Wenn der Schwanz bewegt wird, dreht sich der Kopf im Kreis herum.
Größe: 25 cm
Geschätzter Wert:
650–850 DM

Steiff hat zwischen 1912 und 1917 nur 1400 dieser hübschen gestiefelten Kater in drei Größen hergestellt. Dieses schöne Exemplar hat es geschafft, seine gesamte Kleidung einschließlich des Holzschwertes und der Feder am Hut über die Jahre zu retten. **Größe:** 43 cm
Geschätzter Wert: 6500–8500 DM

Das Kaninchen »Pummy« ist eines der späteren Steifftiere: Es stammt aus dem Jahr 1963. Dieses Exemplar ist ein gutes Beispiel für die hohe Qualität der Steifftiere, und es hat noch immer sein Brustetikett aus Papier und den Knopf im Ohr. **Größe:** 25 cm
Geschätzter Wert: 110–125 DM

»Caesar« wurde 1910 von Steiff nach dem Lieblingshund von König Edward VII. geschaffen. An seinem Halsband hängt ein Lederplättchen mit seinem Namen.
Größe: 25 cm
Geschätzter Wert:
550–850 DM

»Peky« ist ein weiteres typisches Beispiel für die von Steiff in den 60er Jahren produzierten Tiere. Zur Zeit ist dieser Hund zwar noch günstig zu bekommen, doch sein Preis wird mit Sicherheit noch steigen.
Größe: 25 cm
Geschätzter Wert: 110–125 DM

OBEN Die galoppierenden Bären von Steiff erhielten diesen Namen, weil sie lustige Galoppbewegungen ausführen, wenn man sie auf ihrem Gestell hinter sich herzieht. Sie waren Teil einer Neuheiten-Kampagne, die Steiff in den 20er Jahren startete, um sich gegen die Konkurrenz zu behaupten.
Größe: 10 cm
Geschätzter Wert: 3200–4200 DM

OBEN Mitte der 20er Jahre stellte Steiff seine Roly-Droly-Tiere vor. Wenn sie gezogen werden, bewegen sich die beiden Bären auf dem Wagen in entgegengesetzter Richtung. Auf anderen Exemplaren sitzen andere Tiere.
Größe: 15 cm
Geschätzter Wert: 4200-6500 DM

ANHÄNGER UND ETIKETTEN

Untenstehend sind einige der Anhänger und Etiketten abgebildet, die von Steiff neben den Metallknöpfen (*siehe Seite 26*) verwendet wurden. Sie sind jedoch nur als Anhaltspunkte gedacht, denn ebenso wie die Knöpfe haben sie sich im Laufe der Firmengeschichte so oft verändert, daß hier unmöglich alle aufgeführt werden können.

Früher Elefanten-Stempel auf dem Fuß, 1904–1905

1926–1928 Brust-Etikett

1928–1950 Brust-Etikett

1990er Stoff-Etikett

RECHTS In den 20er Jahren brachte Steiff seine Plüschbären in neuen Farben auf den Markt. Dieses sehr seltene Exemplar in hell- und dunkelbraunem Dualplüsch ähnelt dem Petsy-Bären auf der folgenden Seite. Dualplüsch wurde auch in anderen Farben produziert; er entsteht durch das Einfärben der Spitzen des Mohairplüschs in einer dunkleren Farbe. Auffallend an diesem Bären sind seine besonders großen schwarz und braun bemalten Glasaugen und seine weit auseinanderstehenden großen Ohren. Er ist mit Kapok ausgestopft. Dieser Bär hat einen Knopf im Ohr, weist aber auch noch Spuren eines roten Stoffetiketts auf, das die Altersbestimmung erleichtert, denn dieses Etikett wurde von Steiff nur zwischen 1925 und 1935 verwendet.
Größe: 43 cm
Geschätzter Wert: 12 000 bis 17 000 DM

RECHTS Die Record-Teddys wurden zwischen 1913 und den 50er Jahren produziert. Die Teddybären und anderen Tiere waren auf ein Gestell mit vier Rädern montiert und machten Ruderbewegungen, wenn man sie hinter sich herzog. Ein Blasebalg an der Hinterachse erzeugte dazu ein Geräusch. **Größe:** 25,5 cm
Geschätzter Wert:
14 500–22 000 DM

LINKS Der hier abgebildete Record Petsy ist sehr selten und ein begehrtes Sammlerstück. Von diesen Bären wurden von 1928 bis 1929 nur 1462 Stück produziert. Der Bär ist ein typischer Petsy aus Dual-Mohairplüsch und hat blaue Augen (siehe auch den unten abgebildeten Petsy).
Größe: 25,5 cm
Geschätzter Wert:
9500–11 000 DM

LINKS Obwohl sich diese Bären sehr ähnlich sehen, ist nur der kleinere ein Petsy. Die Petsy-Bären kamen 1928 auf den Markt und wurden nur kurze Zeit produziert. Heute sind sie sehr selten und erzielen hohe Preise. Die Bären waren weich gestopft und hatten ein Fell aus weißem Mohair mit rötlichen Spitzen. Eines der typischen Merkmale der Petsy-Bären ist die Naht, die über den Kopf und von Ohr zu Ohr führt. Ebenfalls typisch sind die rosafarbene Nase, die blauen Glotzaugen (wie in den Cartoons der 20er Jahre) und eine Stimme, die entweder automatisch funktionierte oder durch Druck aktiviert wurde. Die Ohren waren mit Draht befestigt und ließen sich in alle Richtungen drehen. Der Bär rechts im Bild hat zwar blaue Augen, aber keine Glotzaugen. Außerdem ist seine Nase nicht rosa, sondern hell goldfarben. Der Bär links ist heller, hat aber eine dunkle Nase, was für die zweifarbigen Steiff-Bären ungewöhnlich ist.
Größe: *links* 60 cm; *rechts* 50 cm; *vorn* 30 cm
Geschätzter Wert:
je 6500–14 500 DM

UNTEN In den 20er Jahren brachte Steiff eine Reihe von Neuheiten auf den Markt, um sich den Trends im In- und Ausland anzupassen. Der Teddy Clown ist ein typisches Beispiel; er spiegelt die Stimmung der 20er Jahre wider. Zwischen 1926 und 1928 wurden nur 30 000 dieser Clowns in elf verschiedenen Größen von 23 bis 114 cm produziert. Alle hatten einen zweifarbigen Hut und eine blauweiße oder rotweiße Halskrause, die heute jedoch oft fehlt. Es kommt äußerst selten vor, daß man eine Gruppe von fünf Clowns wie diese in so perfektem Zustand findet. Der Bär links ist eine besondere Rarität, denn er trägt noch immer sein Original-Papieretikett. Diese Bären sind aus zweifarbigem Mohair, doch es gab sie auch in Rosa und Gold.

Größe: 15 bis 48 cm

Geschätzter Wert: je 6500–12 500 DM

RECHTS Das einem Jungtier nachempfundene Teddy-Baby wurde von 1930 an hergestellt, doch die Nachfrage danach hielt bis in die späten 50er Jahre an. Einige Teddy-Babys wurden mit geschlossenem Mund produziert, doch sie sind heute kaum noch zu finden. Die weißen Teddy-Babys sind bei Sammlern besonders gefragt.

Größe: 46 cm

Geschätzter Wert: 1700–2500 DM

LINKS Die Miniaturbären haben keine Filzsohlen und keine aufgestickten Krallen und wurden 1920 bis 1950 hergestellt (von links nach rechts). Die früheren Exemplare sind schlanker, haben weiter auseinanderstehende Ohren und ein spitzeres Gesicht.
Größe: 7,5 bis 9 cm
Geschätzter Wert: je 550–1100 DM

UNTEN 1951 kreierte Steiff ein neues Design für seinen Original Teddy, das sich deutlich von dem früherer Bären unterscheidet. Die Arme sind jetzt kürzer und gerader, und der Körper ist etwas plumper. Das Gesicht ist runder, die Nase steht weniger vor, und die Ohren stehen dichter beieinander. Die Nase ist nicht mehr waagerecht gestickt, sondern senkrecht. Der Original Teddy wurde in vielen verschiedenen Farben produziert, doch der hier abgebildete weiße Plüsch wurde am häufigsten verwendet.
Größe: 66 cm
Geschätzter Wert: 4200–5500 DM

OBEN Von diesem Zirkus-Bären wurden nur 897 Exemplare hergestellt (von 1935 bis 1939). Wenn man seinen Schwanz bewegt, dreht sich sein Kopf im Kreis herum.
Größe: 33 cm **Geschätzter Wert:** 6500–8500 DM

OBEN Moderne Steiff-Bären unterscheiden sich deutlich von den früheren, denn sie haben gerade Gliedmaßen und sind um die Nase und zwischen den Augen geschoren.
Größe: 76 cm
Geschätzter Wert: 550–1100 DM

Die fünf teuersten, auf Auktionen verkauften Steiff-Bären:

1   »Teddy Girl«, Dezember 1994, Christie's in London, ca. 240 000 DM

2   »Happy«, September 1989, Sotheby's in London, ca. 120 000 DM

3   »Eliot«, Dezember 1993, blauer Steiff-Bär, Christie's in London, ca. 110 000 DM

4   »Othello«, Mai 1990, schwarzer Steiff-Bär mit Mittelnaht, Sotheby's in London, ca. 55 000 DM

5   Seltener schwarzer Steiff-Bär, Dezember 1994, Christie's in London, ca. 48 000 DM

Bing

Ignaz und Adolf Bing gründeten ihre Firma Gebrüder Bing 1865 in Nürnberg. Anfangs stellten sie Küchengeräte aus Blech und Emaille her und begannen um 1890 mit der Fabrikation von Blechspielzeug. 1907, als die Teddybär-Leidenschaft ihren Höhepunkt erreicht hatte, produzierten sie ihre ersten Bären. Diese hatten ursprünglich einen Metallpfeil im Ohr, mit den Initialen G. B. N. in einer Raute, doch dieser fehlt bei fast allen bis heute erhaltenen Exemplaren. Steiff verklagte Bing sofort wegen der Anbringung des Markenzeichens im Ohr, denn sie war ihrer eigenen Methode der Kennzeichnung zu ähnlich. Daraufhin verwendete Bing einen Metallknopf unter dem Arm. Steiff verwahrte sich jedoch gegen die Benutzung des Wortes »Knopf«, und so mußte Bing es aus seinem Katalog streichen und durch »G. B. N.-Etikett unter dem Arm« ersetzen. 1920 stellte Bing die Verwendung des Knopfes ganz ein und kennzeichnete seine Bären mit einem Metallschildchen am rechten Arm.

Bing ist besonders berühmt für seine mechanischen Bären, die um 1910 auf den Markt kamen, heute aber sehr selten sind. Die frühen Bings sind den Produkten von Steiff noch recht ähnlich, doch nach 1920 änderte sich ihr Design: Die späteren Bären haben eine längere Schnauze mit einem unverwechselbar aufgestickten lächelnden Mund; 1932 stellte Bing die Produktion der Bären ein, weshalb ihre Produkte heute viel seltener zu finden sind als die von Steiff; vor allem außerhalb Deutschlands. Die Bären von Bing haben besonders ansprechende Gesichter und sind bei den Sammlern der ganzen Welt außerordentlich beliebt. Die auf diesen Seiten abgebildeten Exemplare sind in Bestzustand.

RECHTS Bings mechanische Bären sind ihren nicht-mechanischen Gegenstücken sehr ähnlich: Von seinem Innenleben abgesehen, unterscheidet sich dieser Bär von 1908 kaum von dem auf dem kleinen Bild oben. Besonders auffallend sind der breite Kopf mit den schmalen, weit auseinanderstehenden Ohren, die langen Arme, der lange Körper und die großen ovalen Füße (deutlich anders als die schmalen Füße der Steiff-Bären). Wenn der Bär aufgezogen wird, bewegt er den Kopf von einer Seite zur anderen. Der Mechanismus ist meist noch funktionsfähig, wenn nicht, ist er nur schwer zu reparieren. Dieser Bär hat noch die originalen Krallen, doch die Fußsohlen aus Filz sind erneuert worden.
Größe: 38 cm
Geschätzter Wert: 4200 DM

RECHTS Um 1915 veränderte sich das Gesicht der Bing-Bären geringfügig. Im Verhältnis zur Größe des Kopfes ist das Gesicht sehr klein, was den Bären das von vielen Sammlern so geschätzte niedliche Aussehen verleiht, und die Schnauze ist etwas spitzer. Dieser Bär hat ein Fell aus langhaarigem, seidigem weißem Mohair, und Nase und Krallen sind mit hellem Garn aufgestickt. Die kleineren Bing-Bären (bis 40 cm) haben eine waagerecht aufgestickte Nase, die der von Steiff sehr ähnlich sieht, was gelegentlich zu Verwechslungen führt.
Größe: 33 cm
Geschätzter Wert: 3800 DM

OBEN In den 20er Jahren wurde die Schnauze deutlich länger und war nun auch rasiert, und die Augen standen dichter zusammen. Das seltene Weiß dieses Bären und sein ausgezeichneter Zustand machen ihn zu einem begehrten Sammlerstück.
Größe: 51 cm
Geschätzter Wert: 8500 DM

LINKS Die abgewetzte Sohle am linken Fuß dieses Bären zeigt, daß er nicht die Pappeinlagen trägt, mit denen Bing bis 1920 die Fußsohlen seiner größeren Bären verstärkte, obwohl er vermutlich aus dieser Zeit stammt. Er hat die typisch breite, rasierte Schnauze und den großen Kopf der späteren Bing-Bären; der kurze Mohairplüsch ist ungewöhnlich.
Größe: 61 cm. **Geschätzter Wert:** 3200–4200 DM

LINKS Dieser bildschöne Bär zeigt alle typischen Merkmale eines Bing-Bären aus den späten 20er Jahren, darunter den langen, seidigen Mohairplüsch, den großen Kopf mit den großen Ohren, die lange, vorstehende, geschorene Schnauze und die kurzen Arme. Die deutlichste Veränderung gegenüber den früheren Bären ist der große lächelnde Mund über die ganze Breite der Schnauze.
Größe: 43 cm
Geschätzter Wert: 10 000 DM

OBEN Kleine, nicht-mechanische Bing-Bären aus den 20er Jahren sind heute sehr selten, und dieses Exemplar ist besonders ungewöhnlich wegen seines kurzen Mohairplüschs, der normalerweise nur für die mechanischen Bären verwendet wurde. Wie die kleinen Steiff-Bären, hat auch dieser keine Fußsohlen aus Filz. Die lange, geschorene Schnauze ist typisch für die Bing-Bären dieser Zeit. Das B.W.-Etikett auf dem rechten Arm ist deutlich zu erkennen. **Größe:** 20 cm
Geschätzter Wert:
2500 DM

LINKS Einen so großen Bing-Bären wie dieses 79 cm große Exemplar findet man nur noch selten. Er zeigt trotz seiner Größe alle typischen Merkmale kleinerer Bings, einschließlich der großen Ohren und der kleinen Füße. Einen so großen Bären hübsch aufzustellen, ist nicht ganz einfach. Ein Kinderschlitten, wie hier auf dem Bild, ist eine gute Lösung. Andere geeignete Requisiten für große Bären sind Kinderstühle oder ein hochlehniger Stuhl (*siehe Seite 171*).
Größe: 79 cm
Geschätzter Wert:
12 500 DM

LINKS Dieser seltene Hänge-Bär
war 1910 Gegenstand eines
Rechtsstreits mit Steiff, die be-
haupteten, er wäre eine Kopie
ihres sehr ähnlichen, 1909 auf den
Markt gekommenen Purzel-Bären.
Die Bären haben Haken an den
Enden der Pfoten, die zu Metallstangen in den Armen führen. Um
den Mechanismus aufzuziehen,
werden die Arme nach hinten
gedreht, und der Bär schlägt einen
Purzelbaum. Der Mechanismus
dieses Bären funktioniert noch
heute, obwohl er so strapaziert und
zerbrechlich aussieht.
Größe: 33 cm
Geschätzter Wert: 2000 DM

LINKS Dunkelbraune Bings
sieht man selten, und einer wie
dieser, bei dem der Plüsch in
tadellosem Zustand ist, ist bei
Sammlern besonders gefragt.
Die leuchtenden Glasaugen in
Orange und Schwarz wurden
bei Bing häufig verwendet und

können bei der Identifizierung
von Bären helfen, die keine
Etiketten mehr haben. Die
cremefarbenen Fußsohlen bilden
einen deutlichen Kontrast zur
Farbe des Fells.
Größe: 48 cm
Geschätzter Wert: 9500 DM

Gravierter Metallknopf,
ca. 1910

Metallknopf, ca. 1919,
angebracht am rechten
Arm

Pinguin-Knopf,
ca. 1918

Metallknopf, angebracht
am rechten Arm bis 1930

OBEN Die Ähnlichkeiten zwischen
diesem melierten Bären von Bing
und denen von Steiff *(s. S. 30)* sind
unübersehbar. Er läßt sich jedoch
anhand der langen Krallen und der
Nase, die aber etwas anders gestickt
ist als bei Steiff, eindeutig Bing
zuordnen. **Größe:** 44 cm
Geschätzter Wert: 6500–7500 DM

OBEN Der lange, weiße
Mohairplüsch ist eine andere
seltene Farbe bei Bing, die diesen
vorzüglich erhaltenen Bären zu
einem begehrten Sammlerstück
macht. Wie bei allen hellen Bären
sind Nase und Krallen hellbraun.
Größe: 35,5 cm
Geschätzter Wert: 6500 DM

RECHTS Bei Bing wurden auch etliche mechanische Bären in weißem Mohair produziert. Dieses Exemplar von ca. 1910 hat die hellbraune Nase aller hellen Bären, die bei ihm ungewöhnlich leuchtend erhalten geblieben ist. Der Bär läßt sich mit einem Schlüssel aufziehen und bewegt dann den Kopf von einer Seite zur anderen.
Größe: 53 cm
Geschätzter Wert: 9500 DM

LINKS Die Tiere von Bing wurden aus Mohair und aus Filz hergestellt. Dieser hübsche Pinguin von 1915 hat einen Mohairkörper, und die Füße, der Schnabel und die Innenseiten der Flügel bestehen aus Filz. Auf dem Metallknopf am linken Flügel sind die Initialen G. B. N. in einem Dreieck zu sehen. Auf der anderen Seite steht »I am your luck (*sic*) Penguin/from distant rocky shore/behave myself quite genuine/and when you squeeze me snore«. **Größe:** 35,5 cm
Geschätzter Wert: 950 DM

LINKS Nur wenige von Bings mechanischen Bären haben überlebt, doch rollschuhlaufende Bären wie diesen findet man noch am ehesten. Er hat Rollschuhe aus Metall an und hält einen Spazierstock in der rechten Hand, der sich auf und ab bewegt und den Bären beim Rollen vor- und zurückwackeln läßt. Wie Schuco benutzte auch Bing für seine kleinen mechanischen Bären kurzflorigen Mohairplüsch. Ein typisches Merkmal dieser Bären ist der gerade ausgestreckte linke Arm.
Größe: 20 cm
Geschätzter Wert: 6500–7500 DM

LINKS Dieser Bär auf Skiern ist fast identisch mit dem rollschuhlaufenden Bären. Auf dem Metallknopf an seinem rechten Arm steht B. W.; er wurde von etwa 1919 an verwendet. Es sind aber auch schon Bären dieses Typs ohne Knopf aufgetaucht, und man nimmt an, daß sie noch früher hergestellt wurden (etwa von 1912 an). Mechanische Bing-Bären, die noch ihre Originalkleidung tragen, sind sehr selten, vor allem, wenn die Kleidung in einem so perfekten Zustand ist wie bei diesen. Dieser Bär hat sogar noch sein Original-Preisschild am Ärmel: Er hat einmal 1,69 Dollar gekostet!
Größe: 20 cm
Geschätzter Wert: 6500–7500 DM

Von ca. 1907 an	ca. 1916–1920er	1920–1930
Runder Kopf	Größerer Kopf	Sehr großer Kopf
Kleine Ohren an den Seiten des Kopfes	Etwas größere Ohren an den Kopfseiten	Sehr große Ohren oben auf dem Kopf
Knopfaugen	Glasaugen	Orangefarbene Glasaugen
Lange Arme, gebogene Pfoten	Lange Arme, gebogene Pfoten	Kürzere Arme, gebogene Pfoten
Mohair von hoher Qualität	Mohair von guter Qualität	Sehr langes, seidiges Mohair
Bei Bären ab 40 cm Nase senkrecht aufgestickt, bei kleineren Bären waagerecht	Bei Bären ab 40 cm Nase senkrecht aufgestickt, bei kleineren Bären waagerecht	Bei Bären ab 40 cm unverwechselbare Nasenstickerei mit einer Doppelnaht, die unter den mittleren Stichen hindurchführt und die Nase umrahmt
Kurze, nicht rasierte Schnauze	Schnauze etwas länger	Sehr lange, geschorene Schnauze
Kleines Gesicht		Breites Lächeln über das ganze Gesicht
Bis ca. 1910 Metallknopf unter dem Arm mit eingraviertem G. B. N.	Metallknopf unter dem Arm, Metalletikett am Körper oder einer Gliedmaße	Orangefarbener Metallknopf mit den schwarzen Buchstaben B. W. am rechten Arm

LINKS Dieser mechanische Bär kann laufen. Auf diesem Bild ist deutlich zu sehen, wie abgenutzt seine Filzsohlen sind. Er trägt noch seine Original-Filzkleidung, die ausgezeichnet erhalten ist. Es ist erstaunlich, bei wie vielen dieser alten Bären der Schlüssel zum Aufziehen noch vorhanden ist.
Größe: 20 cm
Geschätzter Wert: 6500–7500 DM

UNTEN Die Purzelbaum-Bären von Bing sind bei Sammlern sehr gefragt. Dieses Exemplar ist aus kurzem, braunem Mohair und trägt Weste und Jacke aus Filz und eine Baumwollhose. Er hat sehr lange Arme, um Purzelbäume schlagen zu können. Anders als die anderen hier gezeigten mechanischen Bären wird dieser nicht mit einem Schlüssel aufgezogen; statt dessen werden die Arme im Kreis gedreht, um den Mechanismus in Gang zu setzen. Außerdem fehlen bei diesem Bären die Filzsohlen.
Größe: 20 cm
Geschätzter Wert: 6500–7500 DM

Hermann-Spielwaren

Hermann-Spielwaren ist eine der ältesten Teddybär-Fabriken Deutschlands in Familienbesitz, und zusammen mit Gebrüder Hermann *(siehe Seite 42 und 43)* bildet sie einen Teil dessen, was heute die Hermann-Teddybär-Dynastie genannt wird. Die Firma wurde 1920 von Max Hermann unter seinem eigenen Namen in dem kleinen Dorf Neufang in der Nähe der damaligen Spielzeugmetropole Sonneberg gegründet. Er hatte bereits 1913 zusammen mit seinem Bruder Arthur und seiner Schwester Adelheid Bären hergestellt, die unter dem Firmennamen Spielwarenfabrik Johann Hermann vertrieben wurden. Max Hermann verlegte seine Fabrik 1923 nach Sonneberg und machte sich mit seinen Bären auf der ganzen Welt einen Namen. Anfang der 30er Jahre erfand er sein inzwischen berühmt gewordenes Firmenzeichen: Ein grünes Dreieck, auf dem ein Bär und ein laufender Hund zu sehen sind. Dieses Logo wird noch heute verwendet. Nach dem Zweiten Weltkrieg flüchtete Max mit seiner Familie über die Zonengrenze nach Westdeutschland und errichtete im bayerischen Coburg eine neue Fabrik, in der noch heute Bären hergestellt werden. Zwischen 1949 und 1953 wurden die Hermann-Bären sowohl in Sonneberg als auch in Coburg produziert.

RECHTS Dieser 1924 in Sonneberg hergestellte Bär ist der älteste bekannte Hermann-Bär. Typische Merkmale dieser Zeit sind die Glasaugen, die geschorene Nase, die kurze Schnauze und die kleinen Füße, die nach dem Ersten Weltkrieg eingeführt wurden, um am teuren Mohair zu sparen. Der Bär ist mit Excelsior gestopft, und seine Fußsohlen sind erneuert – die Originale dürften aus Filz gewesen sein. Vor einigen Jahren hat die Firma Hermann eine Replik dieses Bären auf den Markt gebracht.
Größe: 30 cm
Geschätzter Wert:
1000 DM

LINKS Die Tatsache, daß auf der Rückseite des Brustetiketts dieses hellbraunen Mohairbären nicht der Name »Hermann« steht, läßt darauf schließen, daß er vor Anfang der 50er Jahre produziert wurde, denn damals wurde dieser Schriftzug eingeführt. Der Bär hat bernsteinfarbene und schwarze Glasaugen und eine geschorene Schnauze. Die waagerecht aufgestickte Nase und die drei Krallen sind typisch für alle Hermann-Bären. Nach dem Zweiten Weltkrieg hergestellte Exemplare wie dieses haben deutlich kürzere Gliedmaßen als die Vorkriegsprodukte.
Größe: 30 cm. **Geschätzter Wert:** 1000 DM

Frühestes Etikett, bis in die 40er Jahre verwendet

Späte 40er bis Anfang 50er Jahre

Anfang bis Mitte der 50er Jahre

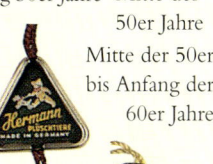

Mitte der 50er bis Anfang der 60er Jahre

Anfang bis Ende der 60er Jahre

60er bis 70er Jahre für Dralonplüschbären

Ende der 60er Jahre bis heute

Seit 1993 tragen alle Bären ein Schildchen am Hinterkopf

LINKS Max Hermann schuf diese drei Bären für eine große Spielzeugausstellung, die 1933 zur Feier des überstandenen Schwarzen Freitags stattfand. Sie sind in ausgezeichnetem Zustand, denn sie wurden im Spielzeugmuseum von Sonneberg aufbewahrt, bis Rolf, der Sohn von Max Hermann, sich an sie erinnerte, in die DDR reiste und sie in einer Truhe in einer Ecke des Museums fand. Es sind sehr seltene Exemplare.
Größe: je 18 cm
Geschätzter Wert: zusammen 2200 DM

OBEN Anders als bei den meisten Hermann-Bären aus zweifarbigem Mohairplüsch haben die Ohrinnenseiten bei diesem Exemplar nicht dieselbe Farbe wie der Rest des Körpers; sie sind auf die Farbe der Schnauze abgestimmt. Dieser Bär hat die typische lange Schnauze (9 cm) der größeren Hermann-Bären. Er wurde um 1950 in Sonneberg hergestellt und hat noch immer seine Original-Fußsohlen aus Filz mit den drei aufgestickten Krallen und eine Brummstimme. Dieser Bär war die Grundlage für eine Replik. **Größe:** 80 cm
Geschätzter Wert: 750 DM

OBEN Hermann war einer der ersten, der die Ohren seiner Teddybären mit der Maschine annähte (dieser Arbeitsgang wurde in den 50er Jahren eingeführt), und von diesem Zeitpunkt an haben die Hermann-Bären viel seltener ihre Ohren verloren als frühere, vollständig handgearbeitete Exemplare. Die meisten Bären von Hermann haben sehr kleine Glasaugen, wie dieser 1955 in Coburg hergestellte Bär. Seine Fußsohlen sind reparaturbedürftig, doch die Abnutzung stellt keinerlei Wertminderung dar.
Größe: 70 cm
Geschätzter Wert: 850 DM

OBEN Die Firma Hermann produziert noch heute Teddybären. Diese Sonderausgabe wurde 1993 zur Feier des 80. Jahrestages der Firmengründung in einer Auflage von lediglich 1913 Stück hergestellt. Der Bär ist aus Mohair und mit Excelsior gestopft und wird einmal ein gefragtes Sammlerstück sein. Im Vergleich mit den anderen Bären auf dieser Seite wird deutlich, wie wenig sich das Design der Hermann-Bären im Laufe der Jahre verändert hat.
Größe: 43 cm
Geschätzter Wert: 850 DM

Gebrüder Hermann

Bernhard Hermann begann bereits im Jahre 1912 in Sonneberg/Thüringen mit der Herstellung von Teddybären. 1948 verlegte er gemeinsam mit seinen Söhnen Hellmut, Artur und Werner sein Unternehmen nach Hirschaid bei Bamberg, dem heutigen Sitz der Firma. Hier begann nun der eigentliche Aufstieg des Unternehmens zu einem der bekanntesten seiner Branche. Heute fertigen durchschnittlich einhundert qualifizierte Mitarbeiter die »HERMANN Teddy ORIGINAL«-Nostalgiebären, die bei Sammlern sehr begehrt sind und in streng limitierten Auflagen zwischen 1000 und 2000 Stück hergestellt werden. Sie sind mit dem roten Teddy-Siegel ausgestattet – dem Markenzeichen des Hirschaider Familienunternehmens. Die Firmenleitung liegt jetzt in den Händen der Enkeltöchter Bernhard Hermanns, die es sich zur Aufgabe gemacht haben, weiterhin qualitativ hochwertige Teddybären und Plüschtiere herzustellen und damit die Familientradition fortzusetzen.

LINKS Dieser Bär aus den 30er Jahren zeigt viele der Merkmale, die typisch für die frühen Bären der Gebrüder Hermann sind. Besonders auffällig ist die eingesetzte Schnauze aus geschorenem, goldfarbenem Mohairplüsch. Typisch sind auch der große runde Kopf, die runden Ohren und die schlanken Gliedmaßen. Dieses Exemplar ist in ausgezeichnetem Zustand, wenn auch der Plüsch einige Farbunterschiede aufweist. Das traurige Gesicht macht den Bären besonders anziehend. **Größe:** 74 cm **Geschätzter Wert:** 1200 DM

TYPISCHE KENNZEICHEN FRÜHER HERMANN-BÄREN

- große, runde Ohren an den Seiten des Kopfes

- auffallende eingesetzte Schnauze aus geschorenem Plüsch, oft in einem helleren Farbton als der Körper

- schwarze, waagerecht gestickte Nase

- Mund in Form eines umgedrehten Y

- nach oben gerichtete Pfoten

- drei aufgestickte schwarze Krallen

- schlanke Gliedmaßen

LINKS Bernhard Hermann hat seine frühen Bären in mehreren Farben produziert. Dieses Exemplar war ursprünglich blau, ist aber inzwischen silbern und sehr fadenscheinig geworden – man sieht die Haut unter seinem Fell! Ein identischer Bär wurde in Pink produziert. Durch die beschädigten Fußsohlen ist die Holzwollfüllung zu sehen. **Größe:** 58,5 cm **Geschätzter Wert:** 400 DM

ZOTTY-BÄREN

Zotty-Bären wurden 1951 von Steiff auf den Markt gebracht. Sie haben ein langes, zottiges Mohairfell und einen offenstehenden Filzmund. Die Bären kamen sehr gut an, und das Design wurde schon bald von anderen Firmen kopiert. Diese Bären sehen sich alle sehr ähnlich, und wenn sie keine Etiketten mehr tragen, kann es schwer sein, sie einem bestimmten Hersteller zuzuordnen. Ein eindeutiges Unterscheidungsmerkmal ist allerdings die Tatsache, daß die Zottys von Steiff einen weißen Brustlatz haben und die von Hermann nicht.

1912

1930–1939

1945–1951

ab 1952

UNTEN Dieser Bär mit dem offenen Mund ist in ziemlich schlechtem Zustand. Typische Hermann-Merkmale sind die eingesetzte, geschorene Schnauze, die großen, runden Ohren und die nach oben gerichteten Pfoten. **Größe:** 43 cm **Geschätzter Wert:** 420 DM

OBEN LINKS Gebrüder Hermann war einer der vielen deutschen Hersteller, die dem Zotty von Steiff ähnliche Bären mit offenem Mund produzierten. Dieses Exemplar aus den 50er Jahren unterscheidet sich jedoch deutlich von Steiffs Zotty, denn es ist aus dunklem Wollplüsch und nicht aus dem üblichen langhaarigen Mohair mit gefärbten Spitzen. Wenn man diesen Bären mit dem sehr ähnlichen auf dem Bild rechts vergleicht, fällt auf, daß ihm der gestickte Mund fehlt. **Größe:** 35,5 cm **Geschätzter Wert:** 550 DM

OBEN Dieser Zotty-ähnliche Bär von Hermann ist in ausgezeichnetem Zustand. Er trägt den hübschen Mohairpelz mit den cremefarben gefärbten Spitzen, der für diese Bären typisch ist, und seine Fußsohlen aus Filz sind perfekt erhalten. Er hat auch noch seine originalen Papp- und Plastikanhänger, die es leicht machen, ihn zu identifizieren. Die abwärts gerichtete Nasenstickerei und das Fehlen des weißen Brustlatzes machen ihn, auch ohne Firmenschildchen, zu einem unverwechselbaren Hermann-Produkt. **Größe:** 38 cm **Geschätzter Wert:** 600 DM

Schuco

Die Firma Schreyer und Co. wurde 1912 in Nürnberg von Heinrich Schreyer, einem Möbelhändler, und Heinrich Müller gegründet, der zuvor bei Bing *(siehe Seite 34–39)* gearbeitet hatte. Anfangs produzierte die Firma mechanisches Blechspielzeug: Tiere, marschierende Soldaten, Clowns und andere Figuren. Die Firma war sehr erfolgreich und zog schon bald in ein größeres Gebäude um. Bei Ausbruch des Ersten Weltkrieges mußte die Fabrik jedoch schließen, und die beiden Partner wurden eingezogen. Nach Kriegsende 1918 nahm die Firma die Produktion wieder auf, aber inzwischen hatte Müller in Adolf Kahn einen neuen Partner und ein neues Fabrikgelände in Nürnberg gefunden. 1921 ließen die beiden den Namen Schuco als ihr Warenzeichen registrieren. Schuco produzierte weiterhin neuartige und mechanische Bären und andere Tiere und brachte 1921 seine berühmte Kollektion von Ja/Nein-Bären auf den Markt. Diese Bären wurden erstmals auf der Leipziger Frühjahrs-Spielwarenmesse vorgestellt und während des gesamten Bestehens der Firma produziert, abgesehen von einem kurzen Stillstand während des Zweiten Weltkrieges. Andere bei Sammlern beliebte Produkte sind der Bellhop-Bär und Modeaccessoires wie Puderdosen, Parfümflaschen und Lippenstifthalter in Bärenform *(siehe Seite 46–47)*. Müller starb 1958, und sein Sohn Werner übernahm den Betrieb. Schuco war jedoch nicht in der Lage, mit der japanischen Konkurrenz Schritt zu halten, und so wurde die Firma in den 70er Jahren an Dundee Combex Marx, ebenfalls Spielzeughersteller, verkauft.

RECHTS Die Ja/Nein-Bären heißen so, weil sie den Kopf schütteln, wenn der Schwanz von einer Seite zur anderen bewegt wird, und nicken, wenn man den Schwanz auf und ab bewegt. Diese Bären gab es während des gesamten Bestehens der Firma in vielen verschiedenen Größen. Obwohl Schuco vor dem Zweiten Weltkrieg seine Ja/Nein-Bären in unzähligen Farben herstellte, ist dieser blaue Bär mit den helleren Spitzen aus den 30er Jahren trotzdem ein sehr seltenes Exemplar. Besonders wertvoll macht ihn sein ausgezeichneter Zustand – oft ist die Farbe verblaßt und nur noch an den Gelenken im Originalzustand vorhanden. Abgesehen von der Farbe ist dieser Bär fast identisch mit dem auf der nächsten Seite oben abgebildeten: Beide haben eng zusammenstehende Augen und eine nach oben gerichtete Nase. **Größe:** 51 cm **Geschätzter Wert:** 12 000 DM

OBEN Dieser Ja/Nein-Bär aus den 20er Jahren mit langem, cremefarbenem Mohair und lila Spitzen ist ein besonders seltenes und begehrtes Exemplar. Er trägt noch immer das Originaletikett auf der Brust. **Größe:** 44 cm **Geschätzter Wert:** 9500 DM

RECHTS OBEN Nach dem Zweiten Weltkrieg, als Mohair sehr teuer war, begannen die Hersteller, angezogene Bären zu produzieren, deren Körper aus billigerer Baumwolle bestand. Obwohl Schuco in den 50er Jahren eine ganze Reihe von angezogenen Bären produziert hat, sind heute kaum noch welche von ihnen zu finden. Der hier abgebildete Ja/Nein-Bär ist einer von einem Paar, das als Holländerjunge und -mädchen gekleidet war. Sein Schwanz, mit dem der Kopf bewegt wird, ragt aus der Kleidung heraus, so daß er leicht bedient werden kann. Der Bär trägt auf der Brust das von 1953 an verwendete Plastiketikett mit dem Namen »Tricky«. **Größe:** 30,5 cm **Geschätzter Wert:** 1250 DM

LINKS Dieser Bär aus den 50ern hat die schwarzen und braunen Glasaugen und die senkrecht gestickte Nase, die typisch sind für die Ja/Nein-Bären aus dieser Zeit. Veränderungen gegenüber früheren Exemplaren sind die nach unten gerichteten Pfoten und die längeren, dünneren Gliedmaßen. Dieser Bär hat die typischen großen und flachen Füße. Diese späten Ja/Nein-Bären sind bei Sammlern wegen ihres hübschen Gesichts sehr beliebt. **Größe:** 43 cm **Geschätzter Wert:** 1250 DM

OBEN Den Bellhop-Bären, der 1921 erstmals hergestellt wurde, gab es in verschiedenen Größen. Die Bären sind aus goldfarbenem, kurzflorigem Mohair und tragen Kleidung aus Filz, die nicht ausgezogen werden kann. Der größte der hier abgebildeten Bären ist ein Ja/Nein-Bellhop von ungefähr 1923. Er ist in hervorragendem Zustand und trägt noch immer seine Ledertasche mit Trageriemen. Der kleinste – kein Bellhop – ist ein Tanzbär, der mit einem Schlüssel aufgezogen wird. **Größe:** *links* 25 cm; *Mitte* 15 cm; *rechts* 12 cm **Geschätzter Wert:** 2200 bis 6800 DM

OBEN Diese Ja/Nein-Bären mit dem offenen Mund und den großen Augen kamen in den 30ern unter dem Namen Baby-Bär auf den Markt. **Größe:** *links* 28 cm; *rechts* 33 cm **Geschätzter Wert:** 6500–9500 DM

OBEN Die Ja/Nein-Bären der 50er und frühen 60er Jahre haben eine geschorene Schnauze und eine schwarze Nase. Ihre Fußsohlen sind nicht aus Filz, sondern aus geschorenem Mohair. **Größe:** 51 cm **Geschätzter Wert:** 750 DM

Miniaturen von Schuco

Schuco ist berühmt für seine Miniatur- und Modeartikel, die von den 20er bis in die 70er Jahre in großen Mengen produziert wurden. Die Firma hat unzählige aufziehbare Tiere hergestellt, die bei Sammlern heute sehr beliebt sind. Schucos Lieblingstiere scheinen Mäuse und Affen gewesen zu sein, doch sie haben auch alle möglichen anderen Tiere hergestellt. Viele der Miniaturen bestehen aus Blech, das mit Mohair überzogen ist – eine Kombination, die es nur bei Schuco gibt –, aber sie haben auch Exemplare aus Filz gefertigt. Die Miniatur-Teddybären gab es in vielen Farben; heute sind sie begehrte Sammlerstücke. Dazu gehören auch Modeartikel für Handtasche und Ankleidetisch, wie etwa Bären, in denen Parfümflaschen stecken, und Bären, in denen sich eine Dose mit Kompaktpuder, ein Maniküreset oder ein paar winzige Würfel verbergen. Schuco produzierte auch eine Reihe von aufziehbaren Bären, die turnten oder Purzelbäume schlugen. In den 30er Jahren erfand Schuco die Roller, kleine Wagen, in denen die Miniaturtiere herumfahren konnten. Sie waren aus Metall und Holz, hatten drei Räder und wurden durch Reibung angetrieben. Zu manchen dieser Wagen gab es auch Tragflächen, mit denen man sie in ein Flugzeug verwandeln konnte. Bei den Modeartikeln erzielen die seltensten Farben die höchsten Preise.

LINKS Die hier abgebildete Gruppe von Miniaturen aus den 50er Jahren, die gerade über einen Stuhl klettert, besteht aus wirklich winzigen Bären. Trotz ihrer geringen Größe sind sie genauso detailliert gearbeitet und von derselben hohen Qualität wie ihre großen Brüder. Wie die meisten kleinen Teddybären haben auch sie keine Filzsohlen (nur die aus den 20er Jahren haben welche). In dieser Gruppe befindet sich auch der Berliner Bär, der zuerst in den 50er Jahren produziert wurde. Schuco stellte seine Miniaturen in Gold, Beige und Rot her und hatte auch andere Mini-Tiere im Programm. Der große Bär hinter dem Stuhl ist ein Ja/Nein-Bär *(siehe vorige Seite)* aus den 20er Jahren, der mit seinem eckigen Kopf und dem herabgezogenen Mund ein typischer Vertreter der frühen Ja/Nein-Bären ist, die sich von den späteren Exemplaren deutlich unterscheiden.

Größe: *großer Bär* 51 cm; *Miniaturen* 6,5 bis 13 cm
Geschätzter Wert: *großer Bär* mindestens 1700 DM; *Miniaturen* je 190–950 DM

OBEN Diese zwei Schuco-Bären fahren in ihren Blechwagen. Hier sitzen typische Schuco-Miniaturbären am Steuer, diese Wagen können aber auch von Mäusen, Schimpansen und sogar Menschen gelenkt werden.

Andere, wie der Bär links, fahren im Stehen. Die metallenen Fahrzeuge tragen alle das Schuco-Firmenzeichen auf der Seite.
Größe: 8 cm
Geschätzter Wert: je 1250 DM

OBEN Manchmal ist nicht sofort ersichtlich, was Schuco-Bären eigentlich tun – was der Bär rechts kann, wird wohl ein Geheimnis bleiben! Der links gezeigte kann Purzelbäume schlagen. **Größe:** beide 9 cm. **Geschätzter Wert:** *links* 950 DM; *rechts* 1200 DM

OBEN Dieser kleine Bär aus den 50er Jahren heißt Janus, weil sich sein niedliches Gesicht in die rechts abgebildete Fratze verwandelt, wenn man einen Knopf dreht.
Größe: 9 cm
Geschätzter Wert: 850 DM

OBEN Wenn der Kopf des linken Bären entfernt wird, öffnet sich der Körper, und es kommt eine Kompaktpuderdose zum Vorschein. In der Halsöffnung steckte oft ein Lippenstift. Die gängigste Farbe bei diesen Bären ist Gold, es

gibt ihn aber auch in Rot und Grün – der violette in der Mitte ist besonders selten: Der Bär rechts enthält ein Parfümflakon und ist bei Sammlern sehr beliebt.
Größe: je 9 cm. **Geschätzter Wert:** je 950–1400 DM

OBEN Der Vergleich zwischen den Miniaturen aus den 20er Jahren auf der linken Seite und denen aus den 50ern auf der rechten zeigt deutliche Veränderungen im Design: Die frühen Bären sind sehr klein, weniger

gerundet, haben dünnere Gliedmaßen und Fußsohlen aus Filz. Die Nase ist im Verhältnis zum Körper sehr groß. **Größe:** *linkes Paar* 6 cm; *rechtes Paar* 9 cm
Geschätzter Wert: *linkes Paar* je 420 DM; *rechtes Paar* je 250 DM

SCHUCO-TIERE

Schuco hat eine ganze Reihe von mechanischen und nicht-mechanischen Miniaturtieren hergestellt, die heute begehrte Sammlerstücke sind. Sie sind voll beweglich und bestehen aus kurzflorigem Mohairplüsch. Sie sind zwischen 5 und 9 cm groß. Hier ist nur eine kleine Auswahl abgebildet. Der winzige Schimpanse ist das kleinste Tier, das Schuco je produziert hat, und der Affe ganz links enthält ein Parfümfläschchen.

Affe, ca. 1830

Schimpanse, ca. 1930

Kaninchen, 30er Jahre

Kaninchen, 50er Jahre

Löwe, 50er Jahre

Musikbären

Eine Reihe von langhaarigen bunten Bären, die verschiedene Melodien spielen, wenn man ihnen auf den Bauch drückt, hat unter Sammlern zu angeregten Diskussionen über ihren Hersteller geführt. Diese Bären tragen kein Firmenzeichen, aber auf das Spielwerk ist der Name Helvetic aufgedruckt. Aus diesem Grund wurde davon ausgegangen, daß all diese Bären von einer einzigen Firma stammen. 1928 stand im amerikanischen Handelsmagazin *Toy World*, daß Helvetic die Exklusivrechte für die Herstellung von Musik machenden Teddybären hätte. Es gibt jedoch keinen Beweis dafür, daß eine solche Firma je existiert hat, und es ist sehr wahrscheinlich, daß diese Bären von verschiedenen Firmen produziert wurden, die alle Spieldosen der Marke Helvetic verwendeten. Gestützt wird diese Theorie dadurch, daß einige der bisher Helvetic zugeschriebenen Bären von der deutschen Firma Jopi stammen. Josef Pitrmann aus Nürnberg hat schon 1911 Spielzeug hergestellt, 1922 wurden der »Bär mit dem Weihnachtsbaum« und »Jopi« als Warenzeichen registriert. Ein Jopi-Katalog zeigt einige ihrer Bären, und auch die Abbildungen eines Jopi-Bären mit Originaletikett, der kürzlich entdeckt wurde, beweisen dies.

RECHTS UND OBEN Der ungewöhnlich große Jopi-Bär rechts hat noch die Naht auf der Brust, an der einst sein Etikett befestigt war. Er hat die typische, senkrecht gestickte Nase aller großen Jopi-Bären, die mit der von Bing *(siehe Seite 36)* fast identisch ist. Seine Glasaugen dürften ursprünglich einen bemalten Hintergrund gehabt haben, sind jetzt aber verblaßt.

Anscheinend hat Jopi auch Bären ohne Spieldosen produziert, denn der oben abgebildete Bär, der mit seinen großen, eng zusammenstehenden Glasaugen und den runden Ohren an den Seiten des Kopfes dem rechts abgebildeten sehr ähnlich sieht, hat keine Spieldose.
Größe: *rechts* 66 cm; *oben* 61 cm
Geschätzter Wert: *rechts* 14 000 DM; *oben* 7500 DM

RECHTS Auch wenn diese beiden Bären keine Jopi-Etiketten tragen, stammen sie doch mit ziemlicher Sicherheit von dieser Firma, denn sie sind praktisch identisch mit dem rosa melierten Bären im Jopi-Katalog. Wie dieser haben sie lange, schmale, etwas schräg geschnittene Pfoten- und Fußsohlen; drei lange, aufgestickte Krallen, die nicht bis auf den Filz reichen; Glasaugen mit bemaltem Hintergrund; große Ohren und ein Fell aus langflorigem Mohair. Anscheinend hat Jopi bei den kleineren Bären die Nase waagerecht gestickt und bei den größeren senkrecht, wie es auch bei Bing und Steiff üblich war. Die Spieldose funktioniert mit einem Blasebalg-Mechanismus im Bauch des Bären. Die meisten sind heute noch funktionsfähig, und da sie fast alle unterschiedliche Melodien spielen, kann man sich ein ganzes Konzert zusammenstellen.
Größe: je 40,6 cm
Geschätzter Wert: 4200 DM

LINKS Dieser grell pinkfarbene Bär zeigt nur wenig Ähnlichkeit mit den anderen auf dieser Seite, und es ist möglich, daß er von einem anderen Hersteller stammt. Er hat eine sehr kleine, waagerecht gestickte Nase und einen ungewöhnlich geraden Mund. Seine Augen sind am Hinterkopf vernäht.
Größe: 35,5 cm
Geschätzter Wert: 1900 DM

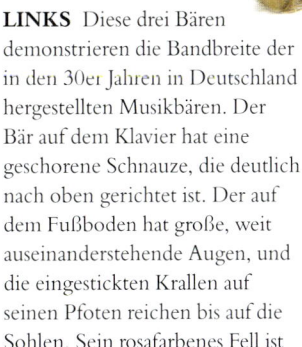
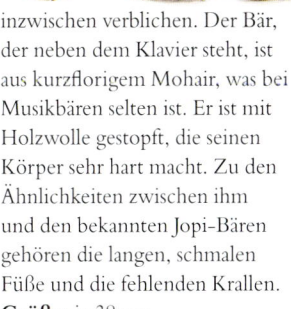

UNTEN Es gibt eine ganze Reihe von Musikbären, die wie die beiden hier abgebildeten eine Fledermausnase haben, und es ist denkbar, daß sie vom selben Hersteller stammen. Zu ihren gemeinsamen Merkmalen gehören außerdem die kurzen Handflächen aus Samt, die langen, schmalen Fußsohlen, die Glasaugen und das Fehlen des Mundes. Der Clown war ursprünglich lila, doch inzwischen ist nur noch an den Gelenken etwas Farbe zu finden; die Halskrause und der Hut sind originalgetreue Kopien der ursprünglichen Ausstattung, die auf dem Foto des Bären mit seiner Besitzerin zu sehen ist. Der rechte Bär ist wegen seiner leuchtenden Farbe besonders wertvoll.
Größe: je 30,5 cm
Geschätzter Wert: je 3200 DM

LINKS Diese drei Bären demonstrieren die Bandbreite der in den 30er Jahren in Deutschland hergestellten Musikbären. Der Bär auf dem Klavier hat eine geschorene Schnauze, die deutlich nach oben gerichtet ist. Der auf dem Fußboden hat große, weit auseinanderstehende Augen, und die eingestickten Krallen auf seinen Pfoten reichen bis auf die Sohlen. Sein rosafarbenes Fell ist inzwischen verblichen. Der Bär, der neben dem Klavier steht, ist aus kurzflorigem Mohair, was bei Musikbären selten ist. Er ist mit Holzwolle gestopft, die seinen Körper sehr hart macht. Zu den Ähnlichkeiten zwischen ihm und den bekannten Jopi-Bären gehören die langen, schmalen Füße und die fehlenden Krallen.
Größe: je 38 cm
Geschätzter Wert: je 3800 DM

Andere deutsche Hersteller

Bis zum Zweiten Weltkrieg war Sonneberg das Zentrum der deutschen Stofftier- und Puppenindustrie. In der Stadt und in den Dörfern der Umgebung stellten unzählige Menschen in Heimarbeit Puppen, Plüschtiere und Spielzeug aus Pappmaché her. Viele dieser Produkte trugen nie ein Herstelleretikett; oft tauchen guterhaltene Bären aus deutscher Produktion auf dem Markt auf, deren Herkunft nicht mehr nachzuweisen ist. In den letzten Jahren wurden unbekannte deutsche Fabriken entdeckt, und es tauchen mehr Informationen über die verschiedenen Hersteller auf. Alte Kataloge und Prospekte sind eine gute Hilfe beim Ermitteln der Herstellerfirma eines Bären. Mehrere Firmen kopierten die Produkte von Steiff, doch keine war so dreist wie Strunz, die nicht nur die Bären von Steiff bis ins Detail kopierte sondern auch ihre Werbung, und die ihre Bären zudem mit einem Knopf im Ohr kennzeichnete.

EDUARD CRÄMER

Über diesen deutschen Stofftierhersteller ist nur wenig bekannt, doch seine Bären sind begehrte Sammlerstücke. In einer Anzeige in einer kürzlich entdeckten Fachzeitschrift von 1927 heißt es, daß die Firma Eduard Crämer 1896 im thüringischen Schalkau gegründet wurde und schon früh begann, Plüschbären zu produzieren. Diese Bären tragen zwar kein Firmenzeichen, doch man erkennt sie an ihrem herzförmigen Gesicht und dem offenen Mund und durch Vergleiche mit alten Anzeigen. Eduard Crämer stellte aber auch mechanische Bären und Musikbären her, die durch Hin- und Herdrehen des Kopfes aktiviert wurden.

OBEN Eduard Crämers Bär mit dem offenen Mund erschien in den 30er Jahren erstmals im Firmenkatalog. Er hat eine auffallend lange Schnauze aus geschorenem Mohair. Bei manchen Exemplaren war die Nase hellbraun. Wie die Hermann-Bären haben auch diese Bären ein deutlich herzförmiges Gesicht.
Größe: 38 cm
Geschätzter Wert: 3200 DM

RECHTS Dieser Bär hat den unverwechselbaren Knopfloch-Mund vieler Crämer-Bären. Er wurde um 1930 hergestellt. Sein goldener Mohairpelz ist im Laufe der Jahre dünn geworden, aber er ist immer noch ein Bär mit Charakter. Die Füße sind ungewöhnlich lang, aus geschorenem Mohair, und die Filzsohlen sind mit Pappe verstärkt.
Größe: 33 cm
Geschätzter Wert: 1250 DM

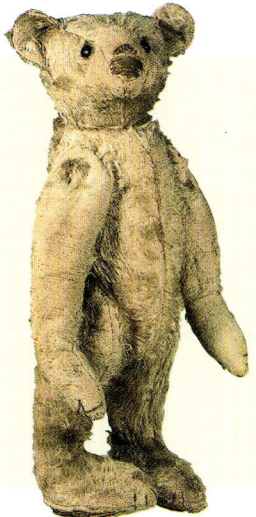

LINKS Dieser Bär von Strunz von 1904 ist fast identisch mit dem frühen Metallstangen-Bären von Steiff *(siehe Seite 22)*. Wie dieser hat er Metallstangen-Gelenke, schwarze Schuhknopfaugen, eine Filznase, einen ausgeprägten Buckel und sehr lange Arme.
Größe: 50 cm
Geschätzter Wert: 2200–4200 DM

STRUNZ

Die in Nürnberg ansässige Firma Wilhelm Strunz hat schon 1904 Plüschbären hergestellt und Produkte von Steiff schamlos kopiert. Zwischen den beiden Firmen kam es zu erbittertem Streit, vor allem um das Knopf-im-Ohr-Warenzeichen; 1908 erklärte Strunz sich bereit, nicht länger einen Knopf zu verwenden, sondern im linken Ohr ein Etikett zu befestigen. Davon kam man jedoch wieder ab, und von 1910 an wurden die Bären mit dem Wort »Präsident« gekennzeichnet. Der Vergleich zwischen zwei Elefanten zeigt die Ähnlichkeit der Produkte. Der von Strunz *(rechts)* hat genau dieselbe Form wie der von Steiff.

RECHTS Dieser braune Bär Peter ist das bekannteste Modell. Er hat Glasaugen oder – häufiger – Augen aus Holz, wie sie hier zu sehen sind. Der Kopf besteht aus Pappe, die in Form gepreßt und zusammengeklammert ist, der Plüsch wurde nachträglich aufgeklebt. Die Augen sind beweglich, der Mund steht offen, und die Zähne sind aus Holz.
Größe: 35,5 cm
Geschätzter Wert: 7500 DM

GEBRÜDER SÜSSENGUTH

Auch über diesen Spielzeughersteller ist nur wenig bekannt, abgesehen von der Tatsache, daß die Firma 1894 im thüringischen Neustadt gegründet wurde und zwischen 1925 und 1928 Puppen und anderes Spielzeug produziert hat. Am bekanntesten ist ihr Bär Peter. Bei der Schließung eines Geschäftes in der DDR wurden 1974 hundert dieser Bären entdeckt, nach England gebracht und dort verkauft. Jeder dieser Bären war noch originalverpackt, hatte all seine Etiketten, darunter ein rundes Brustetikett mit dem Aufdruck *»Peter, Ges. Gesch.«* (gesetzlich geschützt) und eine Seriennummer. Diese hundert Exemplare scheinen die einzigen zu sein, die noch existieren. Es gab sie in verschiedenen Größen und Farben, darunter auch einen großen pinkfarbenen Bären, von dem heute vermutlich nur noch zwei Exemplare existieren. Es gab auch graue und aprikosenfarbene Peter-Bären, doch heutzutage findet der Sammler noch am ehesten einen braunen wie den links abgebildeten.

RECHTS Dieser Bär trägt zwar kein Firmenzeichen, doch er ist den Musikbären von Jopi *(siehe Seite 48–49)* sehr ähnlich. Er hat einen Reißverschluß auf dem Rücken, und in seinem Innern verbirgt sich eine metallene Wärmflasche (hier neben dem Bären abgebildet).
Größe: 63,5 cm
Geschätzter Wert: 7500 DM

MERKMALE DEUTSCHER BÄREN

Manchmal besteht die einzige Möglichkeit, einen Bären zu identifizieren, darin, daß man ihn mit ähnlichen Exemplaren vergleicht, die ihre Originaletiketten noch besitzen oder in alten Prospekten abgebildet sind.

Zu den typischen Merkmalen gehören:
• ein großer, runder Kopf
• eine lange Schnauze
• realistisch lange Gliedmaßen
• ein Buckel
• Mohair von hoher Qualität
Die zwei Bären rechts tragen Etiketten, die besagen, daß sie zwar in der DDR hergestellt wurden, verraten aber nichts über die Herstellerfirma.

Britische Bären

Die Briten folgten schon bald dem Beispiel der Deutschen und Amerikaner und begannen ebenfalls, Teddys zu produzieren (einige britische Sammler behaupten, der Teddybär wäre eine englische Erfindung, benannt nach König Edward VII., dessen Spitzname »Teddy« war). Die frühen Hersteller wie etwa J. K. Farnell hatten schon im 19. Jahrhundert Spielzeug hergestellt, und als die Teddybärwelle Großbritannien erreichte, fiel es ihnen leicht, sich auf die Produktion von Bären einzustellen. Das Verbot der Einfuhr deutscher Waren förderte im Ersten Weltkrieg die Entstehung von Firmen wie Harwin & Co., Chad Valley, Chiltern, William J. Terry und Dean's. Alle frühen Bären dieser Firmen sind begehrte Sammlerstücke.

Die frühen englischen Bären sind von hoher Qualität und bestehen zumeist aus Yorkshire-Mohair. Die nach dem Zweiten Weltkrieg hergestellten unterscheiden sich im Stil deutlich von ihren Vorgängern: Sie haben das flache Gesicht, den plumpen Körper und die kurzen Gliedmaßen, die heute als typische Merkmale englischer Bären gelten. Frühe Bären einem bestimmten Hersteller zuzuordnen, fällt schwer, da sie kein Etikett tragen – es hilft jedoch, in alten Prospekten nachzuforschen.

LINKS Ein Cheeky von Merry-thought, ein Chiltern- und ein Chad Valley-Bär.

RECHTS Ein Peacock-Bär mit seinem kleinen Gefährten von Chad Valley.

J. K. Farnell

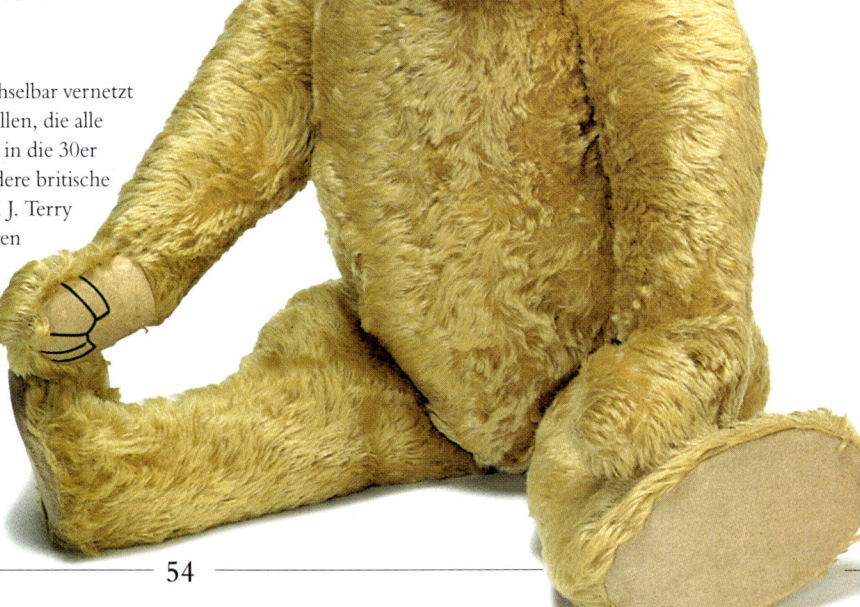

J. K. Farnell war eine der ersten Firmen, die Teddybären herstellte. Vielfach hört man, daß sie die Produktion noch vor Steiff aufgenommen haben soll, doch obwohl es dafür keinen Beweis gibt, gilt es doch als sicher, daß sie schon Anfang des 20. Jahrhunderts Bären produziert hat. Das Familienunternehmen wurde 1840 von John Farnell im Londoner Stadtteil Notting Hill gegründet und stellte kleine Gebrauchsgegenstände, z. B. Nadelkissen, her. Nach Johns Tod im Jahre 1897 verlegten seine Kinder Agnes und Henry den Betrieb nach Acton und begannen mit der Herstellung von Spielzeugtieren aus Kaninchenfell. 1921 gründete Agnes die Firma Alpha Works, und zusammen mit der Designerin Sybil Kemp produzierte sie Teddybären und ließ 1925 das Warenzeichen Alpha für alle Farnell-Bären registrieren. Vertrieben wurden die Bären unter anderem durch das Londoner Kaufhaus Harrods, wo auch der ursprüngliche Alpha-Bär Pu für den jungen Christopher Robin gekauft wurde *(siehe Seite 148–149)*. Nur wenige der frühen Bären tragen noch heute das Farnell-Etikett, und die meisten können Farnell nur zugeordnet werden, weil sie den späteren Alpha-Bären im Stil ein wenig ähneln. Farnell hat bis in die 60er Jahre Bären produziert, aber die frühen Exemplare sind die schönsten.

RECHTS Dieser Bär ist dem Alpha-Bären, der 1921 für Christopher Robin gekauft wurde, sehr ähnlich. Er wurde vermutlich um 1918 hergestellt, bevor das Farnell-Firmenzeichen offiziell als Alpha eingetragen wurde. Eines der auffallendsten Merkmale der Farnell-Bären ist die außergewöhnliche Qualität des Mohairplüschs, der stets lang und seidig ist, wobei der goldene Pelz dieses Exemplars als Beispiel dient. Die lange, geschorene Schnauze ist für die frühen Farnell-Bären typisch. Dieser Bär hat die unverwechselbar vernetzt aufgestickten Krallen, die alle Farnell-Bären bis in die 30er Jahre trugen. Andere britische Hersteller wie W. J. Terry versahen ihre Bären mit ebensolchen Krallen, doch wurde bei ihnen die Nase anders gestickt. **Größe:** 71 cm **Geschätzter Wert:** 3800 bis 5500 DM

LINKS Fotos wie dieses sind sehr nützlich, wenn es darum geht, frühe Farnell-Bären zu datieren. Dieses Foto muß vor 1914 aufgenommen worden sein, weil das kleine Mädchen in diesem Jahr von einem Auto überfahren wurde. Der Bär ist nachweislich ein Farnell und zeigt viele der Merkmale, die sich auch bei den anderen auf dieser Seite abgebildeten Farnell-Bären finden lassen.

RECHTS Manche der frühen Farnell-Bären haben die leicht aufwärts gebogene Nase, wie sie hier zu sehen ist, und es ist fraglich, ob diese Bären aus derselben Zeit stammen wie die anderen auf dieser Seite oder ob sie etwas später hergestellt wurden. Der kleinere Bär hat, wie bei kleinen Bären üblich, keine aufgestickten Krallen.
Größe: *groß* 63 cm; *klein* 33 cm
Geschätzter Wert: *groß* 4600 DM; *klein* 1250 bis 1700 DM

UNTEN Das leuchtende Rot macht diesen frühen Farnell-Bären zu einer echten Rarität. Wie die Steiff-Bären hat er einen ausgeprägten Buckel. Seine ungewöhnlich glänzenden schwarzen Knopfaugen sind ein Merkmal früher Farnell-Bären; allerdings produzierte Farnell um diese Zeit auch Bären mit mattschwarzen Knopfaugen.
Größe: 33 cm
Geschätzter Wert: 1600 bis 2000 DM

OBEN Die Ähnlichkeiten zwischen diesem Bären und dem auf dem darüber abgebildeten Foto deuten darauf hin, daß er um 1914 hergestellt wurde. Er ist in ausgezeichnetem Zustand, sein Fell ist kein bißchen abgenutzt. Er besitzt sogar noch die originalen Filzsohlen, die bei anderen Exemplaren oft fehlen.
Größe: 40,5 cm
Geschätzter Wert: 2000–2500 DM

OBEN Es ist ungewöhnlich, einen gelblichen Farnell-Bären zu finden, doch es ist möglich, daß er ursprünglich weiß war und sich nur verfärbt hat. Auch dieses frühe Modell ist in großer Zahl produziert worden. Von vorn betrachtet, wirkt er zwar immer noch etwas klobig, doch ist sein Körper relativ flach, und er hat auch keinen Buckel. Die Oberseiten seiner Arme sind breit, und seine Filzsohlen sind ersetzt worden, doch sie passen im Stil zu den Originalsohlen und mindern seinen Wert aus diesem Grund nur unwesentlich.
Größe: 66 cm. **Geschätzter Wert:** 2500–3800 DM

UNTEN Es kommt überaus selten vor, daß man drei weiße Farnell-Bären in einem so perfekten Zustand findet wie diese aus den 20er Jahren. Die beiden Bären rechts haben jahrelang einer Familie in Schottland gehört. Bei Farnell-Bären empfiehlt es sich immer, erneuerte Filzsohlen vorsichtig abzutrennen, um zu sehen, was darunter liegt. Als die Sohlen des größten Bären entfernt wurden, entdeckte sein Besitzer darunter noch die aufgestickten Original-Krallen. Der Bär in der Mitte hat eine waagrechte Naht auf der Brust, an der einst sein Papieretikett befestigt war (siehe das Jemima Puddleduck-Etikett auf Seite 59).

Größe: *links* 58 cm; *rechts* 40,5 cm; *vorn* 30,5 cm

Geschätzter Wert: *links* 3800–4200 DM; *rechts* 2500–3200 DM; *vorn* 1700–1900 DM

TYPISCHE MERKMALE DER FARNELL-BÄREN VOR DEN 30er JAHREN

- lange, plumpe Arme

- geschorene Schnauze

- senkrecht gestickte Nase

- glänzender Mohairplüsch

- große Ohren

- klobiger Körper

- Buckel

- vernetzt aufgestickte Krallen (nicht bei den kleineren Bären)

- mit Pappe verstärkte Fußsohlen

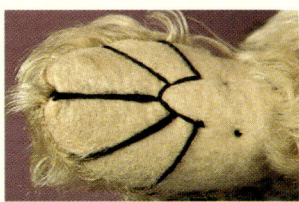

Vor 1930 hatten die Farnell-Bären diese vernetzten Krallen.

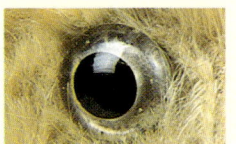

Von 1915 bis in die 30er hatten manche der Bären klare Glasaugen mit schwarzen Pupillen.

Diese Nasenform wurde bis in die 30er Jahre verwendet.

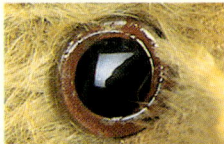

Auch solche glänzenden schwarzen Knopfaugen wurden bei den frühen Farnell-Bären verwendet.

Weiße Farnell-Bären hatten eine braune, gestickte Nase – wie auf diesem Foto.

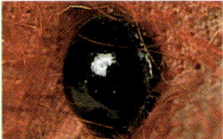

Von 1915 an wurden braune und schwarze Glasaugen verwendet.

Von den 30er Jahren an wurde die Nase eckiger und hatte keine langen Endstiche mehr.

An diesem Glasauge sind noch Reste der Originalfarbe zu erkennen.

Nach dem Zweiten Weltkrieg wurde die Nase knolliger.

LINKS Von dem abgebildeten Bären sind in letzter Zeit mehrere Exemplare aufgetaucht. Er unterscheidet sich zwar von den typischen Farnell-Bären – er hat sehr große Glasaugen und eine ungewöhnliche Nase, sein Körper ist länger –, doch wenn man ihn neben einen anderen Farnell-Bären setzt, wird deutlich, daß er vom selben Hersteller stammt, denn der lange, seidige Mohairplüsch und die plumpen Gliedmaßen sind eindeutige Beweise. **Größe:** 63,5 cm **Geschätzter Wert:** 3400–3800 DM

UNTEN Diese beiden Bären haben die vernetzt aufgestickten Krallen, die bei Farnell bis 1930 üblich waren. Danach war dieselbe Form der Krallen auch bei den Merrythought-Bären zu finden, denn Farnells Designer wechselte in diesem Jahr die Firma *(siehe Seite 69)*. **Größe:** *links* 51 cm; *rechts* 38 cm **Geschätzter Wert:** 3200–3900 DM

Farnell hat Jemima Puddleduck, eine Figur aus Beatrix Potters Kinderbuch, 1925 hergestellt. Sie ist aus weißem Mohair, in ausgezeichnetem Zustand und trägt sogar noch ihren Original Paisley-Baumwollschal und das blaue Häubchen. Erhalten geblieben ist auch ihr metallgefaßtes Papieretikett, das Farnell von 1925 an auch für seine Bären verwendete *(siehe Seite 59)*. Häufig fehlt das Etikett, doch meistens ist die Nahtstelle auf der Brust, an der es befestigt war, noch gut zu erkennen.

Größe: 30,5 cm
Geschätzter Wert: 1100–1250 DM

ANDERE TIERE VON FARNELL

Farnell hat eine ganze Reihe von Tieren mit derselben Sorgfalt und aus denselben hochwertigen Materialien hergestellt, die auch die Teddybären kennzeichnen. Die meisten Leute kaufen diese Tiere als Ergänzung zu ihrer Bärensammlung, denn einige andere Tiere machen sich gut zwischen den Bären. Einige der Farnell-Tiere, wie etwa der Elefant und Jemima Puddleduck, waren bekleidet. Farnell hat aber auch eine Reihe von Filzpuppen produziert, die bei Sammlern sehr begehrt sind; die berühmtesten unter ihnen sind wahrscheinlich die beiden, die die Könige Edward VIII. und George VI. porträtieren und in den späten 30er Jahren hergestellt wurden.

Dieser Affe ist aus langem weißem Mohair. Er hat Sohlen aus Filz, und sein lachendes Gesicht besteht ebenfalls aus gepreßtem Filz. Seine menschenähnlichen braunweißen Augen sind sehr ungewöhnlich und unterscheiden sich deutlich von denen, die Farnell für seine Bären verwendete. Er wurde 1930 hergestellt und ist immer noch in erstklassigem Zustand.

Größe: 41 cm
Geschätzter Wert: 850–1100 DM

Dieser hübsche Alpha-Elefant wurde um 1935 hergestellt. Seine Sohlen und die Filzkleidung sind noch original und in gutem Zustand. Nur die sichtbaren Körperteile sind aus Mohair; der Rest des Körpers besteht aus Baumwolle.

Größe: 38 cm
Geschätzter Wert: 650 DM

RECHTS Von 1926 an hatten Farnells Alpha-Bären keine rasierte Schnauze mehr. Dieser Bär unterscheidet sich deutlich von seinen Vorgängern und hat große Glasaugen und eine eckige Nase. Die aufgestickten Krallen, die nun nicht mehr vernetzt sind, sind gut zu erkennen. Jetzt führen lange Stiche von der Oberseite der Füße bis auf den Filz. Zu dieser Zeit wurde auch das blauweiß bestickte Etikett auf der Fußsohle eingeführt.

Größe: 51 cm
Geschätzter Wert: 3200 bis 3500 DM

OBEN Eine Reihe der späteren Alpha-Bären von Farnell hat ein besonders langes Mohair-Fell. Dieses Exemplar aus den 30er Jahren hat ein anderes Gesicht als die früheren Bären; seine Schnauze ist nicht mehr rasiert und vorstehend, und seine Nase ist ein solider, deutlich umrissener Block. Die Bären aus dieser Zeit sind leichter zu erkennen, weil Farnell 1925 damit anfing, ein Etikett auf die Fußsohle zu nähen.
Größe: 33 cm
Geschätzter Wert:
1700–1900 DM

OBEN Wie andere britische Hersteller hat auch Farnell in den 30er Jahren farbige Plüschbären auf den Markt gebracht. Sie sind heute besonders selten und sehr gefragt. Der relativ schlechte Zustand dieses Bären wirkt sich jedoch auf seinen Preis aus. Seine Augen sind jetzt farblos, denn die ursprüngliche schwarze Farbe ist verblaßt. Der dicke Mohairplüsch der Farnell-Bären ist allerdings nur selten stark abgewetzt.
Größe: 33 cm
Geschätzter Wert:
1100–1250 DM

OBEN Nachdem der gesamte Lagerbestand 1934 durch ein Feuer vernichtet wurde, entwarf Farnell seinen Alpha-Bären neu. 1935 wurde die neue Fabrik eröffnet. Dieser Alpha-Bär, der um 1938 hergestellt wurde, hat schwarz-braune Glasaugen, eine kürzere Nase und kleinere Ohren als seine Vorgänger vor 1934. Seine Gliedmaßen sind schlanker und die Pfoten nicht mehr nach oben gebogen. Er hat noch immer das gestickte Etikett auf dem Fuß.
Größe: 33 cm
Geschätzter Wert: 550–1000 DM

OBEN Nach dem Zweiten Weltkrieg produzierte Farnell Bären mit leuchtend roten oder blauen Fußsohlen, die damit sehr komisch aussahen. Wie die meisten Bären der Nachkriegszeit hat auch dieses Exemplar einen im Verhältnis zu seinem Körper sehr großen Kopf, und seine Gliedmaßen und Füße sind kurz. Er trägt noch immer sein Original-etikett in Form eines Schildes. Die helle Nase ist typisch für die weißen Farnell-Bären.
Größe: 33 cm
Geschätzter Wert: 420–650 DM

Papieretikett, verwendet bis 1925

Besticktes Etikett, 1925 bis ca. 1945

Alternativ verwendetes Etikett, 1925 bis 1945

Bedrucktes Etikett, verwendet seit den 40er Jahren

OBEN Dieser Bär sieht zwar aus wie einer der späteren Farnells, doch er trägt kein Etikett, und es ist denkbar, daß er von dem britischen Hersteller Invicta stammt *(siehe Seite 79)*, dessen Bären denen von Farnell in vieler Hinsicht ähnelten.
Größe: 33 cm
Geschätzter Wert: 220–420 DM

Dean's Rag Book Co.

Dean's Rag Book Company wurde 1903 von Henry Samuel Dean gegründet und ist eine der ältesten noch heute existierenden Spielzeugfirmen Großbritanniens. Ursprünglich stellte die Firma die berühmten unzerstörbaren Rag Books für Kinder her und begann erst 1915 mit der Produktion von Teddybären. Große Stückzahlen wurden jedoch erst ab den 20er Jahren gefertigt. Dean's ist bekannt für seine Puppen; die Bären kamen in kleineren Auflagen auf den Markt und sind heute schwer zu finden. Die meisten noch existierenden Bären stammen aus den 30er Jahren, aus Dean's produktivster Periode vor dem Zweiten Weltkrieg. In dieser Zeit war der Betrieb in Merton in Südlondon angesiedelt. Nach dem Krieg kam die Herstellung fast zum Erliegen, und es dauerte lange, bis sich die Firma wieder erholt hatte, zumal die neuen synthetischen Materialien den Konkurrenzdruck steigen ließen.

Die Fabrik in Merton wurde 1955 verkauft und die Produktion in Rye in Sussex wieder aufgenommen. 1972 fusionierte Dean's mit Gwentoys in Pontypool in Wales, und von dieser Zeit an wurde in beiden Fabriken Spielzeug hergestellt. 1988 wurde eine neue Dean's Company gegründet. Heute ist Dean's wieder ein bedeutender Name in der Welt der Teddybären, und die Firma hat vor kurzem eine ganze Reihe von Sammlerstücken auf den Markt gebracht und produziert auch Repliken.

RECHTS Dieser Bär aus den 30er Jahren ist als »mausohriger Bär« bekannt, denn er hat ein sehr rundes Gesicht und flache, weit auseinanderstehende Ohren. Sein Mohairpelz war ursprünglich rosa, ist aber inzwischen ausgeblichen, und Farbreste finden sich nur noch an den Gelenken. Er hat Glasaugen, eine senkrecht gestickte Nase und cremefarbene Sohlen an Händen und Füßen. Sein Kopf ist mit Holzwolle gestopft und der Körper mit Kapok. Das Etikett fehlt, doch dort, wo es einmal angenäht war, sind Löcher.
Größe: 45 cm
Geschätzter Wert: 850–1000 DM

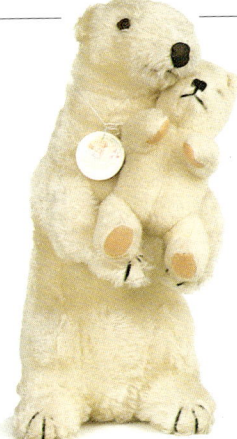

UNTEN Walt Disneys Micky Maus wurde um 1932 von Dean's produziert. Ihre großen Augen – aus Zelluloid, mit einer beweglichen Pupille – beweisen, daß sie aus dieser Zeit stammt. Sie wurde in der Fabrik im Stadtteil Elephant and Castle im Osten von London hergestellt, wo von 1910 bis 1936 Spielzeug produziert wurde. Sie ist sehr selten und in ausgezeichnetem Zustand. Das »Rag Book« ist ein »Funny ABC«-Buch. Es ist ein besonders frühes, schon 1942 hergestelltes Exemplar, sehr gut erhalten und deshalb ein begehrtes Sammlerstück. Der Zeichner war G. H. Dodd.
Größe: *Micky Maus 20 cm; Rag Book 20 cm*

OBEN Als 1949 der Eisbär Brumas im Londoner Zoo geboren wurde, produzierte Dean's diese Plüschversion von Mutter Ivy mit ihrem Nachwuchs. Heutzutage findet man diese Bären nur noch selten zusammen, zumal mit ihren Etiketten.
Größe: 48 cm
Geschätzter Wert: 1250 DM

OBEN Dieser goldfarbene Bär vom 1936 hat zwar eine spitzere Schnauze und dichter zusammen-stehende Augen, ist dem rosa Bären auf Seite 60 aber trotzdem recht ähnlich, denn beide haben dasselbe lächelnde runde Gesicht.
Größe: 40 cm. **Geschätzter Wert:** 750–1000 DM

OBEN Dieser Bär von 1958 ist ausgezeichnet erhalten. Er hat das typische flache Gesicht von Dean's späteren Bären, eine geschorene Schnauze und eine hohe Stirn. Diesen Bären gab es in zwei Farben, die London Gold und Zeder hießen. **Größe:** 61 cm
Geschätzter Wert: 550 DM

Geschätzter Wert: *Micky Maus 1450 DM; Rag Book 220 DM*

LINKS Dieser schwarze Bär hatte ursprünglich aus Latex geformte Sohlen, doch sie sind verlorenge-gangen und wurden durch Filzsoh-len ersetzt. Er wurde in den 50er Jahren entworfen und unterscheidet sich deutlich von Dean's anderen Bären. Sein Vorbild war ein echter Bär, und er hat einen gelenklosen, weichen Körper, in Gummihöhlen eingesetzte Glasaugen, eine creme-farbene Schnauze und eine große Nase aus Gummi. **Größe:** 48 cm
Geschätzter Wert: 1150 DM

LINKS Dean's war in erster Linie ein Hersteller von Puppen. Die Firma hat unzählige verschiedene Modelle produziert, darunter viele bekannte Charaktere aus Kinderbüchern und Kindergedichten, aber auch Theaterschauspieler wie zum Beispiel George Robey, Arthur Askey, Stanley Lupino Lane und viele andere. Von diesem Beefeater (wie die Wachmänner im Londoner Tower genannt werden) wurden wahrscheinlich nur hundert Stück anläßlich der Krönung von König George VI. im Jahre 1937 produziert. Das Gesicht der Puppe ist aus gepreßtem Filz, ihre Augen sind handbemalt. Sie ist mit »Sub« gefüllt, einer festen, aber preiswerteren Alternative zu Kapok. Diese Puppe ist ausgezeichnet erhalten und wird teuer gehandelt.
Größe: 40 cm
Geschätzter Wert: 1700 DM im Bestzustand

OBEN Dieser beliebte Bär kam 1938 auf den Markt und wurde bis in die 50er Jahre produziert, so daß heute noch etliche Exemplare existieren. Er hat ein dreieckiges Gesicht und kleine Ohren, die an den Ecken des Kopfes angebracht sind. Seine Augen sind aus schwarzbraunem Plastik. **Größe:** 71 cm
Geschätzter Wert: 850–1100 DM

OBEN Anfang der 50er Jahre begann Dean's, seine Plüschtiere für Kleinkinder mit Sicherheitsaugen anzubieten, verwendete diese aber erst Ende der 50er Jahre auch für seine Bären. In den 60er Jahren startete die Firma eine Sicherheitskampagne und machte all ihre Bären kindersicher. **Größe:** 61 cm
Geschätzter Wert: 550 DM

Bedrucktes Stoffetikett, verwendet von den 20er Jahren bis 1955

Dean's Etikett für die »Beefeater«-Puppe, 1937

Papieranhänger, verwendet zwischen 1937 und 1955

von 1956 an

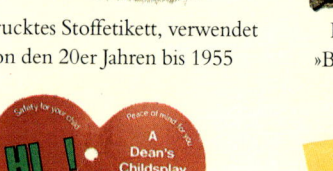

Papieretikett der 50er Jahre

Bedrucktes Childsplay-Etikett, verwendet seit dem Umzug der Firma nach Rye von 1956 bis in die 80er Jahre

DEAN'S

1986–1991

Bedrucktes und Papieretikett, verwendet von 1960–1970

1968 Anhänger mit einem Ersatz-Sicherheitsauge, das in diesem Jahr eingeführt wurde

UNTEN Nach dem Zweiten Weltkrieg hat Dean's auch eine Reihe von Musikbären hergestellt. Dieses Exemplar wurde 1961 in der Fabrik in Rye produziert. Der Bär hat zwar einen Mohairpelz, aber seine Sohlen sind aus synthetischem Material. Die Spieldose wird mit dem Schlüssel am Rücken des Bären aufgezogen. Wie andere der späteren Bären von Dean's hat auch dieser einen dreieckigen Kopf und ein flaches Gesicht.
Größe: 40 cm
Geschätzter Wert: 750 DM

RECHTS In den letzten Jahren sind Teddybären immer stärker zum Symbol für Liebe und Romantik geworden, und es sind unzählige Bärenpostkarten und andere Produkte für diesen Markt entworfen worden. Dieser Bär aus synthetischem Material wurde 1980 anläßlich des Valentinstages produziert und trägt eine mit Herzen bedruckte Schleife. Er wurde in der Fabrik im walisischen Pontypool hergestellt, dem Firmensitz von Gwentoys, die Dean's 1972 aufgekauft hat. **Größe:** 40 cm
Geschätzter Wert: 220 DM

OBEN In den 70er Jahren entwarf Dean's Designerin Sylvia Willgoss diesen großen, tiefbraunen Bären nach dem Vorbild der Bären im Londoner Zoo. Er besteht aus nicht brennbarem synthetischem Stoff, hat schwarze Sicherheitsaugen und ist mit Polyurethan gefüllt. Wie die meisten von Sylvia Willgoss entworfenen Bären hat auch er keine Gelenke. Es gibt ihn auch in Gold und Schwarz, und in drei Größen.
Größe: 80 cm
Geschätzter Wert: 550 DM

LINKS Die späteren Bären von Dean's sind mit Schaumstoffschnipseln gefüllt. Dieser Bär von 1965 ist im Bestzustand und hat noch all seine Etiketten. Seine Augen sind aus Plastik, sein Fell aus Mohair. Er hat den typischen dreieckigen Kopf der späteren Bären. **Größe:** 40 cm
Geschätzter Wert: 220 DM

GANZ RECHTS Vor kurzem brachte Dean's eine Reihe von Repliken auf den Markt, die in erster Linie für den von der Firma initiierten Sammlerclub gedacht sind; sie zeigen alle Charakteristiken der frühen Dean's-Bären. Die drei hier abgebildeten Bären werden im Katalog von 1994 angeboten. Hector in der Mitte ist aus künstlich gealtertem strohfarbenem Mohair und voll beweglich. Jedes neue Clubmitglied bekam einen solchen Bären geschenkt. George, links, besteht aus altem goldfarbenem Langhaarplüsch, und Amy, rechts, hat einen langflorigen, graublauen Mohairpelz.
Größe: *links* 26 cm; *Mitte* 30 cm; *rechts* 23 cm
Geschätzter Wert: mindestens 110 DM pro Stück

Chad Valley

Chad Valley war ursprünglich eine Druckerei in Birmingham, die von 1820 an von Joseph und Alfred Johnson unter dem Namen Johnson Bros. Ltd. geführt wurde. 1897 zog die Firma in ein neues Fabrikgebäude in Harborne um und änderte ihren Namen nach dem nahegelegenen Fluß Chad in Chad Valley. 1915 stellten die Brüder ihre ersten Bären her – auf diese Idee hatte sie das Einfuhrverbot für Bären nach Großbritannien gebracht. Schon bald hatte Chad Valley viele verschiedene Plüschtiere und -bären im Sortiment. 1920 zog sie auf das Gelände der Wrekin Toy Works in Shropshire um, übernahm diese Firma und gründete die heutige Chad Valley Co. Ltd. Die Firma expandierte weiter und nahm neue Bären und Modeartikel in ihr Programm auf. 1938 wurde sie offizieller Hoflieferant der Königin, und dieses Privileg blieb bestehen, bis Elisabeth II. zur Königin gekrönt und die Firma von da an als offizieller Lieferant der Königin-mutter geführt wurde. Nach dem Zweiten Weltkrieg florierte das Geschäft, doch in den 70er Jahren mußte Chad schwere Einbußen hinnehmen. 1978 wurde die Firma von Palitoy aufgekauft, 1988 übernahm die Kauf-hauskette Woolworth ihren Namen.

LINKS Diese Bären aus den 30er Jahren zeigen die beiden Nasenformen der frühen Chad-Valley-Bären. Der kleinere Bär rechts hat die senkrecht gestickte dreieckige Nase, die nur die frühesten Exemplare besitzen, und der größere Bär weist die kohlenförmige Nase auf, die schon bald alle Bären dieser Firma trugen. Weitere typische Merkmale für einen Bären von Chad Valley sind die großen, flachen und weit auseinanderstehenden Ohren, die bernsteinfarbenen und schwarzen Glasaugen, die geschorene Schnauze und die großen, ovalen Fußsohlen.
Größe: *links* 53 cm; *rechts* 43 cm
Geschätzter Wert: je 1000–1400 DM

RECHTS Chad Valley hat eine ganze Reihe von Neuheiten und besonderen Tieren auf den Markt gebracht, darunter Disney-Figuren und die berühmte Handpuppe Sooty *(siehe Seite 67)*. Von dieser Firma stammt auch der bekannte Zeichentrickhund Bonzo, der in verschiedenen Ausführungen und Größen hergestellt wurde. Auch Steiff hatte eine Bonzo-Version im Programm, die jedoch nicht sehr gut ankam *(siehe Seite 29)*. Dieser Bonzo aus der Zeit um 1930 ist sehr gut erhalten, denn bei den meisten Bonzos sind die aufgesprühten Gesichtszüge mittlerweile verblaßt. Sein Körper ist aus Samt, er ist mit Kapok gestopft. Er trägt ein Lederhalsband, und seine Zunge besteht aus rotem Filz. **Größe:** 35,5 cm **Geschätzter Wert:** 750–1400 DM

OBEN Dieser kleine goldene Mohairbär ist in ungewöhnlich gutem Zustand, wenn man bedenkt, daß er in den 30er Jahren hergestellt wurde – er hat noch immer seine Schleife und sein Etikett. Man hat nur selten das Glück, einen Bären dieses Alters zu finden, der noch so gut erhalten und obendrein »komplett« ist. **Größe:** 33 cm. **Geschätzter Wert:** 1000–1600 DM

UNTEN Ganz anders sieht der Magna-Bär aus, der ebenfalls in den 30er Jahren produziert wurde. Man erkennt ihn unter anderem an seinen kleinen, weit auseinanderstehenden Ohren, der unrasierten Schnauze und der kleinen rechteckigen Nase, die waagerecht gestickt ist. **Größe:** 38 cm **Geschätzter Wert:** 550–1000 DM

Knopf aus den 30er Jahren

Knopf aus den 30er Jahren

Frühester Knopf

Chad Valley Magna-Nase, 30er Jahre

Typische Chad-Valley-Nase nach 1945

»Kohlenförmige« Standardnase, ab den 30er Jahren

RECHTS Auf dem Etikett auf dem rechten Fuß dieses Bären stehen die Worte »Toymakers to Her Majesty the Queen«, was bedeutet, daß der Bär zwischen 1938 und 1952 hergestellt wurde. Er war ein beliebtes Modell und wurde in großen Stückzahlen gefertigt. Da diese Bären heute immer noch leicht zu finden sind, lohnt es sich, nach einem Exemplar in gutem Zustand zu suchen. Während die Fußsohlen früherer Bären aus Filz bestanden, sind sie bei diesem aus Rexin und ziemlich abgenutzt. Andere Bären aus dieser Zeit hatten Sohlen aus Samt, wie sie auf der nächsten Seite zu sehen sind. Von diesem Bären gab es auch eine langflorige Version. **Größe:** 63,5 cm **Geschätzter Wert:** 750–1150 DM

RECHTS Die großen, flachen Ohren und die recht klobigen, beweglichen Gliedmaßen dieses Bären sind typisch für die Nachkriegsproduktion von Chad Valley. Die Tatsache, daß auf seinem Etikett die Königinmutter erwähnt ist, beweist, daß er nach 1953 hergestellt wurde, dem Jahr, in dem Elisabeth II. gekrönt und das Pri-

vileg auf ihre Mutter übertragen wurde *(siehe die Etiketten auf Seite 67)*. Dieser Bär hat eine schwarze, gestickte Nase und Glasaugen; viele andere Exemplare dieser Zeit haben allerdings schon Sicherheitsnasen und Augen aus Plastik. **Größe:** 71 cm
Geschätzter Wert:
950–1400 DM

RECHTS Diese Bärengruppe aus den 50er Jahren läßt sich aufgrund ihrer Etiketten eindeutig Chad Valley zuordnen. Die Augen der Bären sind aus Plastik, und sie haben nicht länger die früher verwendete kohlenförmige Nase, sondern eine schwarz gestickte Knopfnase. Einige Bären der Nachkriegszeit waren aus Nylon, doch diese drei sind aus Mohair und haben Sohlen aus Samt. Diese Bären wurden von der Firma Bear Brand Stockings für Werbezwecke verwendet, und da sie reine Ausstellungsstücke waren und nie mit ihnen gespielt wurde, sind sie in ausgezeichnetem Zustand.
Größe: *Bär hinten* 109 cm; *vorn links und rechts je* 68,5 cm
Geschätzter Wert:
je 750–1250 DM

OBEN Dieser Bär ist dem neben ihm eigentlich recht ähnlich, doch er sieht anders aus, weil die Ersatzaugen, die ihm jemand aufgenäht hat, für die Größe seines Kopfes zu klein sind. Sein Mohairpelz ist immer noch recht flauschig, und die Fußsohlen sind in gutem Zustand.
Größe: 43 cm
Geschätzter Wert:
550–1000 DM

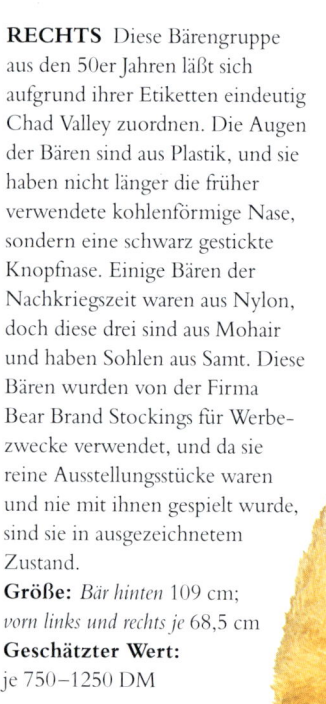

LINKS Die Chad-Valley-Bären der Nachkriegszeit haben viel kürzere Gliedmaßen und nicht mehr so plumpe Körper wie ihre Vorgänger. Dieses Exemplar ist zwar aus Mohair, doch Chad produzierte zu dieser Zeit auch Bären aus preiswerteren synthetischen Materialien in vielen Farben.
Größe: 38 cm
Geschätzter Wert: 220–420 DM

OBEN Toffee Bear war in den 50er Jahren eine beliebte Figur aus dem Radio, und sowohl Chad Valley als auch Farnell brachten ihn als Plüschtier heraus. Dieses Exemplar hat zwar seine Wollmütze und seinen Schal verloren, ist davon abgesehen aber in erstklassigem Zustand. **Größe:** 25 cm
Geschätzter Wert: 480–750 DM

Gesticktes Etikett der 30er Jahre

Fuß- und Brustetikett, 1938–1953

Fußetikett nach der Krönung (1953)

Blaubedrucktes Brustetikett der 50er Jahre

Chad Valley Puppenetikett der 20er

Papieretikett für Bären in den 30er Jahren

LINKS Neben den Teddybären produzierte Chad Valley auch eine Vielzahl anderer Tiere, Nachbildungen berühmter Persönlichkeiten und Filzpuppen (darunter auch die Mabel Lucie-Attwell-Puppe in den 20er Jahren), um gegen andere Spielzeughersteller konkurrieren zu können. Wie etliche andere britische Hersteller, unter ihnen Merrythought, begann auch Chad, Pandas zu produzieren, nachdem diese Tiere erstmals im Londoner Zoo zu besichtigen waren. Dieser große Pandabär hat dieselbe geschorene Schnauze und die senkrecht gestickte Nase wie der Magna-Bär *(siehe Seite 65)*. **Größe:** 51 cm
Geschätzter Wert: 420–850 DM

RECHTS
1952 bekam Chad Valley das Exklusivrecht zur Herstellung von Sooty, der Handpuppe des britischen Komikers Harry Corbett. Die Produktion lief bis 1980. Corbett kaufte seinen ersten Sooty von einer alten Frau am Hafen von Blackpool. Er schwärzte Nase und Ohren der Puppe mit Ruß (engl.: *soot*), was der inzwischen berühmten Puppe ihren Namen gab. Niemand weiß, wo dieser erste Sooty geblieben ist, aber man schätzt, daß Mr. Corbett seit dieser Zeit an die tausend Puppen für seine Auftritte verbraucht hat.
Größe: 23 cm
Geschätzter Wert: 170–320 DM

Merrythought

1919 taten sich W. G. Holmes und G. H. Laxton zusammen und eröffneten eine kleine Spinnerei in Oakwood bei Keighley in Yorkshire. 1920 übernahmen die beiden noch eine Weberei in Huddersfield und stellten zwei Direktoren ein: A. C. Janisch, den früheren Verkaufsleiter von J. K. Farnell, und C. J. Rendle, den früheren Produktionsleiter von Chad Valley. Aus diesem Grund ist der Einfluß von Farnell und Chad bei den Merrythought-Bären unübersehbar. 1930 pachtete die Firma das Betriebsgelände von Coalbrookdale in Shropshire, das sie später kaufte und das noch heute Firmensitz ist. Im selben Jahr wurde die Firma unter dem Namen Merrythought Ltd. registriert. Der Name stammt aus dem Altenglischen und bezeichnete im 17. Jahrhundert das Gabelbein eines Vogels, ein Glückssymbol, das auf den Knöpfen und Etiketten der Bären zu sehen ist.

Merrythought ist in England einer der führenden Hersteller von Plüschtieren, und ihre Teddys sind bei Sammlern sehr gefragt. Bis zum Zweiten Weltkrieg trugen die Bären ein Etikett aus Papier und einen Metallknopf im linken Ohr, und obwohl die Etiketten heute zumeist fehlen, haben die meisten Bären noch ihren Knopf im Ohr. Die Merrythought-Bären sind in großer Zahl auf dem Markt und ihrem Hersteller leicht zuzuordnen. Es gibt sie außerdem in einer Vielzahl von Designs. Zu den beliebtesten gehören die angezogenen Bingie-Bären und die Cheeky-Bären.

RECHTS Abgesehen von dem Cradle Bingie, der erst nach dem Zweiten Weltkrieg hergestellt wurde, produzierte Merrythought seine Bingie-Reihe zwischen 1931 und 1938. Diese bekleideten Bären gab es als sitzendes Bärenjunges (unbekleidet), als Baby Bingie, Cutie Bingie, Mädchen, Junge, Wachsoldat, Seemann, Skimädel und Schotte. Heute sind Bingies sehr selten, vor allem, wenn sie noch ihre Originalkleidung haben – manchmal tauchen auch unbekleidete Bingies auf dem Markt auf. Dieser Schotte von ungefähr 1925 ist in besonders gutem Zustand. Typisch sind die mit weißem Kunstseidenplüsch ausgekleideten Ohren. Die normalerweise bekleideten Körperteile dieser Bären sind aus Baumwolle, wie auf dem kleinen Bild zu sehen ist, nur die sichtbaren Teile bestehen aus Mohair.
Größe: 46 cm
Geschätzter Wert: 3800 DM

RECHTS Bobby Bruin wurde erstmals 1936 in drei Größen hergestellt. Er hat bewegliche Gelenke: Metallstäbe laufen durch die Gliedmaßen und enden in Ringen um die Füße, so daß der Bär viele verschiedene Stellungen einnehmen kann. Er unterscheidet sich erheblich von den anderen Merrythought-Bären, denn er wurde bewußt realistisch gestaltet. Seine Schnauze ist nicht geschoren, und die Nase hat nicht die sonst üblichen heruntergezogenen Seitennähte. Mit den flach an den Kopfseiten anliegenden Ohren sieht er einem Hund ähnlich.
Größe: 66 cm
Geschätzter Wert: 1700 DM

Bobby Bruins Nase, alternatives Design von 1936

Die typische heruntergezogene Merrythought-Nase

Die faltige Cheeky-Nase, ab 1957

Der Einfluß von Farnells Direktor wird bei den vernetzten Krallen besonders deutlich. Ursprünglich waren sie ein Merkmal der Farnell-Bären, bis der Direktor 1930 die Firma wechselte.

Von den 30er Jahren an wurden beide Krallenformen verwendet.

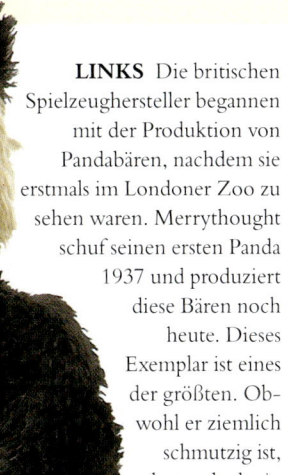

LINKS Die britischen Spielzeughersteller begannen mit der Produktion von Pandabären, nachdem sie erstmals im Londoner Zoo zu sehen waren. Merrythought schuf seinen ersten Panda 1937 und produziert diese Bären noch heute. Dieses Exemplar ist eines der größten. Obwohl er ziemlich schmutzig ist, hat er doch ein ansprechendes Gesicht. Ungewöhnlich sind die Ledersohlen an den Füßen. Seine Nase ist waagrecht gestickt und unterscheidet sich damit von den üblichen Merrythought-Nasen.
Größe: 58 cm
Geschätzter Wert: 750 DM

OBEN In den 30er Jahren waren bunte Bären in Mode, doch leider haben nur wenige von ihnen bis heute ihre Originalfarbe behalten. Die relativ dunkle Farbe dieses Merrythought-Bären ist besonders ungewöhnlich, da die blauen Bären in der Regel besonders schnell verblassen. Er hat die geschorene Schnauze, die vernetzten Krallen und die Filzsohlen vieler Merrythought-Bären und die typische Nase mit den heruntergezogenen Seiten.
Größe: 45,5 cm
Geschätzter Wert: 1400 DM

OBEN Die Bärenproduktion kam während des Zweiten Weltkrieges fast völlig zum Erliegen, weil die Rüstungsindustrie Vorrang hatte. Die Nachkriegsproduktion war nahezu unverändert, abgesehen davon, daß der Knopf im Ohr nicht länger verwendet wurde und daß das Etikett nun bedruckt war und nicht mehr bestickt. Dieser Bär, der um 1950 hergestellt wurde, hat viele Merkmale, die sich auch bei den Vorkriegsprodukten finden. Diese Form der Krallen wurde zur selben Zeit benutzt wie die vernetzte Form.
Größe: 45,5 cm
Geschätzter Wert: 1050 DM

UNTEN Dieser ungewöhnliche »Punkinhead«-Bär wurde 1949 von Merrythought speziell für das kanadische Kaufhaus Eatons hergestellt, um damit gegen Rudolph the Reindeer zu konkurrieren, ein Rentier, das von einem anderen Kaufhaus angeboten wurde. Der »Bär« war bis 1956 das Maskottchen dieses Geschäftes und nahm an etlichen Weihnachtsparaden teil. Das auffallendste an ihm ist wahrscheinlich sein hochstehender weißer Schopf. Diese Bären tragen festgenähte bunte Filzhosen; manche von ihnen sind inzwischen verblichen. Die vorstehende geschorene Schnauze, das lächelnde Gesicht, die seitlich abstehenden Ohren und der Kopf mit der hohen Stirn machen ihn eindeutig zum Vorläufer des unten abgebildeten Cheeky-Bären. **Größe:** 40,5 cm. **Geschätzter Wert:** 1700 DM

RECHTS Mr. und Mrs. Twisty Cheeky, zwischen 1966 und 1988 hergestellt, lassen sich durch einen verborgenen Draht in verschiedene Posen biegen. Man findet nur noch selten ein komplettes Paar. **Größe:** 28 cm **Geschätzter Wert:** 1900 DM das Paar

RECHTS 1957 führte Merrythought seinen Cheeky-Bären ein, der noch heute produziert wird *(siehe die Replik auf Seite 120).* Dieses Exemplar, das um 1960 hergestellt wurde, ist besonders typisch. Cheeky kam so gut an, daß er in vielen verschiedenen Versionen produziert wurde, die alle Glöckchen in den Ohren hatten. **Größe:** 63,5 cm **Geschätzter Wert:** 1200 DM

LINKS Die zwischen 1972 und 1975 produzierte Reihe von bekleideten London-Bären basiert zweifellos auf den früheren Bingie-Bären. Zu der Serie gehören ein Wachsoldat, ein Beefeater, ein Schotte und der hier abgebildete Polizist. Mit 91,5 cm ist der Polizist besonders groß – in der Regel lag die Größe zwischen 46 und 76 cm. Er hat noch immer sein Original-Papieretikett. Nur sein Kopf, seine Pfoten und Arme sind aus Mohair, der Rest des Körpers besteht aus Filz und macht einen Teil seines Kostüms aus. Seine Ohren sind besonders tief angesetzt, damit der Hut paßt. Als zusätzliches Accessoire trägt er eine Trillerpfeife. Nur selten findet man vollständig bekleidete Bären, die ihr gesamtes Zubehör noch haben.

Größe: 91,5 cm
Geschätzter Wert: 1900 DM

Metallknopf, 1930–1945

Bobby Bruin-Etikett, 1936

Gesticktes Etikett, 1945–1956

Bedrucktes Etikett, 1957–1991

Papieretikett, für die London-Bären verwendet

RECHTS Merrythought hat auch eine ganze Reihe von Haus- und Wildtieren hergestellt. Dieser lächelnde Löwe ist nur einer von mehreren Löwen, die diese Firma im Programm hatte.

Größe: 35,5 cm
Geschätzter Wert: 170 DM

LINKS Heute produziert Merrythought neue Versionen seines Cheeky-Bären, darunter auch Sonderausgaben. Die frühen Cheekys waren aus Mohair oder aus Kunstseidenplüsch, die modernen Exemplare sind aus Acryl oder Mohair. Diese vier modernen Micro Cheeky-Bären werden im Katalog von 1995 angeboten und wurden in einer Auflage von jeweils nur 500 Stück produziert. Obwohl sie so winzig sind, weisen sie alle Qualitäten der früheren großen Exemplare auf. Eine Reihe von Cheekys ist bekleidet – der Bed-Time-Cheeky z.B. trägt Schlafanzug, Morgenrock und Hausschuhe.

Größe: je 15 cm
Geschätzter Wert: pro Stück mindestens 110 DM

Chiltern

1908 gründete Josef Eisenmann die Chiltern Toy Works in Chesham in Buckinghamshire. Anfangs wurden in der Fabrik Puppen hergestellt, doch 1915 wurde auch der erste Bär produziert: Master Teddy. Als Josef 1919 starb, übernahm sein Schwiegersohn Leon Rees die Firma. Er verlegte sie schon ein Jahr später in ein größeres Gebäude in Waterside in Chesham und gründete mit seinem Partner Harry Stone die Firma H. G. Stone and Co. Ltd. 1921 eröffnete er eine zweite Fabrik in Tottenham in London. Die ersten Hugmee-Bären kamen 1923 auf den Markt, und 1924 wurde die Firma unter dem Namen Chiltern Toys registriert. Während des Zweiten Weltkrieges wurde die Produktion in Chesham eingestellt, das Werk in Tottenham arbeitete jedoch weiter. Nach dem Krieg wurde die Fabrik nach Amersham in Buckinghamshire verlegt, wo bis zu ihrer Schließung im Jahr 1960 Stofftiere hergestellt wurden. 1947 eröffnete Leon Rees eine weitere Spielzeugfabrik in Pontypool in Wales. 1967 wurde Chiltern von Chad Valley übernommen, und eine Zeitlang standen beide Firmennamen auf den Etiketten.

Die Bären von Chiltern sind bei Sammlern sehr beliebt. Aufgrund ihrer hohen Qualität sind viele von ihnen erhalten geblieben und noch dazu in gutem Zustand. Die Hugmee-Bären sind in einer solchen Vielfalt produziert worden, daß es möglich ist, damit eine interessante Sammlung aufzubauen. Andere gesuchte Stücke von Chiltern sind Raritäten wie etwa der Schlittschuhläufer und der abgebildete Bär auf dem Dreirad.

RECHTS Chilterns erster Bär, Master Teddy, wurde 1915 in den Chiltern Toy Works in Chesham produziert. Es gab ihn in fünf Größen. Die Bären sind bekleidet, und nur die sichtbaren Körperteile sind aus Mohair – der Rest des Körpers besteht aus Baumwolle. Die Jacke, die das hier abgebildete Exemplar trägt, ist zwar alt, aber nicht original (im Gegensatz zur Hose mit dem roten Flicken): Ursprünglich hat er ein rosa-weiß gestreiftes Hemd mit weißem Kragen getragen, das heute aber ebenso fehlt wie das Papieretikett mit seinem Namen. Master Teddy hat einen runden Kopf und im Gegensatz zu Chilterns anderen Bären keine vorspringende Schnauze. Er hat große Augen, eine schwarze, gestickte Nase und eine rote Zunge. An den Vorderpfoten sind keine Sohlen, die an den Füßen sind aus Filz. Master Teddy ist heute sehr selten.
Größe: 25 cm
Geschätzter Wert:
3400 DM

LINKS In den 30er Jahren stellten die meisten britischen Spielzeugfirmen farbige Mohairbären her. Die Kombination von Pink und Grün bei diesem Hugmee-Bären ist jedoch ausgesprochen ungewöhnlich, und die Tatsache, daß dieses Exemplar so gut erhalten und kaum verblichen ist, macht es zu einem besonders wertvollen Sammlerstück. Der Bär hat die typische lange, geschorene Schnauze und die Trommelschlegel-Beine aller frühen Chiltern-Bären. **Größe:** 25,5 cm **Geschätzter Wert:** 1150–1900 DM

Frühe Master Teddy-Nase

Frühe Nase, 20er bis 30er Jahre

Spätere Nase, 1940 bis 60er Jahre

Schwarze Plastiknase einiger Hugmee-Bären aus den 60er Jahren

OBEN Chiltern hat eine ganze Reihe verschiedener Hugmee-Bären auf den Markt gebracht. Diesem Bären aus den 30er Jahren fehlt beispielsweise die geschorene Schnauze vieler anderer früher Exemplare. Außerdem sind seine Gliedmaßen kürzer, seine Füße sind klein und nicht mit Pappe verstärkt. **Größe:** 40,5 cm **Geschätzter Wert:** 650–1100 DM

OBEN Dieser pinkfarbene Hugmee-Bär aus den 30er Jahren hat trotz seines Alters immer noch seine Originalfarbe. **Größe:** 40,5 cm **Geschätzter Wert:** 750–1200 DM

OBEN Die mit hellem Garn gestickte Nase und die gleichfarbigen Krallen dieses blonden Hugmee-Bären aus den 30er Jahren machen diesen ansonsten gewöhnlichen Bären zu etwas Besonderem. Chiltern produzierte seine frühen Hugmees sowohl in goldfarbenem Mohair als auch in einer Reihe von Pastellfarben, darunter Blau, Rosa, Weiß und Grün. Wie bei vielen Chiltern-Bären sind auch bei diesem Exemplar die Augen durch den Kopf hindurch festgenäht und am Hinterkopf gesichert. Dieser Bär wiegt nicht viel, weil sein Körper mit Kapok und der Kopf mit Holzwolle gestopft ist. Er hat die für Chiltern-Bären typischen nach oben gerichteten Pfoten. **Größe:** 71 cm. **Geschätzter Wert:** 1400–2000 DM

OBEN Das Gesicht dieses 1935 hergestellten goldfarbenen Hugmee-Bären ist typisch für die Chiltern-Bären aus der Zeit vor dem Zweiten Weltkrieg. Auffallend sind die geschorene Schnauze und die beiden langen Stiche beiderseits der Nase. Diese Bären haben stämmige Beine, die sich zu den Fesseln hin verjüngen. **Größe:** 51 cm **Geschätzter Wert:** 750–1200 DM

LINKS Dieser Musikbär aus den 50er Jahren hat immer noch sein Papieretikett mit der Gebrauchsanweisung. Ungewöhnlich ist auch, daß er noch seine blaue Originalschleife trägt. Das flachere Gesicht ist ebenso typisch für die späteren Hugmees wie ihre Krallen – sie sind jetzt paarweise aufgestickt.
Größe: 40,5 cm
Geschätzter Wert: 1000–1400 DM

OBEN Nach dem Zweiten Weltkrieg wurde eine neue Hugmee-Version eingeführt, die weniger Material verbrauchte als die früheren. Arme und Beine wurden deutlich kürzer, das Gesicht wurde flacher, und die Sohlen bestanden nun aus Rexin. An diesem Bären von etwa 1950 ist zu erkennen, wie sich die Form der Nase verändert hat. Sie ist jetzt schildförmig, und die verlängerten Stiche an den Seiten fehlen. Der nach unten gezogene Mund verleiht dem Bären ein ernstes Aussehen. Seine spitz zulaufenden Füße sind ein typisches Merkmal für einen Bären von Chiltern. Seine Kleidung stammt von einem kleinen Kind und soll ihn vor Abnutzung schützen.
Größe: 51 cm
Geschätzter Wert: 750–1150 DM

Etikett aus den 30er Jahren vom Fuß des Eislaufbären

Bedrucktes Etikett, eingeführt in den 50er Jahren

Musikbären-Etikett aus den 50er Jahren

OBEN In den 30er Jahren brachte Chiltern diesen sehr gefragten Eislaufbären aus Kunstseidenplüsch auf den Markt. Dieses frühe Exemplar hat immer noch sein Etikett. Er ist in gutem Zustand, denn oft ist der Plüsch verblichen oder der Muff fehlt. **Größe:** 28 cm
Geschätzter Wert:
1100–1250 DM

LINKS Pam Howells entwarf um 1958 diesen beliebten Bären auf einem Dreirad für Chiltern. Obwohl er auf dem Rad nur angeheftet ist, schafft er es doch, nie herunterzufallen!
Größe: 28 cm
Geschätzter Wert: 750–950 DM

Bärentyp/Jahr	Schnauze	Augen	Nase	Gliedmaßen	Sohlen u. Krallen	Etikett
Hugmee, 20er Jahre	Unrasierte, spitze Schnauze	Klares Glas	Schwarz gestickt, mit zwei nach oben gerichteten langen Stichen an den Seiten	Stämmige, trommelschlegelförmige Oberschenkel und lange Arme	Samt/Baumwolle, vier Krallen	Kein bedrucktes Etikett. Runder, orangefarbener Papieranhänger, der heute oft fehlt
Hugmee, 30er Jahre	Lange, rasierte Schnauze	Klares Glas oder Bernstein und schwarz			Samt, vier aufgestickte Krallen	
Hugmee, 40er Jahre	Flaches Gesicht, kurze, unrasierte Schnauze	Schwarze und bernsteinfarbene Glasaugen		Kurze Arme und Beine, kleine Pfoten und Füße	Rexin, pro Fuß zweimal zwei aufgestickte Krallen	Einführung des neuen bedruckten Etiketts
Hugmee, 50er/60er Jahre	Lange, unrasierte Schnauze	Glasaugen, Bernstein/schwarz, am Hinterkopf vernäht	Schwarz gestickt, schildförmig	Dicke Oberschenkel, lange Arme	Vorn 4 zusammenstehende Krallen, an den Füßen fünf	Bedrucktes Etikett

LINKS Dieser Tingaling Bruin von etwa 1953 ist einer der Musikbären, die Chiltern nach dem Zweiten Weltkrieg produziert hat. Der Mechanismus im Innern des Bären bringt ein melodisches Klimpern hervor, wenn der Bär bewegt wird (andere Musikbären wurden mit einer Art Blasebalg betrieben oder mußten mit einem Schlüssel aufgezogen werden). Die geschorenen Füße dieses Bären erinnern an die des Teddy Baby von Steiff. Dieser Bär unterscheidet sich durch seinen kürzeren Körper, die großen Füße und die kleinen, weit auseinanderstehenden Augen deutlich von den früheren Hugmee-Bären; die Nase ist immer noch schildförmig.
Größe: 38 cm
Geschätzter Wert: 550–950 DM

OBEN In den 60er Jahren gab es einige Hugmee-Bären mit einer schwarzen Plastiknase, die eigentlich zu den Plüschhunden gehörte, die Chiltern zur selben Zeit im Programm hatte; der hundeähnliche Gesichtsausdruck dieses Bären ist typisch. Auf die Samtpfoten sind vier nebeneinanderliegende Krallen aufgestickt, die Augen sind aus braunem Glas.
Größe: 40,5 cm
Geschätzter Wert: 550–950 DM

Vorder- und Rückseite eines Papieretiketts aus den 50er Jahren

LINKS UND OBEN Diesem ungewöhnlich großen Bären, *links,* ist es gelungen, seinen lebenslangen Gefährten, das struppige Hündchen, *oben,* nicht zu verlieren. Der goldfarbene Mohairplüsch des Bären ist in erstklassigem Zustand, und er trägt immer noch sein Originaletikett, sein Preisschild und seine Schleife. Seine Schlappohren sind ein typisches Merkmal der Produktion nach dem Zweiten Weltkrieg. Dieser Bär hat noch Glasaugen, doch kurze Zeit später wurden nur noch welche aus Plastik verwendet.
Größe: *Bär* 68,7 cm; *Hund* 18 cm
Geschätzter Wert: 1400–2000 DM das Paar

Pedigree Soft Toys Ltd.

Pedigree Soft Toys ist eine Tochtergesellschaft der Lines Bros. Ltd., die in den 30er Jahren der größte Spielwarenhersteller der Welt war und unter anderem die Triang Toys herstellte. Die Firma wurde Mitte des 19. Jahrhunderts von George und Joseph Lines gegründet. Ab 1913 wurde sie nur noch von Joseph geleitet, der fünf kleinere Fabriken in London besaß. Nach dem Ersten Weltkrieg übernahmen drei von Josephs Söhnen – William, Arthur und Walter – die Firma und eröffneten schon bald eine neue Fabrik in Merton im Südwesten von London. Der Name Pedigree wurde 1931 eingetragen, und bis 1938 verließ eine ganze Serie von Pedigree Pets – Stofftiere auf Rädern – die Fabrik mit dem Pedigree-Etikett. Die Tiere wurden weltweit verkauft, und neue Fabriken entstanden in Neuseeland, Kanada, Australien und Südafrika. 1946 eröffneten die Brüder eine Fabrik im nordirischen Belfast. Sie übernahm den Großteil der Plüschtierproduktion und stellte sowohl bewegliche Bären her als auch solche ohne Gelenke, die jedoch fast alle aus Mohair waren. In den 60er Jahren führte die Designerin Ann Wood, die vorher für Dean's gearbeitet hatte, aufgesetzte Nasenspiegel ein, und die Firma begann, die neuen synthetischen Materialien zu verwenden. Manche ihrer Bären waren mit Spieldosen versehen, und es wurde auch eine Reihe von Tieren produziert, die verschiedene Charaktere darstellten. 1971 mußte Lines Bros. die Produktion einstellen, die Firma Canterbury Bears übernahm die Rechte an den Bären. Der Produktionsleiter von Pedigree, Jim Mulholland, gründete in Belfast seine eigene Firma Mulholland and Bailie, die noch heute unter dem Markennamen Nylena Teddybären produziert.

RECHTS Die Tatsache, daß auf dem Etikett dieses Pedigree-Bären »Made in England« steht, beweist, daß er vor 1955 hergestellt wurde, denn in diesem Jahr wurde die Stofftierproduktion nach Irland verlegt. Der Bär ähnelt im Stil den späteren Exemplaren in diesem Zeitabschnitt, denn wie sie hat er kurze Gliedmaßen und keine Krallen an den Pfoten. Nase und Mund sind schwarz gestickt, und die Augen sind bernsteinfarben und schwarz. Sein goldfarbener Mohairplüsch ist noch immer in ausgezeichnetem Zustand.
Größe: 53 cm
Geschätzter Wert: 400 DM

um 1850	George und Joseph Lines gründen die Firma G. and J. Lines Ltd.
1919	William, Arthur und Walter Lines gründen die Lines Brothers Limited
1924	Tri-ang Toys wird eingetragen; eine neue Fabrik entsteht in Merton im Südwesten Londons
1931	Der Firmenname Pedigree wird eingetragen
1946	Pedigree verlagert einen Großteil seiner Plüschtierherstellung nach Belfast in Nordirland Pedigree eröffnet eine Zweigstelle in Neuseeland
1947	Pedigree eröffnet eine Zweigstelle in Kanada
1951	Pedigree eröffnet eine Zweigstelle in Australien
1960	Die ersten Bären mit eingesetzter Schnauze kommen auf den Markt
1971	Lines Brothers stellt die Produktion ein, und Canterbury Bears übernimmt den Firmennamen

OBEN Pedigree ist vor allem bekannt wegen seiner Hunde auf Rädern. Auf dem Etikett dieses Exemplars steht, daß es in Nordirland hergestellt wurde. Der Hund ist aus Mohair, und Nase und Zunge sind aus schwarzem Plastik. Nur selten findet man einen dieser Hunde in so gutem Zustand, denn die meisten sind stark abgenutzt. **Größe:** 43 cm **Geschätzter Wert:** 110 DM

OBEN Diese Negerpuppe aus den 60er Jahren ist in einem Topzustand und hat noch ihre Originalkleidung. Gesicht, Hände und Füße sind aus Baumwolle, das Haar aus Synthetik, und sie ist mit Schaumstoff ausgestopft. Augen, Mund und Jacke sind aus Filz. Mit ihrer gelben Brokatweste und der grünen Cordhose ist sie adrett gekleidet. **Größe:** 58 cm **Geschätzter Wert:** 400 DM

OBEN Pedigree-Bären haben oft solche Ohren wie dieser aus den 50ern, bei dem die Innenränder nach innen geklappt und an der waagerechten Kopfnaht befestigt sind. Kurze, kräftige Arme, spitze Pfoten und gerade Beine, die nahtlos in die Füße übergehen – typisch für Pedigree. Seine Nase ist aus Filz, und die Schnauze steht deutlich vor. **Größe:** 51 cm **Geschätzter Wert:** 420 DM

OBEN Dieser goldfarbene Mohairbär aus den 50er Jahren hat schwarze und bernsteinfarbene Plastikaugen und ist voll beweglich. Sein Kopf ist groß und rund, die Augen sitzen ziemlich tief. Seine Ohren sind im Verhältnis zum Kopf sehr klein und im Winkel angenäht. Sein Pedigree-Etikett ist in der Rückennaht festgenäht. **Größe:** 43 cm **Geschätzter Wert:** 400 DM

OBEN Die meisten Pedigree-Bären haben kurze, gerade Beine, runde Sohlen und kaum ausgeprägte Füße. Dieser zimtfarbene Mohairbär aus den 50er Jahren ist dem links abgebildeten sehr ähnlich, aber er hat besonders kurze Stummelarme und viel größere, weichere Ohren als die meisten Pedigree-Bären. **Größe:** 35,5 cm **Geschätzter Wert:** 220 DM

OBEN In den 60er Jahren, als dieser Bär hergestellt wurde, wurde die Schnauze separat eingesetzt, doch der T-förmige Mund sieht noch genauso aus wie früher. Er ist aus Mohair, doch andere Bären dieser Zeit waren bereits aus Synthetik. Um sich gegen andere Neuheiten auf dem Markt behaupten zu können, hat dieser Bär Glöckchen in den Ohren. **Größe:** 38 cm **Geschätzter Wert:** 220 DM

Andere englische Hersteller

Es werden immer mehr englische Hersteller entdeckt, die in der ersten Hälfte des 20. Jahrhunderts Bären produziert haben. Über die größeren Firmen gibt es ausreichend Informationsmaterial, doch viele der kleineren haben nur kurze Zeit Teddybären gefertigt und sind mittlerweile in Vergessenheit geraten. Einige Bären, wie etwa die von Steevans, tragen ein Etikett, doch über die Firma selbst ist nur wenig bekannt. Andere, wie die von Invicta, sind erst kürzlich wiederentdeckt worden. In England werden viele alte Bären ohne Herstellernachweis angeboten, doch Nachforschungen lohnen sich meist. Besonders hilfreich sind hier alte Spielzeugkataloge und Prospekte, die nicht nur unbekanntere Hersteller ans Tageslicht bringen, sondern auch die Bären zeigen, die produziert wurden. Etwas Zeit in diese Nachforschungen zu investieren, kann sich durchaus lohnen.

HARWIN AND CO. LTD.

Harwin and Co. Ltd. war einer der ersten britischen Hersteller von Teddybären. Ihre Fabrik wurde 1914 in Eagle Works im Londoner Stadtteil Finsbury Park eröffnet und produzierte eine breite Palette von Stofftieren und Puppen. Die ersten Bären entstanden 1915, und auf der London Fair 1916 wurden erstmals die Ally Bears vorgestellt, eine Reihe von Bären in den Uniformen der alliierten Streitkräfte des Ersten Weltkriegs. Mr. Taylor, der Verkaufsleiter der Firma, war vorher Vertreter von Steiff gewesen, und deshalb sind sich die Produkte beider Firmen recht ähnlich. Allerdings gab es bei Steiff nur wenige bekleidete Bären, während die von Harwin fast alle Kleidung trugen. Für die Ally-Bären wurde bis zum Ende des Krieges geworben, doch die Firma hatte unter der Nachkriegsdepression zu leiden und mußte die Produktion 1930 einstellen.

RECHTS Harwins Ally-Bären sind heute sehr selten und bei Sammlern sehr beliebt. Dieses Exemplar, das unter dem Namen Lord Kitchener bekannt ist, trägt die Uniform eines britischen Offiziers aus dem Ersten Weltkrieg. Der Bär ist voll beweglich, hat schwarze Knopfaugen, einen goldenen Mohairpelz und Fußsohlen aus Filz mit aufgestickten Krallen. Er ist in ausgezeichnetem Zustand, seine Uniform ist noch komplett. Die beste Methode, einen Harwin-Bären zu identifizieren, ist das Studium alter Anzeigen.
Größe: 30,5 cm
Geschätzter Wert:
ab 12 000 DM

RECHTS Dieser Steevans-Bär, aus der Zeit um 1918, aus altrosa Mohair ist stark verblichen. Er trägt einen Metallknopf im linken Ohr. Seine Nase ist waagerecht gestickt, und er hat je drei mit schwarzem Garn aufgestickte Krallen an Händen und Füßen.
Größe: 30,5 cm
Geschätzter Wert:
1700–2500 DM

STEEVANS MANUFACTURING CO.

Über diese englische Spielzeugfabrik ist nur wenig bekannt, abgesehen von der Tatsache, daß sie um 1908 gegründet wurde und 1920 den Betrieb wieder einstellte. Alte Anzeigen verraten uns, daß Steevans eine Reihe von Bären mit eingebauten Spieldosen hergestellt hat. Ursprünglich trugen die Bären einen Metallknopf im Ohr, auf dem die Worte »Steevans, England« und eine Seriennummer standen und an dem man die noch existierenden Exemplare identifizieren kann. Es sind auch etliche sehr ähnliche Bären ohne diesen Knopf gefunden worden, und der Vergleich mit alten Abbildungen läßt darauf schließen, daß sie ebenfalls von Steevans stammen *(siehe Seite 81)*. Da die Firma nur relativ kurze Zeit Bären produziert hat, sind heute nur noch wenige von ihnen zu finden, die wegen ihrer Qualität und ihres niedlichen Gesichtes sehr gefragt sind. Wie viele frühe britische Bären haben auch sie schwarze Knopfaugen und sind hart gestopft.

LINKS Dieser Bär ist ein typisches Beispiel für einen Chad-Valley-Bären, der unter dem Firmenzeichen von Peacock produziert wurde. Dieses um 1932 hergestellte Exemplar ist im Bestzustand und trägt immer noch das rotweiße Peacock-Etikett auf der rechten Fußsohle.
Größe: 71 cm
Geschätzter Wert:
4200 DM

PEACOCK AND SONS

Die Spielwarenfabrik Peacock and Sons wurde 1853 in London gegründet. 1908 wurde sie als William Peacock and Co. registriert, und 1918 änderte sie ihren Namen in Peacock and Co. Ltd. 1931 kaufte Chad Valley die Firma auf und produzierte in ihrer Fabrik in Clerkenwell im Osten von London eine Reihe von Bären unter dem Namen Peacock. Diese Bären haben eine schwarze, waagerecht gestickte Nase, die der von Chad Valleys Magna-Bären im Stil sehr ähnlich ist *(siehe Seite 65)*. Andere gemeinsame Merkmale sind:
• große, gerundete Ohren
• vier aufgestickte Krallen an den Pfoten
• großer Brustkorb
• lange Arme
• »Trommelschlegel«-Beine
Nach 1940 wurde das Peacock-Etikett nicht mehr verwendet.

RECHTS Dieser Invicta-Bär von etwa 1948 zeigt viele der Merkmale von Farnell-Bären, darunter den leuchtend goldenen, üppigen Pelz, die großen Ohren und die unrasierte Schnauze. Er hat braunschwarze Glasaugen und eine mit braunem Garn senkrecht gestickte Nase, wie sie auch bei den Farnell-Bären dieser Zeit zu finden ist.
Größe: 71 cm
Geschätzter Wert:
1150 DM

INVICTA TOYS LTD.

Invicta Toys wurde 1935 von zwei früheren Mitarbeitern von J. K. Farnell gegründet – G. E. Beer und T. B. Wright. Sie stellten in ihrer Fabrik in der Park Royal Road im Nordwesten von London eine ganze Reihe von Spielzeugen her, darunter Tiere auf Rädern, Bären, Katzen, Hunde, Affen und viele andere Tiere. Im Zweiten Weltkrieg wurde die Produktion auf Munition umgestellt, doch nach dem Krieg wurden weitere Arbeitskräfte eingestellt, und das Spielzeuggeschäft florierte wieder. Viele der Teddybären wurden für den Export gefertigt. Als Beer 1954 in den Ruhestand trat, wurde die Firma geschlossen. Früher sind viele Invicta-Bären fälschlicherweise der Firma Farnell zugeschrieben worden, weil sie ihr recht ähnlich sind. Inzwischen sind jedoch neue Belege gefunden worden, darunter einige Fotos mit eindeutig identifizierten Invicta-Bären, die darauf schließen lassen, daß einige der bisher Farnell zugeschriebenen Bären tatsächlich von der Firma Invicta produziert wurden.

NORAH WELLINGS

Norah Wellings gründete ihre Firma 1926 und produzierte zusammen mit ihrem Bruder Leonard in Wellington, Shropshire, Puppen, für die sie noch heute bekannt ist. Zuvor hatte sie als Designerin für Chad Valley gearbeitet, was sie vermutlich dazu veranlaßte, auch Teddybären in ihr Sortiment aufzunehmen. Sie produzierte sie jedoch nicht auf die traditionelle Weise, sondern benutzte dieselbe Machart wie bei ihren Puppen. Aus diesem Grund haben die meisten ihrer Bären einen Körper aus Stoff und tragen bunte Baumwollkleider. Sie stellte zudem eine Reihe von Maskottchen und Neuheiten her. Nach dem Zweiten Weltkrieg lief die Produktion wieder an, wurde jedoch 1960 nach dem Tod ihres Bruders eingestellt. Ihre Puppen und Bären tragen normalerweise einen Papieranhänger mit der Aufschrift »Norah Wellings Productions« und außerdem ein eingenähtes besticktes Etikett.

LINKS Dieser Norah-Wellings-Bär stammt aus den 50er Jahren. Er trägt die typische Baumwollkleidung der meisten ihrer Bären. Andere hatten ballonförmige Stoffbeine. Dieses Exemplar ist in ausgezeichnetem Zustand und trägt noch sein Original-Etikett.
Größe: 38 cm
Geschätzter Wert: 1400 DM

PIXIE TOYS

Pixie Toys wurde in den 30er Jahren von den Ehefrauen von zwei Glasproduzenten gegründet, deren Fabrik in der Nähe von Stourbridge lag. Ihre Geschäfte liefen schlecht, und so beschlossen die Frauen, für ein zusätzliches Einkommen zu sorgen. Ihre ersten Bären stellten sie zu Hause her, verlagerten die Produktion jedoch schon bald in die Glasfabrik. Sie stellten die Designerin Elizabeth Simmonds ein, die vorher für Merrythought und für Norah Wellings *(siehe oben)* gearbeitet hatte, und ihre Entwürfe sind deutlich vom Stil der Merrythought-Bären beeinflußt, was sich vor allem an den unverwechselbaren vernetzt aufgestickten Krallen zeigt *(siehe den rechts abgebildeten Bären)*. Als sich die Familie gegen Ende der 30er Jahre aus dem Geschäft zurückzog, erwarb Elizabeth Simmonds zusammen mit ihrem Geschäftspartner Major Brittle die Firma Pixie Toys. Nach einigen schwierigen Jahren wurde die Firma um 1955 erneut verkauft und 1962 endgültig geschlossen.

RECHTS Dieser Bär aus den 50er Jahren ist aus goldfarbenem Mohair und hat eine viereckige Nase mit heruntergezogenen Seiten. Er ist sehr gut erhalten und hat immer noch das originale Pixie-Etikett am Fuß.
Größe: 38 cm
Geschätzter Wert: 850 DM

LEFRAY TOYS LTD

Lefray wurde 1948 in London gegründet. 1960 wurde die Produktion nach St. Albans in Hertfordshire verlegt, und neun Jahre später an ihren heutigen Standort im Süden von Wales. 1980 übernahm Lefray die britische Firma Real Soft Toys und produzierte das Spielzeug dieser Firma mit eigenem Firmenzeichen. Lefray erhielt die Lizenz zur Produktion des Bären Rupert, der noch heute hergestellt wird. Die Bären von Lefray zeigen viele typisch britische Merkmale, darunter kurze Beine, goldfarbenen Mohairplüsch von hoher Qualität und große Schlappohren. Der hier gezeigte Bär ist ein typisches Beispiel. Er ist etlichen unidentifizierten Bären aus synthetischem Plüsch sehr ähnlich, die in den 50er und 60er Jahren hergestellt wurden *(siehe Seite 81)*.

LINKS Dieser typische Lefray-Bär aus den 50er Jahren ist aus goldfarbenem Mohair, hat braune Fußsohlen aus Stoff und orange-schwarze Plastikaugen. Die Brummstimme in seiner Brust wird durch eine Zugschnur auf dem Rücken aktiviert. Er ist in gutem Zustand und trägt noch immer das Original-Etikett am Fuß.
Größe: 69 cm
Geschätzter Wert: 220–420 DM

RECHTS Tinka Bell ist ursprünglich eine Fee in J. M. Barries Peter Pan-Geschichten. Dieser Bär war in den 50er Jahren besonders beliebt, und in Spitzenzeiten wurden davon mehrere tausend Stück pro Woche hergestellt. Es gab diesen Bären in verschiedenen Größen und Ausführungen.
Größe: 46 cm
Geschätzter Wert: 320 DM

PLUMMER WANDLESS & CO.

Plummer Wandless & Co. wurde von Daphne Plummer und ihrem Mann John gegründet, nachdem Daphne einen 1944 in Sussex gekauften Plüschhasen auseinandergenommen hatte, um zu sehen, wie er gemacht war. Daraufhin beschloß sie, selbst Plüschspielzeug herzustellen, und fertigte Bären, die ein großer Erfolg wurden. Als ihr Mann nach dem Krieg nach Hause kam, gab er seinen Beruf als Möbelhändler auf und stieg ebenfalls ins Teddybärengeschäft ein. 1946 tat er sich mit seinem Freund Dudley Wandless zusammen, und schon nach zehn Jahren produzierte die Firma rund 24 verschiedene Bären. Sie wurden nach Johns Entwürfen aus seidig glänzendem, pastellfarbenem Schaffell hergestellt. Die ersten waren noch handgearbeitet, doch die Firma stellte schon bald auf maschinelle Fertigung um. 1967 produzierte sie bereits rund 70 000 Teddybären. Als Daphne 1971 starb, wurde die Firma verkauft, doch ihre Bären gibt es immer noch.

RECHTS Diese beiden 1958 hergestellten Wendy-Boston-Bären aus Synthetikplüsch sind typische Exemplare. Da ihre Bären keine Gelenke haben, wurden die meisten von ihnen in der sitzenden Position gefertigt, die hier zu sehen ist.
Größe: je 38 cm
Geschätzter Wert: 170 DM

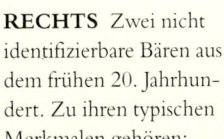

WENDY BOSTON

Wendy und Ken Boston gründeten ihre Plüschtierfabrik 1945 im Süden von Wales. Sie erfanden die Sicherheitsaugen und brachten 1954 eine absolute Neuheit auf dem britischen Bärenmarkt heraus: den waschbaren Teddybären. 1968 wurde die Firma von Denys Fisher Toys übernommen und stellte 1976 den Betrieb ein. Da Wendy hauptsächlich Bären herstellte, die leicht zu pflegen und zu waschen waren, benutzte sie vorwiegend synthetische Füllmaterialien wie Nylon und Schaumstoff. Sie produzierte jedoch auch Bären aus Mohair. Die meisten ihrer Bären haben keine Gelenke und kaum ausgeprägte Füße, und Kopf und Ohren sind häufig aus einem Stück (wahrscheinlich, damit die Ohren nicht abreißen, wenn man den Bären daran an die Wäscheleine hängt!). Es gibt die Bären in verschiedenen Farben und mit langem oder kurzem Fell. Auf dem Etikett steht die Anweisung, sie in lauwarmem Seifenwasser zu waschen.

RECHTS Zwei nicht identifizierbare Bären aus dem frühen 20. Jahrhundert. Zu ihren typischen Merkmalen gehören:
• schwarze Knopfaugen
• Spieldosen
• keine Sohlen an den Pfoten
• Fußsohlen aus Baumwolle
• kurzer Mohair
• harte Füllung
• große Ohren

ERMITTELN DES HERSTELLERS

Da viele englische Bären kein Etikett tragen, kann man sie nur identifizieren, wenn man sie mit anderen, bekannten Exemplaren vergleicht. Wenn man die beiden Bären links miteinander und mit dem Steevans-Bären auf Seite 79 vergleicht, wird deutlich, daß alle drei wahrscheinlich vom gleichen Hersteller stammen – vermutlich von Steevans. Der pinkfarbene Bär rechts ist ein typisches Beispiel für die Bären minderer Qualität, die nach dem Krieg von vielen britischen Firmen hergestellt wurden. Ihre typischen Merkmale sind der kurze synthetische Plüsch, die großen Schlappohren, bernsteinfarbene und schwarze Plastikaugen, kurze Arme und Beine und runde Füße.

Irische Hersteller

Gaeltarra Eireann bedeutet wörtlich »Waren aus dem irischsprechenden Teil von Irland« und ist eine Regierungsbehörde, die 1938 als Abteilung von Gaeltacht Services Division ins Leben gerufen wurde und deren Ziel die Förderung des regionalen Handwerks war. Die Behörde errichtete drei Fabriken zur Herstellung von Spielzeug und kleinen Gebrauchsgegenständen. Jede dieser Firmen hatte einen eigenen Direktor und wurde subventioniert. Verwaltung und Vertrieb lagen in den Händen von Beamten. Die Bären und andere Stofftiere wurden bis 1953 unter dem Namen Erris Toys in Elly Bay im County Mayo hergestellt, dann änderte man den Namen in Tara Toys. Gaeltarra Eireann übernahm 1958 die Leitung der Betriebe von den Beamten, und die Spielzeugherstellung wurde 1969 von Elly Bay nach Crolly im County Donegal verlegt. Dort wurden bis 1979 Plüschtiere unter dem Namen Soltoys Ltd. hergestellt. Die frühen Bären bestanden aus Mohair und Webpelz, der aus England und vom Kontinent eingeführt wurde, und sie waren handgestopft mit Baumwollflocken und Holzwolle, doch in den späteren Jahren wurden auch Synthetikfasern verwendet. Die frühen Bären hatten Gelenke, doch die späteren waren unbeweglich. Etwa um 1958 wurden erstmals Augen und Nasenspiegel aus Plastik verwendet.

OBEN Dieser Bär wurde um 1947 hergestellt. Sein Körper ist aus Baumwollplüsch, und seine plumpen Füße haben Sohlen aus Filzplüsch. Er ist voll beweglich und hat einen Quiekser im Bauch. Die Worte *Brégáin Iorruis Déantüs na Gaeltachta* bedeuten ›Erris Toys, made in Gaeltacht‹. **Größe:** 32 cm **Geschätzter Wert:** 250 DM

RECHTS Die ungewöhnliche Nase dieses Bären ohne Etikett verrät uns, daß er zu den späteren Produkten von Tara Toys gehört. Seine Sohlen dürften ursprünglich aus Rexin bestanden haben, sind aber jetzt aus Filz. Die spitz zulaufenden Arme und die leicht gebogenen Pfoten sind denen der früheren Erris-Bären sehr ähnlich. **Größe:** 56 cm **Geschätzter Wert:** 420 DM

1937–49	Auf den Etiketten erscheint »Eire« anstelle von »Made in Ireland«.
1938	Gaeltarra Eireann beginnt mit der Produktion von Teddybären unter dem Namen Erris Toys.
1950–65	Hans Weberpals, Designer aus Sonneberg, ist Produktionsleiter bei Gaeltarra Eireann.
1953	Gaeltarra Eireann bringt Bären unter dem Namen Tara Toys heraus.
1958	Gaeltarra Eireann übernimmt die Leitung der Spielzeugindustrie vom Staat.
1965	Hans Weberpals gründet die Celtic Toys.
1969	Gaeltarra Eireann übersiedelt ins County Donegal und produziert Bären unter dem Namen Soltoys.
1979	Soltoys stellt die Produktion ein.

OBEN LINKS UND RECHTS »Timothy« wurde Anfang der 50er Jahre von Tara Toys hergestellt und trägt ein Etikett am Fuß, auf dem »Made in the Republic of Ireland« steht. Sein Plüsch ist aus Mohair, die Fußsohlen sind aus Rexin und die Augen aus Plastik. Neu ist der Mund, der sich durch einen Hebel am Hinterkopf öffnen und schließen läßt *(siehe Abbildung)*. Er hat die abwärts gerichtete Nase, die ein typisches Merkmal aller Bären von Tara Toys ist.
Größe: 41 cm
Geschätzter Wert: 650 DM

UNTEN RECHTS Diese beiden Bären aus den 60er Jahren sind typische Beispiele für die preiswerteren Gaeltarra-Eireann-Bären. Fell und Sohlen sind aus Nylon und Augen und Nase aus Plastik. Wie viele spätere Bären aus Irland hat der kleinere keine Gelenke. Sein Mund steht offen, die Zunge ist aus rotem Filz. Der größere Bär ist voll beweglich und hat eine ungewöhnliche, aufwärts gerichtete Nase, die ihn in Verbindung mit den großen Augen traurig aussehen läßt.
Größe: *links* 29 cm; *rechts* 60 cm
Geschätzter Wert: je 320 DM

CELTIC TOYS

1965 verließ Hans Weberpals Gaeltarra Eireann und gründete mit einem Partner die Firma Celtic Toys in Millstreet im County Cork. Er stellte Teddybären her, mußte aber, um seine Firma zu erhalten, auch andere Dinge produzieren, darunter auch Anoraks. Die Firma wurde 1975 geschlossen, 1978 aber wiedereröffnet, diesmal als Hersteller von Kinderbekleidung. Die wenigen Teddybären, die die Firma in dieser Zeit noch herstellte und die noch das Celtic-Toys-Etikett trugen, dienten Werbezwecken. Die beiden hier gezeigten Bären stammen aus den frühen 70er Jahren und sind denen aus der Tara-Toys-Periode sehr ähnlich. Sie bestehen vollständig aus synthetischem Material, einschließlich der Augen und der Nase, die zu dieser Zeit generell aus Plastik waren. Die Bären haben keine Gelenke und befinden sich in einer unbequem aussehenden halb sitzenden Position. Typische Merkmale irischer Bären sind kurze Gliedmaßen, zweifarbiger Plüsch und weit auseinanderstehende Ohren. Auf dem Bild ist es zwar nicht zu sehen, aber der schwarzweiße Bär links hat einen kleinen schwarzen Schwanz.

Zwei Celtic-Bären aus den 70er Jahren.
Größe: je 33 cm
Geschätzter Wert: 220 DM

Französische Bären

Frankreich war bereits berühmt für sein mechanisches Spielzeug, als Fernand Martin um die Jahrhundertwende den ersten Bären produzierte – ein gefährlich aussehendes Tier, das auf Metallfüßen vorwärtsschlurfte. Erst 1920 kam der erste französische Mohairbär auf den Markt, produziert von Marcel Pintel, gefolgt von Fadap. Die zwischen 1925 und 1940 produzierten Bären sahen sich alle recht ähnlich, vielleicht, weil die Designer häufig die Firma wechselten. Die Bären haben gewöhnlich einen kurzen, steifen Mohairpelz und einfache Gelenke, die von außen zu sehen sind. Der Zweite Weltkrieg brachte die Produktion der meisten Hersteller zum Erliegen, doch in den 50er Jahren gab es einen gewaltigen Aufschwung und 25 bekannte Firmen. Leider hielt dieser Boom nicht an, und in den 60er Jahren verschwanden die traditionellen Bären vom Markt und wurden durch billigere, aus einem Stück hergestellte waschbare Bären ersetzt. Heute ist Blanchet die einzige Firma, die noch die traditionellen Bären produziert. Die frühen französischen Bären sind selten zu finden, vor allem außerhalb Frankreichs, und bei vielen von denen, die heute noch existieren, gibt es keinerlei Hinweise auf ihren Hersteller.

LINKS Drei französische Bären aus den 30er Jahren in ihrem Ankleidezimmer.

RECHTS Dieser bildschöne Fadap-Bär aus den 30er Jahren trägt eine Baskenmütze.

M. Pintel Fils

M. Pintel Fils war der erste Hersteller von Plüschbären in Frankreich. Der erste Pintel-Bär, ein Clown, der Purzelbäume schlug, erschien 1911 in ihrem Katalog; 1913 wurde das Warenzeichen der Firma registriert, das zwei einander umarmende Bären zeigt. Marcel Pintel begann 1913 für die Pariser Firma seines Vaters ausgestopfte Plüschtiere *(les jouets bourrés)* zu produzieren. Er steckte voller Begeisterung und neuer Ideen und wollte Spielzeug herstellen, das mit den Importen konkurrieren konnte. Im Ersten Weltkrieg mußte die Produktion stark eingeschränkt werden, doch schon 1919 hatte Pintel eine neue Serie von Puppen und Stofftieren entwickelt. Die ersten Mohairbären, die ein Jahr später auf den Markt kamen, waren sehr zierlich und fest gestopft und hatten spitz zulaufende Arme und Beine. Die Nachfrage nach diesen Bären war so groß, daß andere Firmen wie etwa Thiennot *(siehe Seite 92)* begannen, Bären für Pintel herzustellen. Während des Zweiten Weltkrieges mußte die Firma schließen, doch nach Kriegsende lief die Produktion wieder an, und es wurden alle Materialien verwendet, deren Pintel habhaft werden konnte. 1976 schloß die Firma endgültig ihre Pforten, nachdem sie all diese Jahre lang Bären produziert hatte. Bis in die dreißiger Jahre kennzeichnete Pintel seine Bären mit einem Metallknopf auf der Brust.

OBEN Diese beiden Bären gehören zu den frühesten Exemplaren der Firma Pintel. Sie haben Glasaugen und sind voll beweglich. Der zimtfarbene Bär rechts hat noch seine Original-Fußsohlen mit den drei Krallen.
Größe: je 38 cm
Geschätzter Wert: je 650–1100 DM

RECHTS Dieser Bär ist ein typisches Beispiel für die frühesten Mohair-Bären von Pintel. Er wurde um 1920 hergestellt und hat den original Pintel-Knopf auf der Brust. Die Nase und die großen Füße sind für diese Bären typisch. **Größe:** 38 cm
Geschätzter Wert: 3200 DM

OBEN Im Mittelpunkt der frühen Spielzeugherstellung in Frankreich stand mechanisches Spielzeug; es ist also nicht verwunderlich, daß die ersten Teddybären dieses Landes ebenfalls mechanisch waren. Dieser Bär auf dem Dreirad, der um 1915 produziert wurde, war einer der frühesten von Pintel. Er war sehr beliebt und wurde bis 1940 hergestellt. Der Körper ist aus Metall, das mit Filz bezogen ist, und die Augen sind aus Glas. Nase und Mund sind bei diesem Exemplar verlorengegangen. **Größe:** 20 cm **Geschätzter Wert:** 1150 DM

LINKS Zwischen 1927 und 1930 produzierte Pintel eine ganze Reihe von Bären auf Rädern. Dieses Exemplar trägt zwar kein Etikett, doch Vergleiche mit einem ähnlichen Pintel-Bären, den ein Pariser Kaufhaus 1927 in seinem Katalog zeigt, lassen darauf schließen, daß er ebenfalls von Pintel stammt. Der Körper ist jetzt nicht mehr aus Metall, sondern aus Filz, und mit Holzwolle fest gestopft. Er hat Schuhknopfaugen und eine waagerecht gestickte Nase. Er steht auf einem bemalten Metallgestell mit Holzrädern und ist besonders ansprechend.
Größe: 23 cm mit Rahmen **Geschätzter Wert:** 1100 DM

UNTEN Die langen, sich verjüngenden Arme, die großen Füße, der ernste Gesichtsausdruck und die feste Holzwollfüllung lassen darauf schließen, daß dieser nicht gekennzeichnete Bär von Pintel aus der Zeit um 1925 stammt. Er ist in sehr gutem Zustand, und Nase und Mund sind noch original.
Größe: 38 cm **Geschätzter Wert:** 1100 DM

LINKS Der große Pintel-Bär links, der um 1925 hergestellt wurde, hat die typischen großen Füße. Der Bär rechts wurde in den 50er Jahren von I. C. O. hergestellt. Typisch für diese Bären sind die hellen Innenseiten der Ohren.
Größe: *links* 48 cm; *rechts* 33 cm
Geschätzter Wert: *links* 850 DM; *rechts* 320 DM

EINDEUTIGE MERKMALE FRÜHER PINTEL-BÄREN (bis ca. 1930)

- spitz zulaufende Arme

- am Hinterkopf festgenähte Augen

- große, lange Füße

- lange Schnauze

- senkrecht gestickte Nase mit verlängerten Stichen außen

- Fußsohlen aus Baumwolle; drei Krallen

- lange Gliedmaßen

- Brummstimme

LINKS Dieser bildschöne zimtfarbene Bär aus den späten 20er Jahren ist mit früheren Exemplaren fast identisch, doch an seiner Nase fehlen die verlängerten Außenstiche vieler Pintel-Bären. Außerdem sieht er ein wenig fröhlicher aus. Seine Glasaugen sind immer noch bernsteinfarben und schwarz – bei vielen anderen Exemplaren sind sie bis zur Durchsichtigkeit verblichen.
Größe: 48,4 cm
Geschätzter Wert: 3200 DM

Pintels Markenzeichen, ein Knopf mit zwei einander umarmenden Bären, wurde 1913 registriert und bis in die 30er Jahre verwendet.

20er Jahre: Senkrecht gestickte Nase mit heruntergezogenen Seiten

30er Jahre: Nase der Bären mit eingesetzter, rasierter Schnauze

50er Jahre: Die Nase ist der früheren wieder sehr ähnlich

OBEN Um 1925 stellte Pintel einen neuen Designer ein, der einen neuen Bären entwarf. Die eingesetzte Schnauze ist aus geschorenem Mohair, Kopf, Augen und Ohren sind größer, und der Körper ist kleiner. Diese beiden Bären aus der Zeit um 1937 sind typische Beispiele. Sie sind nicht mehr mit Holzwolle gestopft, sondern mit Kapok, was sie weicher macht als ihre Vorgänger.
Größe: *links* 38 cm; *rechts* 56 cm
Geschätzter Wert: 750 DM

OBEN Von 1938 bis 1940 wurden die Bären aus allen Materialien hergestellt, die verfügbar waren. Dieses Exemplar besteht aus Wolldeckenstoff und hat Ohren aus rotem Samt. **Größe:** 38 cm
Geschätzter Wert: 320 DM

RECHTS Diese Shirley-Temple-Puppe mit den niedlichen blonden Locken soll auch von Pintel stammen. Sie ist aus Filz, hat ein Metallstangen-Gelenksystem und trägt noch immer ihre Originalkleidung. Mit ihr abgebildet sind ein unidentifizierter französischer Bär aus den 30er Jahren und ein kleiner Synthetikbär mit Plastiknase, der von J. P. M. hergestellt wurde. **Größe:** *Puppe* 40 cm; *großer Bär* 43 cm; *kleiner Bär* 15 cm
Geschätzter Wert: *Puppe* 550 DM; *großer Bär* 320, *kleiner Bär* 110 DM

OBEN Spätere Bären wie dieser aus den späten 40er Jahren sind aus kurzflorigem Mohairplüsch. Er ist fest mit Holzwolle gestopft, obwohl Kapok in Frankreich schon seit den 30er Jahren verwendet wurde.
Größe: 50 cm
Geschätzter Wert: 750 DM

Fadap

Fadap *(Fabrication Artistique d'Animaux en Peluche)* begann 1925 in ihrer Fabrik in Divonne-les-Bains mit der Herstellung von Teddybären. Die frühen Fadap-Bären sind plump, haben einen großen, birnenförmigen Körper, lange Arme und dicke Pfoten. Sie sind denen von Pintel ähnlich, unterscheiden sich aber von ihnen durch ihre nach oben gerichtete Schnauze. Zudem haben sie oft eine Naht unter dem Kinn. Weitere Merkmale, die eine Zuordnung zur Firma Fadap ermöglichen: die schwarzen Knopfaugen, vier Krallen und eine Brummstimme. Meistens waren die Bären mit Holzwolle gestopft, fühlen sich aber weicher an als die von Pintel. In einem Ohr trugen sie einen Metallknopf mit den eingeprägten Worten »Fadap« und »France«; am Knopf war ein Papieranhänger befestigt, der heute jedoch meist nicht mehr vorhanden ist. Im Zweiten Weltkrieg mußte Fadap die Produktion stark einschränken und 1978 ganz einstellen.

OBEN Diese Bären stammen aus der Zeit zwischen 1925 und 1930. Ihr kurzer Mohairplüsch, die nach oben gerichteten Nasen und die vier aufgestickten Krallen auf den Füßen sind typische Merkmale der Bären von Fadap und deuten darauf hin, daß sie von dieser Firma stammen. Die nach unten gezogenen Mundwinkel sind typisch für französische Bären.
Größe: 30–46 cm
Geschätzter Wert: je 170–420 DM

RECHTS Die französischen Bären sind sich alle so ähnlich, daß es nicht leicht ist, sie zu identifizieren, wenn sie ihr Etikett verloren haben. Dieses hübsche Exemplar aus den 30er Jahren hat viele typische Merkmale der Fadap-Bären, doch da es keinen Knopf im Ohr trägt, ist es nicht möglich, es mit absoluter Gewißheit dieser Firma zuzuordnen.
Größe: 40,5 cm
Geschätzter Wert: 320 DM

Geprägter Metallknopf im Ohr, eingeführt ca. 1928

Papieretikett, zusätzlich zum Metallknopf verwendet

OBEN Dieser bildschöne Bär, der wahrscheinlich um 1928 hergestellt wurde, hat alle typischen Merkmale eines Fadap-Bären, und die Tatsache, daß er noch immer seinen Knopf im Ohr hat, macht ihn noch wertvoller. **Größe:** 46 cm **Geschätzter Wert:** 1350 DM

OBEN Bären wie diesen, die immer noch ihr Original-Papieretikett im Ohr tragen, findet man nur selten. Er wurde um 1938 hergestellt und hat klare Glasaugen und eine Kippmechanismus-Brummstimme, die immer noch funktioniert. **Größe:** 61 cm **Geschätzter Wert:** 1150 DM

OBEN Nach dem Zweiten Weltkrieg änderte sich das Design der Bären kaum, und dieser Bär aus den 40er Jahren zeigt viele typische Merkmale früherer Fadap-Bären. Sein Pelz aus kurzflorigem Mohair ist ausgezeichnet erhalten geblieben. **Größe:** 48 cm **Geschätzter Wert:** 850 DM

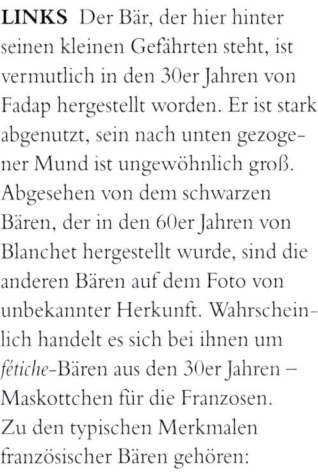

LINKS Der Bär, der hier hinter seinen kleinen Gefährten steht, ist vermutlich in den 30er Jahren von Fadap hergestellt worden. Er ist stark abgenutzt, sein nach unten gezogener Mund ist ungewöhnlich groß. Abgesehen von dem schwarzen Bären, der in den 60er Jahren von Blanchet hergestellt wurde, sind die anderen Bären auf dem Foto von unbekannter Herkunft. Wahrscheinlich handelt es sich bei ihnen um *fétiche*-Bären aus den 30er Jahren – Maskottchen für die Franzosen. Zu den typischen Merkmalen französischer Bären gehören:
• andersfarbige Ohrinnenseiten
• eine schmale, waagerecht gestickte Nase mit heruntergezogenen Enden
• schwarze Schuhknopfaugen
• sichtbare Metallgelenke
• kurzfloriger Mohairplüsch
• sichtbare Metallstangen-Gelenke
Größe: *Fadap* 20 cm; *fétiche*-Bären 10 cm
Geschätzter Wert:
Fadap 320 DM;
fétiche-Bären je 110-170 DM

LINKS Die meisten Fadap-Bären der Vorkriegszeit hatten Fußsohlen aus Baumwolle, die bei diesem Bären aus den 30er Jahren, der wahrscheinlich auch von Fadap stammt, stellenweise etwas verschlissen sind. **Größe:** 38 cm **Geschätzter Wert:** 1000 DM

Andere französische Hersteller

Neben Pintel und Fadap gab es noch andere Firmen, die vor dem Zweiten Weltkrieg Teddybären herstellten – zu ihnen gehörten Thiennot, Faye und Alfa Paris. Der Krieg brachte die Produktion für zehn Jahre fast vollständig zum Erliegen, doch in den 50er Jahren gab es einen neuen Teddy-Boom. Im Katalog der Spielzeugmesse *(Salon du Jouet)* von 1951 waren 25 Hersteller aufgeführt, und es ist gut möglich, daß es zu jener Zeit noch mehr Firmen gab, die Teddybären produzierten. Die Anzeigen in diesem Messekatalog sind für die Identifizierung der erhalten gebliebenen Bären sehr nützlich, sagen aber nur sehr wenig über die einzelnen Firmen aus. Die meisten dieser Bären der 50er Jahre scheinen aus Mohair gewesen zu sein und waren voll beweglich. Die hier abgebildeten sind typische Beispiele für die Produktion der 50er Jahre. Auch Pintel und Fadap existierten zu jener Zeit noch.

EMILE THIENNOT

Ursprünglich arbeitete Emile Thiennot für Marcel Pintel, doch 1919 eröffnete er in Piney eine eigene Fabrik, die Bären und andere Plüschtiere unter dem Markennamen ›Le Jouet Champenois‹ herstellte. 1920 gewann er für einen seiner Bären bei einer Ausstellung eine Medaille. 1957 änderte die Firma ihren Namen in ›Création Tieno‹, die im Januar 1993 schließen mußte. Bei den späteren Bären handelt es sich überwiegend um Babyspielzeug aus Synthetikplüsch, doch Thiennot produzierte auch Repliken seiner früheren Bären *(siehe Seite 120)*. Die frühen Bären sind nur schwer zuzuordnen, denn sie sind nicht gekennzeichnet, außerdem ähneln viele von ihnen denen von Thiennots früherem Arbeitgeber Pintel.

RECHTS Der große Bär aus den 30er Jahren ist aus weißem Flanell, seine Fußsohlen sind aus rotem Baumwollstoff – auch die Innenseiten der Ohren sind rot. An ihm ist das einfache Gelenksystem vieler französischer Bären gut zu sehen. Typischerweise ist der Kopf nicht beweglich und der Körper tonnenförmig. Auch die waagerecht gestickte Nase und der traurige Mund sind typische Merkmale französischer Bären. Der kleine blaue Bär stammt von Faye, einem Hersteller aus den 30er Jahren. Er hat Metallstangen in den Armen und Beinen, weiße Baumwollsohlen und keine andersfarbigen Ohrinnenseiten. Auch bei ihm ist der Kopf nicht drehbar.
Größe: *rechts* 68,5 cm; *links* 30,5 cm
Geschätzter Wert: *rechts* 550 DM *links* 320 DM;

Zwei Alfa-Paris-Baumwollbären aus den 50er Jahren

Größe: je 33 cm
Geschätzter Wert: je 220 DM

ALFA PARIS

Alfa *(Article de Luxe Fabrication Artisanale)* wurde 1934 in Paris gegründet und produzierte 1936 ihren ersten Bären. Die ausgezeichnete Qualität und das originelle Design machten die Bären über 40 Jahre lang zu einem Verkaufsschlager. Alle Alfa-Paris-Bären zeigen ein fröhliches Lächeln, und die meisten von ihnen sind bekleidet – sie tragen sogar Unterwäsche und Schuhe. Sie sind anhand des auf der rechten Fußsohle aufgedruckten Wortes »Alfa« zu identifizieren. Am bekanntesten sind die gelenklosen Alfa-Bären im Kostüm von Jungen und Mädchen. Die sichtbaren Teile sind aus Mohair; Körper und Arme bestehen aus Baumwolle. Ihre Kleider sind aus einfarbigem oder gemustertem Baumwollstoff mit dazupassenden Schuhen. Diese Bären haben sich im Laufe der Zeit kaum verändert, doch nach dem Zweiten Weltkrieg wurde statt Mohair Synthetik verwendet, anstelle der Glasaugen Plastik. Die Firma stellte auch andere Tiere in ähnlichem Stil her, z. B. Kaninchen. Nach dem Krieg wurden bei Alfa auch bewegliche Bären produziert.

JAN JAC

Der Pariser Hersteller Jan Jac ist einer von vielen, die in den 50er Jahren Teddybären produzierten. Ein typisches Merkmal dieser späten Bären ist die rote Filzzunge, die auch bei diesem Exemplar nicht fehlt; ebenfalls typisch ist der langflorige Mohairplüsch. Dieser Bär hat kurze Arme und ein breites Gesicht und unterscheidet sich deutlich von den Produkten von Pintel und Fadap.
Größe: 51 cm
Geschätzter Wert: 400 DM

O'LIS

Auch der Spielzeughersteller O'Lis hat in den 50er Jahren in Saint-Etienne Teddybären produziert. Das abgebildete Exemplar wurde in Lizenz von Walt Disney als Pu der Bär hergestellt und hat eng zusammenstehende, bewegliche Glotzaugen.
Größe: 48 cm
Geschätzter Wert: 420 DM

Jan-Jac-Bär aus den 50er Jahren   O'Lis-Bär von 1950

BÄREN AUS DEN 50er JAHREN

Viele Firmen, die in den 50er Jahren Teddybären herstellten, besitzen heute keine Unterlagen mehr darüber, und nur ihre Etiketten und ihre alten Kataloge dokumentieren, daß sie überhaupt einmal Bären produziert haben. Diese Abbildung zeigt einige typisch französische Bären aus den 50er Jahren. Sie stammen, von links nach rechts: von Marjo *(Manufacteur Rémoise de Jouet)* in Reims, Ragonneau in Paris, Blanchet in Pont St. Esprit und Sidaf in St. Etienne. Von all diesen Herstellern produziert nur Blanchet auch heute noch Teddybären.

Typische Merkmale französischer Bären:

- große, schalenförmige Ohren
- unverwechselbarer, nach unten gezogener Mund
- Baumwollplüsch

- Stoffnase
- hart gestopfter Körper
- kurze Gliedmaßen
- Fußsohlen aus Baumwolle

Amerikanische Bären

Präsident Theodore »Teddy« Roosevelt soll die Inspiration zur Herstellung des ersten Teddybären geliefert haben *(siehe Seite 12)*, und es erstaunt deshalb nicht, daß sich bereits zu Beginn des 20. Jahrhunderts Tausende von Amerikanern für diese possierlichen Kerlchen begeisterten. Morris Michtoms Ideal Novelty and Toy Company (die angeblich den ersten Teddybären produziert hat) beherrschte den Markt, doch es gab noch andere wichtige Hersteller wie Knikkerbocker, Bruin, Aetna, Gund – die noch heute Bären herstellen – und die Character Toy Company. Novelty-Bären, die brummen, quieken, lachen, pfeifen und Purzelbäume schlagen konnten, wurden von etwa 1910 an hergestellt.

Amerikanische Bären sind bei Sammlern sehr beliebt, vor allem die der Firma Ideal. Frühe Exemplare sind sehr selten und deshalb besonders gefragt. Nicht alle amerikanischen Hersteller haben ihre Produkte gekennzeichnet, doch sind sie zumeist an ihrem langen, festen Körper und den kurzen, geraden Gliedmaßen zu erkennen.

LINKS Diese beiden Bären wurden um 1907 hergestellt, der stehende stammt von Aetna und der sitzende von Bruin.

RECHTS Die beiden stehenden Bären aus dieser Gruppe stammen von Knickerbocker; der große ist aus den 30er Jahren und der kleine aus den 50er Jahren. Den sitzenden Bären produzierte Ideal um 1906.

The Ideal Novelty and Toy Co.

Die Ideal Novelty and Toy Company wurde 1903 von Rose und Morris Michtom in New York gegründet, dem Ehepaar, das angeblich den ersten Teddybären hergestellt haben soll, nachdem Clifford Berrymans berühmte Karikatur von Präsident Roosevelts Zusammentreffen mit einem kleinen Bären erschienen war *(siehe Seite 12)*. Anfangs stellte Ideal nur Teddybären her, erweiterte sein Sortiment jedoch bald um Puppen und andere Stofftiere. 1907 siedelte die Firma in ein größeres Fabrikgebäude im Brooklyner Stadtteil Brownsville über und eröffnete eine Zentrale in Newark, New Jersey. Bis zum Ausbruch des Zweiten Weltkrieges blieben die Bären nahezu unverändert, doch als Morris 1938 starb, übernahm sein Sohn Benjamin die Firma, führte neue Materialien und Entwürfe ein und änderte den Namen in Ideal Toy Corporation. Zu diesem Zeitpunkt begann die Firma auch, ihre Bären mit einem bestickten Etikett und einem Papieranhänger in Form eines Zirkuswagens zu kennzeichnen.

Die frühen Ideal-Bären waren anscheinend noch nicht gekennzeichnet, was ihre Identifizierung sehr erschwert. Es gibt jedoch bestimmte Merkmale, die eindeutig auf Ideal hinweisen. Auch Vergleiche mit Bären, die seit ihrem Kauf kurz nach der Jahrhundertwende im Besitz einer Familie sind, können dazu beitragen, einige der frühen Bären der Firma Ideal zuzuordnen. Die frühen Ideal-Bären sind denen von Steiff *(siehe Seite 22–23)* sehr ähnlich.

RECHTS Obwohl sein Äußeres sehr schäbig ist, hat dieser Bär immer noch das ansprechende Gesicht vieler Ideal-Bären. Er wurde um 1905 hergestellt und ist absolut typisch für die Bären dieser Zeit. Charakteristische Merkmale der frühen Ideal-Bären sind unter anderem:

- ein breiter, dreieckiger Kopf mit flachem Hinterkopf
- kurzfloriger Mohairplüsch
- große, runde Ohren an den Seiten des Kopfes
- spitz zulaufende Fußsohlen
- langer, schlanker Körper
- lange Schnauze
- tief angesetzte Arme
- Füllung aus Excelsior

Größe: 33 cm
Geschätzter Wert: 1250–1450 DM

UNTEN Diese beiden alten Ideal-Soldaten von 1907 und 1910 tragen noch immer die originale Teddy Roosevelt Rough Rider-Uniform – Schuhe und Medaillen wurden allerdings nachträglich hinzugefügt. Nur die sichtbaren Körperteile sind aus Mohair; unter der Kleidung sind die Bären aus einfacher Baumwolle, ähnlich wie bei den Bingie-Bären der britischen Firma *Merry-thought (siehe Seite 68).* Beide Bären sind mit Excelsior gestopft. Der sitzende hat Schuhknopfaugen, bei dem stehenden Bären sind sie aus Glas.
Größe: *links* 51 cm; *rechts* 40 cm
Geschätzter Wert: 2500 DM

OBEN Dies ist möglicherweise einer der ersten der von der Ideal Toy Company produzierten Bären. Ungewöhnlich sind seine Fußsohlen aus Leder und die Filznase, doch es kann auch sein, daß sie bei allen sehr frühen Bären dieser Firma zu finden waren.
Größe: 35,6 cm. **Geschätzter Wert:** 1100–1250 DM

OBEN Angeblich war es einer dieser glotzäugigen Ideal-Bären, der während des Wahlkampfes im Jahre 1904 von Teddy Roosevelt aus einem Zug geworfen wurde. Das Design basiert vermutlich auf Berrymans Bär *(siehe Seite 12).*
Größe: 28 cm
Geschätzter Wert: 2200 DM

OBEN Die große, waagerecht gestickte Nase und das dreieckige Gesicht dieses blonden Mohair-bären lassen darauf schließen, daß er von Ideal hergestellt wurde. Seine geschorene Schnauze ist ungewöhnlich lang. Bei anderen blonden Ideal-Bären ist die Stickerei braun.
Größe: 32 cm. **Geschätzter Wert:** 2500 DM und mehr

OBEN Bei diesem sitzenden Bären von 1905 sieht man die für frühe Ideal-Bären typischen Fußsohlen, die an der Ferse abgerundet sind und zu den Zehen hin spitz zulaufen. Bei diesem Exemplar sind die Krallen auf die Fußsohlen aufgestickt, bei anderen fehlt dieses Merkmal. Die Schnauze ist nicht so spitz wie bei den Vorgängermodellen, und im Profil betrachtet ähnelt der Bär denen von Hecla *(siehe Seite 101).*
Größe: 33 cm
Geschätzter Wert: 1700 DM

Die frühesten Bären haben eine lange, abfallende Schnauze und eine große Nase aus Filz.

Um 1904. Dieser glotzäugige Bär hat eine kürzere, geschorene Schnauze.

Um 1905. Ein Bär mit der typischen langen, geschorenen Schnauze.

Um 1905. Alternatives Design mit einem Profil, das dem der Hecla-Bären ähnelt.

Um 1909. Ein Bär mit tief angesetztem Kopf und weit hinten angesetzten Ohren.

UNTEN Dieser um 1909 hergestellte Bär ist sehr unordentlich verarbeitet – eine seiner Fußsohlen ist größer als die andere! Für sein Alter ist er jedoch in einem ausgezeichneten Zustand, hergestellt ist er aus sehr hochwertigem Mohairplüsch. Bei den frühen Ideal-Bären wurde die Nase entweder waagerecht gestickt oder, wie bei diesem Exemplar, aus einem Stück Köper geformt und aufgenäht. **Größe:** 46 cm **Geschätzter Wert:** 2300 DM und mehr

OBEN Dieser Ideal-Bär trägt eine Latzhose, auf der »Teddy B« aufgestickt ist. Auf anderen stand der Name »Teddy G«. Dies sind die Namen der Roosevelt-Bären, die der amerikanische Schriftsteller Seymour Eaton erfand und über die er mehrere Bücher schrieb *(siehe Seite 152 bis 153)*. Seine Geschichten waren so beliebt, daß eine ganze Reihe von Waren mit diesen Bären auf den Markt kam. Die Firma D & D Productions in Maryland hat inzwischen Repliken dieser Roosevelt-Bären herausgebracht. **Größe:** 25,4 cm **Geschätzter Wert:** *Bär* 1250 DM; *Latzhose* 145 DM

OBEN Wie viele andere Ideal-Bären ähnelt auch dieses um 1907 hergestellte Exemplar den Bären von Steiff, vor allem wegen seiner sehr langen Gliedmaßen und seiner großen, schmalen Füße. Die meisten der frühen Ideal-Bären waren zwar mit Holzwolle gestopft, doch bei diesem wurde Excelsior verwendet, was ihn weicher macht. Sein Mohair-Pelz ist so kurz, daß er fast wie Wolle aussieht. Die besonders große, dreieckige Nase ist aus Seidenstoff, und er hat schwarze Schuhknopfaugen; bei manchen der frühen Ideal-Bären wurden anstelle der Schuhknöpfe die größeren Stiefelknöpfe verwendet. **Größe:** 43 cm **Geschätzter Wert:** 1250 DM

Um 1919. Bär mit
herausgestreckter roter
Filzzunge. Seine Ohren
sind kleiner.

1920. Bär mit kür-
zerer Schnauze und
oben auf dem Kopf
angesetzten Ohren.

50er Jahre. Bär im Smokey-
Typ mit einem Gesicht aus
Vinyl und aufgemalten
Gesichtszügen.

UNTEN Nach dem Ersten Weltkrieg ging Ideal wie die meisten
anderen amerikanischen
Spielzeughersteller dazu über, statt
schwarzer Knöpfe Glasaugen zu
verwenden. Auch die Körperform
hat sich mittlerweile geändert und
ist runder geworden – der Körper

dieses Bären hat die Form eines
Footballs. Nun haben die Bären
auch keinen Buckel mehr, die
Gliedmaßen sind viel kürzer, die
Füße kleiner und die Fußsohlen
nicht mehr so spitz.
Größe: 58,5 cm
Geschätzter Wert: 1450 DM

OBEN RECHTS In den 50er
Jahren brachte Ideal eine Reihe
von Bären mit einem realistisch
aussehenden Gesicht aus Vinyl heraus, darunter den Bären Smokey,
der 1953 für eine Kampagne zur
Verhütung von Waldbränden in
Auftrag gegeben worden war *(siehe*

Seite 111). Dieser Bär ist Smokey
sehr ähnlich. Seine Gesichtszüge
sind aufgesprüht, aber es gab auch
Exemplare mit beweglichen Glasaugen. Bei manchen dieser Bären
waren auch Hände und Füße aus
Plastik geformt. **Größe:** 30,5 cm
Geschätzter Wert: 110 DM

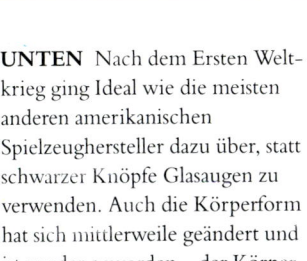

OBEN Die Überreste einer roten
Filzzunge machen diesen um 1919
hergestellten Ideal-Bären besonders
ungewöhnlich. Seine Ohren sind
kleiner als die früherer Exemplare,
aber sie sitzen noch immer an den
Seiten des Kopfes. Auch seine Nase
ist anders – sie ist senkrecht über
ein Stück schwarzen Stoff gestickt.
Nach dem Ersten Weltkrieg verwendete Ideal keine Schuhknopfaugen mehr.
Größe: 30,5 cm
Geschätzter Wert: 2200 DM

OBEN In den 70er Jahren waren
Sonderausgaben bei den amerikanischen Herstellern besonders
beliebt. Diesen Bären brachte Ideal
1978 anläßlich seines 75jährigen
Firmenjubiläums heraus. Er wird in
einer Schachtel verkauft, die nicht
weggeworfen werden sollte, weil sie
den künftigen Sammlerwert
steigert. Dieser Bär aus Synthetikplüsch hat nur noch wenig
Ähnlichkeit mit den frühen Ideal-
Bären. **Größe:** 40,5 cm
Geschätzter Wert: 180 DM

Andere frühe amerikanische Hersteller

Das Teddybären-Fieber erreichte in den Vereinigten Staaten zwischen 1906 und 1907, nach Präsident Roosevelts Wiederwahl, seinen Höhepunkt. Etliche Firmen begannen mit der Herstellung von Teddybären und brachten traditionelle Bären und unzählige Neuheiten heraus, wie etwa die »Electric Eye«-Bären und den Lachenden Roosevelt-Bären. Die traditionelleren Exemplare sind von hoher Qualität. Viele von ihnen ähneln Steiff-Bären und haben oft einen deutlichen Buckel und lange Arme. Es gab jedoch auch viele Bären, die als Massenware produziert wurden und deren Hersteller heute nicht mehr nachzuweisen sind. Bei Sammlern sind die frühen Bären der Firmen Bruin, Aetna und Hecla besonders beliebt. Viele dieser Firmen existierten nur für kurze Zeit, und ihre Produkte sind heute sehr selten.

DER LACHENDE ROOSEVELT-BÄR

Die in New York ansässige Firma Columbia Teddy Bear Manufacturers hat eine Reihe von beweglichen Bären produziert, der bekannteste ist jedoch der Lachende Roosevelt-Bär von 1907. Dieser beliebte Bär soll genauso gegrinst haben wie Präsident Roosevelt. Folgende Werbung war in der 1907 erschienenen Ausgabe von *Playthings* zu lesen: »Der Lachende Teddybär lacht und zeigt seinen Widersachern die Zähne. Doch obwohl das neueste Produkte dieses bekannten Hauses gar keine Widersacher auszulachen hat, lacht es trotzdem. Es ist das neueste und am besten gestopfte Plüschtier auf dem Markt.« Der Bär wurde in verschiedenen Versionen gefertigt, da aber nur eine limitierte Auflage produziert wurde, ist er heute bei Sammlern sehr gefragt.

OBEN Dieser Lachende Roosevelt-Bär stammt von 1908. Er ist aus kurzflorigem goldenem Mohair, hat Glasaugen, bewegliche Arme und Beine und einen drehbaren Kopf. Wenn man ihm auf den Bauch drückt, öffnet er den Mund, und zwei weiße Glaszähne werden im hölzernen Kiefer sichtbar. **Größe:** 54 cm **Geschätzter Wert:** 5500 DM

RECHTS Dieser alte Bursche ist einer der ersten Lachenden Roosevelt-Bären und wurde um 1907 hergestellt. Er ist auch als Laughing Burlap Bear bekannt, weil sein Körper aus braunem Sackleinen besteht. Dieses wild aussehende Exemplar hat Zähne und Kiefer aus Holz; bei seinen Nachfolgern sind die Zähne aus Glas. Er ist voll beweglich und hat die schwarzen Schuhknopfaugen der meisten frühen Bären. Diese Bären haben einen langen Körper und sehr kurze Arme. **Größe:** 35,5 cm **Geschätzter Wert:** 5500 DM

Harman, 1907
Größe: 35,5 cm
Geschätzter
Wert: 750 DM

Früher Aetna
Größe: 35,5 cm
Geschätzter
Wert: 4200 DM

HARMAN MANUFACTURING COMPANY

Diese New Yorker Firma hat eine Vielzahl von Teddybären und verwandten Produkten hergestellt, darunter Teddy-Börsen, Teddy-Puppen und Opossums. Ihre Bären gab es mit Brummstimme in neun verschiedenen Größen, und sie stellte auch andere Plüschtiere her. Sie sind nicht gekennzeichnet und heute sehr selten. Der Bär links zeigt viele typische Merkmale, darunter den kurzflorigen Mohairplüsch, die tief angesetzten Arme und die geraden Beine.

THE AETNA TOY ANIMAL COMPANY

Die Aetna Toy Animal Company hat von 1907 an Bären hergestellt, die ausschließlich vom New Yorker Großhändler George Borgfeldt and Co. verkauft wurden. Sie wurden als »The Aetna Bear (formerly the Keystone Bear)« angeboten und waren exzellent gearbeitet und aus hochwertigem Material. Ein Oval mit dem Wort »Aetna« wurde auf den Fuß jedes Bären gestempelt.

LINKS Bei diesem Hecla-Bären von etwa 1907 ist der Kopf charakteristisch tief angesetzt. Er ist aus Mohair, mit Excelsior gestopft und hat klare Glasaugen mit bemaltem Hintergrund.
Größe: 35,5 cm
Geschätzter
Wert: 2700 DM

HECLA

Ein weiterer kurzlebiger amerikanischer Hersteller war Hecla, der Anfang dieses Jahrhunderts mit Steiff konkurrierte und auch Mohair aus Deutschland bezog und Brummstimmen einbaute. Viele der Bären wurden von Arbeitern aus deutschen Spielzeugfabriken genäht, und es ist oft schwer, die Hecla-Bären von denen von Steiff zu unterscheiden. Am besten gelingt dies noch anhand der Ohren, denn die der Hecla-Produkte stehen weiter auseinander. Hecla-Bären sind sehr selten und demzufolge sehr gefragt; ihre ausgezeichnete Qualität ist an dem hier gezeigten Beispiel deutlich zu sehen. Andere eindeutige Merkmale der Hecla-Bären sind die rostfarbene Nase, die gleichfarbigen Krallen und die eng zusammenstehenden klaren Glasaugen mit dem bemalten Hintergrund. Zu den Ähnlichkeiten mit den Steiff-Bären gehören der Buckel, die großen, runden Füße und die langen Gliedmaßen. Die Arme sind sehr hoch angesetzt, wie bei dem hier abgebildeten Bären zu sehen ist.

Größe: je 35,5 cm
Geschätzter
Wert: je 4200 DM
und mehr

BRUIN MANUFACTURING COMPANY (B.M.C.)

Die in New York ansässige Bruin Manufacturing Company hat nur von 1907 bis 1909 Bären hergestellt, die heute dementsprechend selten sind. Zu ihnen gehören einige der wenigen amerikanischen Bären aus dem frühen zwanzigsten Jahrhundert, die noch heute ihr Etikett haben – aufgenäht auf die Fußsohle, mit den in Gold eingewebten Buchstaben B.M.C. Die Bären sind von bester Qualität. Typische Merkmale sind an den Kopfseiten angesetzte Ohren, eine lange, spitze Nase und eng zusammenstehende, schwarze Schuhknopfaugen. Die beiden hier abgebildeten Bären sind in ausgezeichnetem Zustand, und ihr Mohairplüsch ist so seidig wie der aller B. M. C.-Bären. Die blonden Bären dieses Herstellers haben alle eine hellbraune Nase und ebensolche Krallen. Die nach unten gerichteten Pfoten sind ebenfalls ein typisches Merkmal. Die Bären sind voll beweglich und mit Kapok gestopft, um sie weicher zu machen. Sammler lieben diese Bären in erster Linie wegen ihres ansprechenden Gesichts; manche Exemplare lächeln sogar.

DER PFEIFENDE TEDDYBÄR

Die in New York City ansässige Strauss Manufacturing Company hat zu Beginn des 20. Jahrhunderts Spielwaren und Teddybären hergestellt, darunter auch eine Reihe von Neuheiten. Die Firma ist besonders bekannt für den hier abgebildeten »selbstpfeifenden« Bären, der in den USA erstmals 1907 in der Zeitschrift *Playthings* angeboten wurde. Im Körper des Bären befindet sich eine hohle Röhre mit einem beweglichen Gewicht, das einen Pfeifton erzeugt, wenn der Bär auf den Kopf gestellt wird. Diese Bären sind heute sehr selten. Die Firma produzierte außerdem einen Musikbären, dessen Spieldose durch eine Kurbel im Rücken betätigt wurde. Der hier abgebildete »selbstpfeifende« Bär hat die für diese Bären typische rote Baumwollnase, die roten Krallen, die spitze Nase und die langen, steiffähnlichen Arme. Seine Fußsohlen waren ursprünglich aus Leder, das durch Baumwolle ersetzt wurde, und auch seine Kleidung wurde später hinzugefügt.

LINKS Ein typischer »selbstpfeifender« Bär von Strauss, der um 1907 hergestellt wurde und eine moderne Pfeife um den Hals trägt.
Größe: 53 cm
Geschätzter Wert: 6800 DM

DIE TOPSY-TURVY-PUPPE

Die Albert Bruckner Company, die 1901 in Jersey City, New Jersey, gegründet wurde, hat die neuartige Topsy-Turvy-Puppe herausgebracht, die hier zu sehen ist. Mit dieser Puppe bekamen die Kinder zwei Spielsachen in einem, denn durch eine schnelle Drehung des Rockes wird aus der schwarzen Ragtime-Tänzerin ein Teddybär aus Mohair. Das Gesicht der Puppe wurde zunächst auf ein Stück Stoff gedruckt, das dann in Form gepreßt und versteift wurde. Der Kopf ist gekennzeichnet und trägt das Datum des 9. Juli 1901. Der Teddybär-Teil des Spielzeugs ist aus Mohair und mit Excelsior gestopft. Er zeigt viele typische Merkmale anderer amerikanischer Bären aus dieser Zeit, darunter die schwarzen Schuhknopfaugen und die großen, an den Kopfseiten angebrachten Ohren. Diese Puppen sind heute sehr selten und wegen ihres einzigartigen Charakters bei Sammlern sehr beliebt.
Größe: 28 cm. **Geschätzter Wert:** 3200 DM

TEDDY-PUPPEN

Neuartige Bären mit versteckten Puppengesichtern wurden erstmals 1906 hergestellt, um die kleinen Mädchen, die gewöhnlich Puppen bevorzugten, dazu zu bringen, auch mit Teddybären zu spielen. Die Teddy-Puppe rechts wurde um 1906 hergestellt und ist heute sehr selten. Der Bär ist voll beweglich, aus kurzflorigem Mohair und hat Schuhknopfaugen. Er wurde zwar in Amerika von einem unbekannten Hersteller produziert, doch das Puppengesicht aus Zelluloid stammt aus Deutschland. Das andere Exemplar ist eine Billiken-Puppe aus dem Jahr 1908, hergestellt von E.I. Horsman. Diese Firma hat zu Beginn des 20. Jahrhunderts eine ganze Reihe von neuartigen Bären und Puppen auf den Markt gebracht, ist aber vor allem durch diese Puppe bekannt geworden. In ihrer Werbung beschreibt sie sie als »das schönste und lustigste aller Spielzeuge«. Es gab sie in vielen verschiedenen Versionen und Größen, unter anderem auch bekleidet und als Billiken-Mädchen mit einer Perücke. Die Puppe hat einen Kopf aus Pappmaché, der Körper ist aus Mohair. **Größe:** beide je 28 cm.
Geschätzter Wert: *links* 2900 DM; *rechts* 1000 DM

Teddy-Puppe, ca. 1906   Billiken-Puppe, 1908

LINKS Heute finden sich nur noch wenige dieser Stock-Bären in gutem Zustand. Dieses Exemplar ist besonders typisch: Es hat nur noch eines seiner Augen, das aus Metall ist. Andere haben schwarze Schuhknopfaugen.
Größe: 25,5 cm
Geschätzter Wert: 110 DM

DER BÄR MIT DEN LEUCHTENDEN AUGEN

Eine ganze Reihe von amerikanischen Herstellern brachte zu Beginn des 20. Jahrhunderts »Electric Eye«-Bären heraus. Leider ging der Mechanismus meist schnell kaputt, und heute gibt es nur noch wenige dieser Bären. Die American-Made Stuffed Toy Company of New York brachte ihre Bären in drei Größen – 40 cm, 45 cm und 55 cm – und in vielen Farben auf den Markt. Andere, namentlich nicht bekannte Firmen produzierten ebenfalls solche Bären. Es gab mehrere Methoden, die »elektrischen Augen« zum Leuchten zu bringen. Bei manchen Exemplaren leuchteten die Glühbirnen auf, wenn man auf einen Knopf drückte, der in der Nähe des linken Ohrs eingearbeitet war – ein eingesticktes Kreuz zeigt diese Stelle an. Bei anderen gingen die Lichter an, wenn man dem Bären auf den Bauch drückte. Zum Auswechseln der Batterien mußte die Rückennaht aufgetrennt und wieder zugenäht werden. Nur bei den wenigsten der heute noch existierenden Bären funktionieren die Glühlampen; Exemplare, deren Augen heute noch leuchten, sind besonders wertvoll.

LINKS UND RECHTS Der patriotische Bär mit den elektrischen Augen, der auf dem rechten Bild zu sehen ist und der von der American-Made Stuffed Toy Company of New York stammt, ist aus rotem, weißem und blauem Mohair. Wie bei den meisten »Electric Eye«-Bären sind Kopf und Beine unbeweglich, die Arme jedoch mit Gelenken versehen. Andere Exemplare sind der um 1907 hergestellte weiße, und der etwas jüngere rote Bär. Bei allen dreien ist der Mechanismus noch in Ordnung, was selten vorkommt.
Größe: je 55 cm **Geschätzter Wert:** 1150 DM und mehr

MASSENWARE

Nach dem Ersten Weltkrieg wurden unzählige Teddybären von kleinen Spielzeugherstellern, deren Namen heute niemand mehr kennt, auf den Markt gebracht. Diese Massenware ist qualitativ nicht mit den früheren Bären von Firmen wie Ideal, Hecla und B.M.C. zu vergleichen. Wegen ihres schmalen Körpers heißen sie in Sammlerkreisen Stock-Bären. Der Kopf ist normalerweise unverhältnismäßig groß, und obwohl die Bären von verschiedenen Herstellern stammen, haben sie noch andere Gemeinsamkeiten, etwa den kurzflorigen Mohairplüsch, die kleinen, eng zusammenstehenden Ohren und den kräftigen Hals. Sowohl die traditionellen als auch die neuartigen Bären gab es in vielen verschiedenen Größen.

Knickerbocker

Die Knickerbocker Toy Company wurde 1869 in Albany, New York, gegründet und produzierte Lehrspielzeug. Die ersten Teddybären lassen sich um 1920 datieren, denn von dieser Zeit an versah Knickerbocker seine Produkte mit einem dauerhaften Kennzeichen; diese frühen Bären sind heute allerdings sehr selten. Der Name Knickerbocker stammt von dem Spitznamen, den die Holländer erhielten, die sich in New York niederließen und bauschige Kniebundhosen (Knickerbocker) trugen. Von 1968 bis 1977 hatte die Firma die Lizenz, den Bären Smokey für die Kampagne zur Verhütung von Waldbränden herzustellen. In den 60er Jahren zog die Firma nach Middlesex in New Jersey um. Applause, die Geschenkartikel-Abteilung von Knickerbocker, wurde 1982 an Wallace Berrie *(siehe Seite 108)* verkauft. In den 80er Jahren mußte Knickerbocker die Produktion dann ganz einstellen und wurde von CBS Inc. übernommen. Da die Firma bis dahin Bären produziert hat, zudem gut gekennzeichnet, sind sie leichter zu finden als die anderer amerikanischer Hersteller, und sie sind bei Sammlern in aller Welt sehr gefragt. Zu den Merkmalen, an denen man einen Knickerbocker-Bären erkennt, gehören der sehr breite Kopf mit der kurzen, eingesetzten Schnauze und die Fußsohlen aus Samt. Einige der frühen Bären haben Nasenspiegel aus Metall, bei anderen sind sie aufgestickt. Leuchtendes Gold, Braun und Weiß waren in den 30er Jahren die vorherrschenden Farben.

OBEN Knickerbocker-Bären aus den 30er Jahren haben eine auffällig schmale, dünne, senkrecht gestickte Nase und große, schalenförmige Ohren, die über den Gesichtsnähten befestigt sind. Die zimtfarbenen oder dunkelbraunen Bären haben meist kontrastierende helle Fußsohlen. Bei diesem Exemplar sind die Fußsohlen aus Filz, doch bei den meisten anderen, vor allem den späteren, sind sie aus Samt. Die Schnauze ist spitz, aber nicht besonders lang. **Größe:** 38 cm **Geschätzter Wert:** 650 DM

RECHTS Die Zelluloid-Glotzaugen dieses Bären aus den 30er Jahren sind für Knickerbocker ungewöhnlich. Abgesehen davon zeigt er aber viele typische Knickerbocker-Merkmale, darunter die kleine, spitze Schnauze und die sehr großen Ohren. Die schmale, ovale, senkrecht gestickte Nase ist typisch für diese Periode. Der Brummstimmen-Mechanismus in der Brust funktioniert noch heute. **Größe:** 51 cm **Geschätzter Wert:** 1100 DM

30er Jahre: senkrecht gestickte Nase und sehr große Ohren an den Seiten des Kopfes.

Die alternative Metallnase, die an manchen Knickerbocker-Bären der 30er Jahre zu finden ist.

Gegen Ende der 30er Jahre hatten die Bären eine eingesetzte Schnauze aus einem separaten Stück Stoff.

OBEN Einige der Knickerbocker-Bären aus den 30er Jahren hatten eine Nase aus Metall, wie der hier abgebildete; andere hatten Augen aus Metall. Im Profil zeigt sich der typische flache Körper der Bären vor 1935. Die Fußsohlen sind aus Samt. **Größe:** 44,5 cm **Geschätzter Wert:** 650 DM

UNTEN Dieser zimtfarbene Bär von 1935 ist in ausgezeichnetem Zustand. Sein Kopf ist mit Holzwolle gestopft, der Körper mit dem weicheren Kapok. Der Mohairplüsch auf der Schnauze ist leicht geschoren. **Größe:** 51 cm **Geschätzter Wert:** 950 DM

OBEN Ein Merkmal der späteren Knickerbocker-Bären ist die eingesetzte Schnauze aus geschorenem Mohair, die erstmals in den 40er Jahren vorgestellt wurde. Bei diesem Bären ist die Nase anders gestickt als bei vielen anderen hier gezeigten, und die aus seinem Mund hängende Filzzunge macht ihn erst recht ungewöhnlich. Andere Bären dieser Zeit hatten eine Nase aus Filz. Ebenfalls ungewöhnlich für die dunklen Knickerbocker-Bären sind die hellen Fußsohlen. Die Schnauze ist runder als bei den früheren Exemplaren.
Größe: 53 cm
Geschätzter Wert: 1250 DM

OBEN Der breite Kopf mit den großen Ohren, die eingesetzte, geschorene Schnauze, die Fußsohlen aus Samt und der hochwertige grünlich-goldene Mohairplüsch sind typische Merkmale aller Knickerbocker-Bären der 50er Jahre. Dieser Bär hat große bernsteinfarbene Glasaugen und Fußsohlen aus dunklem Samt, die einen Kontrast zu seinem Fell bilden. Der flache Körper und der Kopf der frühen Knickerbocker-Bären ist inzwischen runder geworden (man vergleiche diesen Bären mit dem darüber abgebildeten aus den 30er Jahren). In den 50er Jahren begannen viele amerikanische Hersteller, auf die preiswerteren Synthetikmaterialien umzusteigen. Dieser Bär ist nicht mehr mit Excelsior gestopft, sondern mit Fasern aus Kunststoff. **Größe:** 43 cm **Geschätzter Wert:** 650 DM

UNTEN Dieser kleine Knickerbocker-Bär von etwa 1937 hat die typische eingesetzte Schnauze aus geschorenem Mohair. Außerdem zeigt er alle anderen typischen Merkmale der Knickerbocker-Bären dieser Zeit, darunter den breiten, flachen Kopf, die ovale, senkrecht gestickte Nase, die bernsteinfarbenen und schwarzen Augen, die schmale, spitze Schnauze und die sehr großen, an den Seiten des Kopfes angesetzten Ohren. Er ist in ausgezeichnetem Zustand und hat noch immer seine Originalsohlen. An der Brustnaht ist das Knickerbocker-Etikett befestigt, auf dem steht, daß er in den Vereinigten Staaten produziert wurde und den Hygienevorschriften dieses Landes entspricht.
Größe: 35 cm
Geschätzter Wert: 850 DM

OBEN Nach dem Zweiten Weltkrieg wurden bei Knickerbocker erstmals Synthetikstoffe verwendet. Dieser Musikbär ist aus weißem Nylonplüsch und mit Baumwolle gestopft. Er hat keine Gelenke, aber zu dieser Zeit wurden auch bewegliche Bären gefertigt.
Größe: 37 cm
Geschätzter Wert: 65 DM

OBEN In den 60er Jahren wurden einige der Knickerbocker-Bären in Korea hergestellt – wie aus dem Etikett dieses Baumwollplüschbären ersichtlich ist. Seine bernsteinfarbenen Sicherheitsaugen aus Plastik sind ein typisches Merkmal der späteren Bären.
Größe: 38 cm
Geschätzter Wert: 65 DM

OBEN Bei den modernen Knickerbocker-Bären ist das Design nahezu unverändert geblieben. Abgesehen von seinem langen, synthetischen Pelz ist dieser Bär aus den 70er Jahren dem nebenstehenden sehr ähnlich. Die eingesetzte Schnauze ist jetzt allerdings aus Samt.
Größe: 40,6 cm
Geschätzter Wert: 65 DM

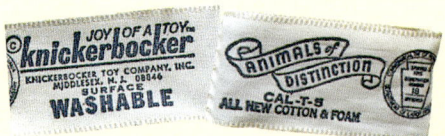

Etiketten der 40er Jahre

Etiketten der 60er Jahre

Etikett der 70er Jahre

TYPISCHE MERKMALE DER KNICKERBOCKER-BÄREN

- sehr große, schalenförmige Ohren

- geschorene Schnauze (späte 30er Jahre)

- sehr flaches Profil (vor den 40er Jahren)

- kleine ovale Füße

- keine Krallen

- senkrecht gestickte Nase

Gund

Die Gund Manufacturing Company wurde 1898 von Adolph Gund in Connecticut gegründet und übersiedelte nur wenige Jahre später nach New York City. Ursprünglich stellte Gund Neuheiten und Stofftiere her und begann um 1906, auch Bären zu produzieren. Heute sind Gund-Bären aus der Zeit vor den 30er Jahren außerordentlich selten. Adolph Gund setzte sich 1925 zur Ruhe und verkaufte seine Firma an Jacob Swedlin, der als Hausmeister in seiner Fabrik angefangen hatte. Die Firma vergrößerte ihr Sortiment an Bären. 1927 brachte sie ihre Hüpfenden Tiere unter dem Markennamen Gee Line heraus, und 1948 produzierte sie Tiere für Walt Disney, unter ihnen auch den Bären Pu *(siehe Seite 149)*. 1950 wurde der Firmensitz nach Brooklyn verlegt, in den 70er Jahren nach New Jersey. 1979 wurde das Design der Teddybären und andere Plüschtiere so verändert, daß sie nun auch für erwachsene Sammler interessant waren. 1982 wurden die Bialosky-Bären in das Sortiment aufgenommen. Die Firma Gund produziert immer noch, zum Teil im Fernen Osten.

RECHTS Teddigund wurde in den 40er Jahren aus verschiedenen Materialien produziert. Dieses Exemplar ist aus Baumwollplüsch und voll beweglich. **Größe:** 39,5 cm **Geschätzter Wert:** 135–145 DM

OBEN Cubbigund, ein gelenkloser Bär aus Rayonplüsch, oder, wie hier zu sehen, aus Baumwollplüsch, stammt aus den 40er Jahren. Bei diesem Exemplar ist die Nase aufgestickt, doch bei einigen der späteren ist sie aus Plastik geformt. Wie Teddigund hat auch Cubbigund bewegliche Glotzaugen. **Größe:** 29 cm **Geschätzter Wert:** 115–125 DM

OBEN Gund hat mehrere verschiedene Pandas herausgebracht. Dieses Exemplar aus den 40er Jahren ist im Stil den Teddybären sehr ähnlich – es ist aus Baumwollplüsch, hat keine Gelenke, sehr runde Ohren, Pfoten und Füße und die üblichen Glotzaugen. Einige der späteren Exemplare waren aus synthetischem Material. **Größe:** 25,5 cm **Geschätzter Wert:** 115–125 DM

Applause Inc.

Applause stellte eine breite Palette von Produkten her: von Schreibwaren über Keramik bis hin zu Plüschtieren. Die Firma ist bekannt für ihre qualitätsvollen Avanti-Tiere und das Applause-Spielzeug. In den 80er Jahren begann Robert Raikes mit der Herstellung von Designerbären mit holzgeschnitzten Gesichtern, die sehr gefragt waren; 1985 schloß Applause einen Exklusivvertrag mit dem Künstler ab. Davor hatte Raikes all seine Bären eigenhändig hergestellt – sie sind heute sehr gesucht –, aber auch diejenigen, die er für Applause entworfen hat, sind begehrte Sammlerstücke. Seine erste Serie für Applause kam in einer Auflage von je 7500 Stück auf den Markt und war innerhalb dreier Wochen ausverkauft!

LINKS Applause gehörte bis 1982 zu Knickerbocker *(siehe Seite 104–106)* und wurde dann von Larry Ellis und Harris Toibb von Wallace Berrie & Company aufgekauft und 1984 in Applause Division umbenannt. Die Firma stellte eine Reihe von Plüschtieren her, darunter diesen lustigen Affen. Er stammt von 1981, und auf seinem Etikett ist »a division of Knickerbocker« zu lesen. Er ist aus synthetischem Plüsch, hat keine Gelenke und Plastikaugen und wurde eindeutig für den Massenmarkt produziert.
Größe: 30,5 cm
Geschätzter Wert: 65 DM

LINKS Diesen »After-Eight«-Bären produzierte Applause 1986 nach seiner Fusion mit Wallace Berrie & Co. Er hat keine Gelenke, ist aus nerzfarbenem Plüsch und hat eine Ledernase.
Größe: 43 cm
Geschätzter Wert: 45 DM

RECHTS »Gracie« und »George« sind typische Beispiele für Robert Raikes' Bären mit Holzgesicht. Sie sind beide voll beweglich, bestehen aus Synthetikplüsch und haben Glasaugen. All diese Bären tragen ein Papieretikett mit dem Namen Robert Raikes, das auch unter einer der Fußsohlen zu finden ist.
Größe: je 18 cm
Geschätzter Wert: je 135 DM

RECHTS »Nicolette« ist eine Weihnachtssonderausgabe, die von Robert Raikes entworfen und 1986 in einer Stückzahl von nur 10 000 Exemplaren produziert wurde. Das Gesicht ist handgeschnitzt, aber die Augen sind nicht aus Glas, sondern aus Plastik. »Nicolette« ist voll beweglich, und ihr Pelz ist aus Acryl.
Größe: 39 cm
Geschätzter Wert: 135 DM

The North American Bear Co.

Die North American Bear Company wurde 1978 von Barbara Isenberg in Chicago, Illinois, gegründet. Zu ihren beliebtesten Schöpfungen gehören Albert, The Running Bear (die Hauptperson einer von ihr geschriebenen Kinderbuchreihe), die Very Important Bear-Kollektion und die Vanderbear Family. Diese Firma stellt nicht nur originelle und einzigartige Bären her, sondern auch Kleidungsstücke und Accessoires für Bären. Sie brachte auch Repliken berühmter Bären heraus, und 1991 kam anläßlich der Verfilmung von Evelyn Waughs Roman *Brideshead Revisited* (Wiedersehen mit Brideshead) eine Spielzeugversion von Aloysius auf den Markt.

GANZ RECHTS 1980 startete die North American Bear Company ihre Very Important Bear-Serie. Jeder dieser Bären beruht auf einer historischen, literarischen oder anderweitig bekannten Figur, und ihre Namen sind stets eine Spielerei mit dem Wort »Bear«. Jedes Jahr kommen vier neue

Bären heraus, die nur kurze Zeit auf dem Markt sind, was sie für Sammler besonders interessant macht. Ein typisches Beispiel ist der hier abgebildete LiBEARace aus leuchtend blauem Plüsch im glitzernden Bühnenkostüm. **Größe:** 50 cm **Geschätzter Wert:** 200 DM und mehr

LINKS Als Albert the Running Bear 1978 auf den Markt kam, war er ein großer Erfolg. Es gibt ihn in verschiedenen Größen und in verschiedenfarbigen Anzügen. 1982 wurde die Produktion von Albert eingestellt, was ihn für Sammler besonders wertvoll macht. **Größe:** 38 cm **Geschätzter Wert:** 85 DM

LINKS Die Vanderbear Family hat viele Mitglieder, von denen jedes einen ganzen Schrank voll Kleidung hat, die von Odl und Katya Bauer entworfen wurde. Die hier gezeigte Muffy Vanderbear ist das Nesthäkchen der Familie. Sie wurde 1984 herausgebracht und wird noch heute hergestellt. **Größe:** 17,5 cm **Geschätzter Wert:** 32 DM

RECHTS Humphrey BEARgart ist ebenfalls eine Kreation aus der Very Important Bear-Serie der North American Bear Company. Wie alle anderen Exemplare dieser Serie trägt er die typische Kleidung der Figur, die er darstellt. **Größe:** 50 cm **Geschätzter Wert:** 200 DM und mehr

Andere moderne US-Hersteller

In den 60er Jahren begannen amerikanische Spielzeughersteller, ihre Bären im Fernen Osten herstellen zu lassen, da dort die Produktionskosten wesentlich niedriger waren. Das bedeutete leider das Aus für eine Reihe alteingesessener Firmen wie Ideal und Knickerbocker, die mit den neuen Preisen nicht konkurrieren konnten. Von den 70er Jahren an wurden fast nur noch Bären für den Massenmarkt produziert. Sie bestehen in der Regel aus synthetischem Plüsch; einige Mohairbären kommen in begrenzter Auflage auf den Markt. Besonders gefragt sind Bären, die nach einem literarischen oder fiktiven Vorbild geschaffen wurden. Großhändler wie F.A.O. Schwarz geben oft Bestellungen bei Herstellern in aller Welt auf und bringen Bären auf den Markt, die Qualität und Charakter früher Bären widerspiegeln.

F.A.O. SCHWARZ

Die New Yorker Firma F.A.O. Schwarz ist eines der ältesten und größten Spielzeuggeschäfte der Welt. Sie eröffnete 1862 ihren ersten Laden und ist heute weltweit bekannt für ihre wundervoll dekorierten Verkaufsräume und die hochwertigen Spielwaren. Viele der Waren stammen von führenden Herstellern wie etwa Steiff, die 1989 zur Feier der Eröffnung des neuesten Geschäftes von F.A.O. Schwarz in San Francisco auch den auf dem kleinen Foto oben abgebildeten Golden-Gate-Bären produziert hat. Andere Lieferanten sind der amerikanische Bärenkünstler John Wright, der von der Walt Disney Company die Exklusivrechte für die Herstellung von Pu dem Bären, Christopher Robin und Piglet bekam *(siehe Seite 148–149)*. 1994 produzierte er für F.A.O. Schwarz eine auf 250 Stück limitierte Auflage, Wintertime Pooh and Piglet genannt, die bei Sammlern sehr gefragt sind.

RECHTS Dieser große Bär, der 1993 für F.A.O. Schwarz produziert wurde, heißt Truffles. Dieser Name wurde gewählt, weil man der Ansicht war, es gäbe keine schönere Assoziation zu einem Bären als die in aller Welt beliebten Schokoladentrüffel. Der synthetische Pelz ähnelt altem Mohair.
Größe: 73,5 cm
Geschätzter Wert: 220 DM

RECHTS Der gelenklose Plüschbär Misha wurde vom russischen Bärenkünstler Victor Chizhikov für R. Dakin and Co. als offizielles Maskottchen für die Olympischen Spiele von 1980 entworfen.
Größe: 35,5 cm
Geschätzter Wert: 180 DM

R. DAKIN AND COMPANY

Die kalifornische Firma R. Dakin and Company wurde 1955 von Richard Dakin für den Import von handgearbeiteten Artikeln gegründet. Zu den Plüschtieren kam sie nur zufällig, als 1957 ein paar von ihnen als Füllmaterial einer Lieferung von mechanischen Eisenbahnen aus Japan beilagen. Richard Dakins Sohn Roger, der erst kurz zuvor in die Firma eingetreten war, bestellte weitere Stofftiere, die sich so gut verkauften, daß die Firma schließlich dazu überging, selbst Plüschtiere zu produzieren, die unter dem Namen Dream Pets verkauft wurden. In den 60er Jahren wurden alle anderen Geschäftszweige aufgegeben, und die Firma widmete sich ausschließlich den Tieren. Zudem wurden einige andere Spielzeughersteller aufgekauft, und die Produkte wurden nach Japan, Hongkong und Mexiko exportiert. 1989 kaufte R. Dakin and Co. die britische Firma House of Nisbet. Zu den bekanntesten Produkten gehören Kater Garfield und sein Teddybär Pooky, der Rosarote Panther und verschiedene Muppets.

Größe: 38 cm
Geschätzter Wert: 45 DM

Größe: 20 cm
Geschätzter Wert: 45 DM

DER SMOKEY-BÄR DER ORGANISATION ZUR VERHÜTUNG VON WALDBRÄNDEN

Die Ideal Toy Company war die erste Firma, die die Lizenz besaß, den Bären Smokey herzustellen – das »Sprachrohr« der Organisation zur Verhütung von Waldbränden –, der erstmals 1944 auf einem von Albert Astaehle gezeichneten Plakat erschien. Seit dieser Zeit sind unzählige, von Sammlern sehr gesuchte Smokey-ähnliche Bären und Spielsachen von Firmen wie R. Dakin and Co. und Knickerbocker auf den Markt gebracht worden. Das Exemplar ganz links wurde 1970 bei Dakin gefertigt. Es besteht aus Hartplastik und hat bewegliche Arme, aber die Firma hatte auch Versionen aus Plüsch im Programm. Die Jeans, die Schaufel und der Plastikhut lassen sich entfernen und können bei manchen Exemplaren inzwischen fehlen. Der Plüschbär neben ihm wurde um 1985 von Three Bears Inc. produziert und ist ein typisches Beispiel für alle in Amerika hergestellten Smokeys aus Plüsch. Er ist gelenklos und hat eine eingesetzte Schnauze. Seine Jeans ist festgenäht. Die ersten Smokeys von Ideal hatten ein Gesicht aus Plastik, doch bei den späteren Modellen ist es aus Plüsch.

AVALON INC.

Neuartige Bären mit einem Gesicht aus geformtem Plastik sind in den Vereinigten Staaten sehr beliebt. Das Exemplar ganz links, das 1970 von Avalon Inc. in Pennsylvania hergestellt wurde, ist als daumenlutschender Bär bekannt. Der Daumen läßt sich aus dem Mund nehmen. Der Bär ist aus Synthetikplüsch, hat eine Füllung aus Schaumstoff, und seine Gesichtszüge sind aufgemalt. Durch das Stoffetikett am Bein läßt sich der Hersteller nachweisen.

EDEN TOYS

Eden Toys hat in den 70er Jahren mit der Produktion von Bären begonnen. Häufig haben sie keine Gelenke und sind weich gefüllt. Der hier gezeigte braunweiße Bär wurde um 1984 hergestellt und ist ein typisches Beispiel. Man kann ihn an seinem angenähten Etikett identifizieren. In den 80er Jahren erwarb Eden Toys das Exklusivrecht für die Herstellung des Bären Paddington in Amerika.

Größe: 28 cm
Geschätzter Wert: 160 DM

Größe: 38 cm
Geschätzter Wert: 25 DM

Bären aus Australien

In Australien begannen Joy Toys in Melbourne (Victoria) und Fideston Toys in Perth (Westaustralien) in den frühen 20er Jahren mit der Massenproduktion von Teddybären. Bis dahin waren die Teddybären aus Großbritannien importiert worden. Diese frühen australischen Bären sind von hoher Qualität, bestehen aus bestem englischen Mohair, haben außergewöhnlich schöne Glasaugen und wirken schon in diesem frühen Stadium der Produktion eindeutig australisch.

Zwischen den 20er und den 70er Jahren gab es mehrere Firmen, die Teddybären für den heimischen Markt produzierten; ob australische Bären exportiert wurden, ist nicht bekannt. Sicher ist jedoch, daß es in Australien stets auch englische Teddys zu kaufen gab. Zu den Firmen, die in diesem Zeitraum Bären produziert haben, gehören Barton Waugh, Berlex, Emil, Fideston, Jakas, Joy Toys, Lindee und Verna. Ende der 60er Jahre wurden die Einfuhrzölle auf Spielzeug aufgehoben, und fast alle australischen Spielzeughersteller, mit Ausnahme von Jakas, wurden durch asiatische Billigimporte aus dem Geschäft gedrängt. Heute werden in Australien Designerbären hergestellt, und einige kleine neue Firmen produzieren ausgezeichnet verarbeitete und einzigartige Teddybären, was des Sammlers Herz erfreut.

LINKS Ein Joy-Toys-Bär aus den 30er Jahren spielt mit seinen Freunden auf der Schaukel.

RECHTS Ein seltener Koala-Bär aus der Zeit um 1910. Ursprünglich war er aus echtem Fell, aber Insektenbefall hat ihn zu einem Lederbären gemacht.

Joy Toys

Joy Toys nahm Anfang der 20er Jahre in Melbourne, Victoria, den Betrieb auf. Die einfallsreiche Firma stellte wundervolles Spielzeug her, darunter auch Puppen und Teddybären, und sie produzierte bis in die 70er Jahre mehr als 50 000 Bären in verschiedenen Stilrichtungen. In den 60ern wurde die Firma von Cyclops aufgekauft. Der Name Joy Toys befindet sich heute im Besitz von Toltoys, wurde 1976 aber zuletzt benutzt. Ursprünglich waren sie voll beweglich, hatten ein Fell aus englischem Mohair, waren mit Excelsior gestopft und ähnelten deutschen Bären. In den 30er Jahren erschien das traditionelle Joy-Toys-»Markenzeichen« zum erstenmal: Die Bären hatten keinen beweglichen Kopf mehr. Heute haben Joy-Toy-Bären meist ihre Originalaugen verloren. Von den 30er Jahren an ähnelten die Bären mehr ihren britischen Vettern. Die meisten von ihnen hatten spitz zulaufende und nach oben gerichtete Vorderpfoten. Zu jener Zeit waren die Bären noch mit Kapok gefüllt, und die gestickte Nase ist unverwechselbar, denn die beiden äußeren Stiche sind etwas länger. Von den 50er Jahren an wurden die Bären mit Schaumgummistückchen gefüllt, und in der Folge haben sie merkwürdige Formen angenommen, weil sich das Schaumgummi zersetzt hat. In den 60er Jahren begann die Qualität der Joy Toys deutlich nachzulassen, doch die früheren Bären dieser Firma sind beliebte Sammlerstücke.

OBEN Dieser sehr frühe und seltene Joy-Toys-Bär ist voll beweglich – auch der Kopf läßt sich drehen –, und er ist in gutem Zustand. Seine Pfoten- und Fußsohlen sind aus Baumwollköper, und er ist mit Excelsior gestopft. **Größe:** 66 cm **Geschätzter Wert:** 1100 DM

RECHTS Einige der Joy-Toys-Bären aus der Zeit vor dem Zweiten Weltkrieg waren aus dem langen, struppigen Mohair, der auch bei diesem goldfarbenen Exemplar aus den 30er Jahren verwendet wurde. Seine Ohren stehen weit auseinander und sitzen weit hinten am Kopf. Außerdem hat er die typische, nach oben gezogene Nase und die spitzen Fußsohlen der Joy-Toys-Bären aus dieser Zeit. **Größe:** 40,6 cm **Geschätzter Wert:** 850 DM

TYPISCHE MERKMALE

(von den 30er Jahren an)

- auffällig große Nase mit nach oben verlängerten Seitenstichen

- sehr kurze Gliedmaßen und ein großer Körper

- kein Halsgelenk

- spitze Pfoten

- Sohlen aus Baumwollköper

- Körper aus Mohair

- kurze Schnauze

Das Joy-Toys-Etikett

Brustanhänger aus Pappe

Gewebtes Etikett, 30er Jahre

OBEN Hübscher, zimtfarbener Joy-Toys-Bär aus den 40er Jahren mit starrem Kopf. Seine Nase ist mit den hochgezogenen Stichen an den Außenseiten ebenso typisch wie die spitz zulaufenden Sohlen aus Wachstuch. Die Glasaugen wurden nachträglich aufgenäht. Er trägt immer noch das Originaletikett.
Größe: 66 cm
Geschätzter Wert: 550 DM

OBEN Dieser kleine zimtfarbene Bär aus den 40er Jahren hat seine Augen verloren, was bei Joy-Toys-Bären nichts Ungewöhnliches ist. Er ist mit Kapok gestopft, und seine Sohlen sind aus Rexin. Wie viele Bären dieser Firma hat auch er sein Etikett noch auf der Fußsohle.
Größe: 28 cm
Geschätzter Wert: 320 DM

OBEN Dieser Bär aus den 40er Jahren hatte in seiner Jugend einen langen Mohairpelz mit gefärbten Spitzen. Sein unbeweglicher Kopf, die langen Seitenstiche an der Nase und die spitzen Pfoten sind typische Merkmale australischer Bären. Er hat Sohlen aus Rexin und ist mit Kapok gestopft. **Größe:** 41 cm
Geschätzter Wert: 450 DM

OBEN Dieser bildschöne Bär aus den 50er Jahren hat einen starren Kopf, einen langen, goldfarbenen Mohairpelz, eine Füllung aus Excelsior und Schaumgummiflocken und die typischen Joy-Toys-Merkmale: spitz zulaufende Pfoten und

nach oben gezogene Seitenstiche an der Nase. Obwohl man ihn erst in die Waschmaschine und dann in den Trockner gesteckt hat, ist er in erstaunlich gutem Zustand. **Größe:** 61 cm
Geschätzter Wert: 450 DM

LINKS In den 50er Jahren wurden die Bären mit einer Mischung aus Schaumgummi und Kapok oder Schaumgummi und Excelsior gefüllt. Diese Bären müssen sorgfältig gelagert werden, denn andernfalls zersetzt sich das Schaumgummi und der Bär fällt in sich zusammen. Werden diese Bären in Rückenlage aufbewahrt, klumpt das Schaumgummi im Rücken zu einer harten, dicken Masse zusammen, und auf der Vorderseite ist keine Füllung mehr. Dann kann man nur noch das Schaumgummi entfernen und den Bären neu füllen. Diesem Bären ist es gelungen, seine Form zu behalten. Auch bei ihm ist der Kopf nicht beweglich.
Größe: 38 cm
Geschätzter Wert: 450 DM

Andere Hersteller aus Australien

Frühe australische Bären scheinen nicht in nennenswerter Zahl überlebt zu haben, weder in ihrem Heimatland noch außerhalb. Diejenigen, die heute noch existieren, sind jedoch wertvolle Ergänzungen jeder Sammlung. Während heute in Australien Teddybären in allen Formen und Größen produziert werden, haben die alten australischen Bären doch einige unverwechselbare Merkmale. Zudem haben die meisten von ihnen noch ihr Herstelleretikett. Charakteristisch sind außerdem die hochgebogenen Vorderpfoten, die sich bei manchen Exemplaren fast berühren. Das fehlende Halsgelenk ist gleichfalls ein typisches Merkmal der australischen Bären (mit Ausnahme einiger sehr früher Exemplare, die noch einen drehbaren Kopf hatten). Ein anderes Anzeichen für einen frühen Bären ist die Nase, deren äußerer Stich entweder nach oben oder nach unten verlängert ist – was dem Bären einen ausgesprochen ernsthaften Gesichtsausdruck verleiht!

LINKS UND RECHTS Lindee führte oft Neuheiten ein – der links abgebildete Bär aus den 30er Jahren hat eine Gumminase. Der Bär rechts ist fast identisch, aber seine Nase ist aufgestickt. Wegen ihrer Form und der hohen Qualität des Mohairs werden die frühen Lindee-Bären, die keine Etiketten mehr haben, oft mit englischen Bären verwechselt.
Größe: je 51 cm
Geschätzter Wert: *links* 650 DM; *rechts* 850 DM

LINDEE

Diese ideenreiche Plüschtierfabrik befand sich von 1944 bis 1976 in einem Vorort von Sydney. Der Name Lindee stammt von dem Spitznamen, den die Angestellten ihren Chefs Mr. und Mrs. Lindenberg gaben. Die Firma produzierte wundervolle Puppen, aber auch alle möglichen Plüschtiere, einige von ihnen auf Rädern. Lindee-Bären sind aus englischem Mohair, sowohl mit als auch ohne Gelenke, mit bildschönen Glasaugen und braunen Vinylsohlen. Ihr Etikett ist normalerweise in die Fußsohlennaht eingenäht; aufgedruckt sind ein Reh und die Worte »Lindee Toys the Prestige Name in Soft Toys«. Lindee-Bären haben eine sehr große Nase und einen schwarz gestickten Mund. Manche haben auch überdeutliche schwarze Krallen. Lindee produzierte bis zu seinem Konkurs 1976 Bären, doch die ab 1969 gefertigten Exemplare, nach dem Verkauf der Firma durch Mrs. Lindenberg, sind von minderer Qualität.

LINKS Dieser typische Fideston-Bär ist aus zweifarbigem Mohair und hat Sohlen aus Leder. Der Kopf ist im Verhältnis zum Körper sehr groß. Die mit Excelsior gefüllten und voll beweglichen Bären sind beliebte Sammlerstücke. Dieses hübsche Exemplar stammt aus den 30er Jahren. **Größe:** 46 cm **Geschätzter Wert:** 850 DM

RECHTS Diese beiden niedlichen Emil-Bären stammen aus den 50er Jahren. Typisch für sie sind der unbewegliche Kopf, die spitzen Vinylsohlen und die Nase mit den langen seitlichen Stichen. Sie sind aus Mohair und mit Wollflocken und Excelsior gestopft. **Größe:** je 36 cm **Geschätzter Wert:** je 420 DM

Größe: 51 cm
Geschätzter Wert: 420 DM

Größe: 69 cm
Geschätzter Wert: 750 DM

FIDESTON TOY CO.

Die Fideston Toy Company, ursprünglich ein Buch- und Schallplattengeschäft, wurde von Richard und Louisa Fiddes in Bunbury in Westaustralien gegründet. Während des Ersten Weltkrieges begann Mrs. Fiddes, Plüschtiere herzustellen, die sehr gefragt waren; 1917 lieferte sie die erste Bestellung aus, was sie zur ersten kommerziellen Herstellerin von Teddys in Australien macht. 1921 wurde die Fideston Toy Company eingetragen, und in dem neuen Fabrikgebäude in einem Vorort von Perth wurden Plüschtiere in Massen für den australischen Markt produziert. Das Geschäft wuchs rasch. Um 1930 wurde eine ganze Reihe von Tieren gefertigt, doch die Bären waren am beliebtesten. Es gab mindestens zwei Versionen von Teddybären, doch nur eine von ihnen ist leicht zu identifizieren, weil sie einen sehr breiten Kopf, große Ohren und eine übergroße, kegelförmige Schnauze hat. Bis vor kurzem hielt man die Fideston-Bären wegen ihrer hohen Qualität für Produkte aus deutscher Herstellung.

EMIL PTY LTD.

Emil Pty Ltd. stellte von der Mitte der 30er bis in die 70er Jahre in mehreren Fabriken in und um Melbourne Teddybären und andere Plüschtiere her. Die frühen Emil-Teddys aus den 30er und 40er Jahren waren aus importiertem Mohair und hatten Glasaugen – es gab sie mit und ohne drehbaren Kopf. Die Sohlen waren aus Wachstuch, die der Vorderpfoten liefen spitz zu, und die Bären waren mit einer Mischung aus Excelsior und Kapok gefüllt. Sie haben eine unverwechselbare schwarze Nase, deren äußere Stiche länger sind als die inneren. Mit ihrem breiten Kopf und den weit auseinanderstehenden Augen sind die Bären sehr hübsch. In den 60er Jahren ließ die Qualität des Mohairs etwas nach. Bei allen Bären fehlte nun das Halsgelenk, die Glasaugen wurden vom Plastik abgelöst, und die Sohlen waren aus weißem Vinyl. Die Form der Nase blieb jedoch unverändert. Einige Emil-Bären haben schwarze Krallen. Alle Bären trugen ein Seidenetikett, auf dem »Emil Toys Made in Australia« stand. Auf dem »E« sitzt ein Teddybär, doch leider sind die Etiketten heute oft zerschlissen.

THE VERNA TOY COMPANY

Die Verna Toy Company wurde 1941 als Puppenfabrik in Victoria gegründet. Sie wechselte 1948 den Besitzer und nahm Teddybären in ihr Programm auf. Die Bären aus der Zeit vor den 60er Jahren waren aus Mohairplüsch und voll beweglich, mit Excelsior gestopft und hatten eine traditionelle Form. Ihr auffallendstes Merkmal ist die stumpfe Schnauze, wie sie der aus den 50er Jahren stammende Bär ganz links zeigt. Manchmal war die Nase aus Filz. Von den 60er Jahren an wurden die Bären mit Schaumgummi gefüllt, hatten Sicherheitsaugen aus Plastik und Sohlen aus Vinyl.

BERLEX TOYS PTY LTD.

Berlex Toys wurde zu Beginn der 50er von Lex Bertrand gegründet und produzierte einige der besten alten Sammlerbären. In den 70er Jahren mußte die Firma die Produktion einstellen. Berlex-Bären erkennt man an ihrem erstklassigen Mohair, dem wohlgeformten Körper und den dazu passenden Gliedmaßen, den Sohlen aus Vinyl und der dreieckigen, gestickten Nase, wie sie bei der Dame links zu sehen ist.

Japanische Bären

Die frühen japanischen Teddybären sind oft aus qualitativ minderwertigen Materialien gefertigt und zumeist aus kurzem, grobem Mohair oder Wolldeckenstoff, und nicht aus Mohairplüsch. Viele Exemplare ähneln den frühen amerikanischen und französischen Bären und haben einen geraden, schlanken Körper, ebensolche Gliedmaßen und sind mit Excelsior gestopft. Sie haben kleine, runde Füße, und die Ohren sind in Schlitze im Kopf eingearbeitet. Einige der Bären haben Gelenke, doch auch diese sind von minderer Qualität; oft sind die Pappscheiben von außen zu sehen und werden nur mit Draht zusammengehalten anstatt mit Metallsplinten. In Japan sind nur wenige alte Bären erhalten geblieben; es wurden ohnehin nicht viele produziert, und die meisten davon haben den Zweiten Weltkrieg nicht überlebt. Nach dem Krieg stellten die japanischen Spielzeugfabriken preisgünstigere Bären her und exportierten unzählige Neuheiten nach Europa und in die Vereinigten Staaten. Heute wird ein Großteil des Marktes von ihnen beherrscht. Von 1950 an produzierten die Japaner auch mechanisches Spielzeug, darunter aufziehbare Bären und auch traditionelle Bären mit mechanischen Funktionen. Teddybären werden in Japan immer beliebter, und es gibt Geschäfte, Clubs und Museen, die sich ihnen verschrieben haben.

RECHTS Dieser Clown-Bär ist ein typisches Beispiel für die Neuheiten, die in den 30er Jahren in Japan produziert wurden. Leider ist er stark abgenutzt: Sein kurzfloriger Mohairpelz ist fadenscheinig geworden und seine Baumwoll-Halskrause zerrissen. Er hat nur noch Reste von Mund und Nase, und seine Filzsohlen sind verschlissen. Sein rosa-grüner Körper und die Clownsmütze verleihen ihm jedoch noch immer einen gewissen Charme. Er ist sehr einfach konstruiert, und der Draht der Arm- und Beingelenke ist von außen zu sehen. Er hat die typischen gefalteten Ohren, die in einem kleinen Loch im Kopf befestigt sind.
Größe: 43 cm
Geschätzter Wert: 750 DM

RECHTS Bei den modernen japanischen Bären lassen sich viele Merkmale ihrer Vorgänger wiederfinden. Diese beiden kleinen gelenklosen Bären sind aus Synthetik und mit Schaumstoff gefüllt. Ihre Augen sind aus Glas. Der japanische Teddybärkünstler Miuok Itu hat sie eigens für ein bekanntes Teddybärgeschäft in Yokohama entworfen, das Bruin's Bruin heißt.
Größe: je 15 cm
Geschätzter Wert: je 45 DM

OBEN Obwohl dieser frühe Bär aus den 20er Jahren kein Etikett trägt, deuten doch einige seiner Merkmale darauf hin, daß er aus Japan stammt. Er hat einfache Gelenke aus Draht, der von der Außenseite der Gliedmaßen durch den ganzen Körper führt; seine Ohren sind gefaltet und in einem kleinen Loch festgenäht; sein Körper ist aus kurzflorigem Baumwollplüsch und mit Excelsior gestopft. Ungewöhnlich sind die roten Filzsohlen – sie könnten nachträglich hinzugefügt worden sein. **Größe:** 56 cm
Geschätzter Wert: 1100 DM

OBEN Dieser Yoski Pet ist in vieler Hinsicht typisch für die billigen japanischen Bären, die nach dem Zweiten Weltkrieg in Massen produziert wurden. Ungewöhnlich ist allerdings, daß seine Augen nicht aus Glas oder Plastik sind, sondern aus Filz. Wie andere Bären der 40er und 50er Jahre, hat er eine rote Filzzunge. Seine Baumwollkleidung ist, wie das gestickte Etikett, am Körper festgenäht.
Größe: 27 cm
Geschätzter Wert: 85 DM

TYPISCHE MERKMALE JAPANISCHER BÄREN

- mechanische Funktion oder neuartiges Design

- einfache Gelenke, oft von außen sichtbar

- keine Gelenke (nach dem Zweiten Weltkrieg)

- kurzfloriger Mohair- oder Baumwollplüsch (vor dem Zweiten Weltkrieg)

- einfache Konstruktion

- Körper aus Acrylplüsch (nach dem Zweiten Weltkrieg)

- eingesetzte Schnauze in einer anderen Farbe als der Körper (nach dem Zweiten Weltkrieg)

- kleine, gefaltete Ohren, die in Löchern im Kopf befestigt sind

MECHANISCHE BÄREN

In den 50er Jahren brachten die japanischen Spielzeughersteller viele mechanische Bären heraus. Die Abbildung zeigt einige typische Beispiele. Bei dem Bären links ist der Name des Herstellers – Alps – auf die Unterseite des Sockels aufgedruckt. Bei diesem batteriebetriebenen Bären leuchten die Augen auf, wenn er sich Milch einschenkt. Auch die beiden anderen Exemplare sind batteriebetrieben. Der mittlere Bär strickt; der ganz rechts blättert mit der rechten Hand in einem Buch. Die Mechanismen, mit denen diese Bären funktionieren, sind recht einfach: der lesende Bär hat einen Magneten in der rechten Hand, der die Seiten anzieht und umblättert. Alle mechanischen Bären aus Japan sind gelenklos und haben einen Körper aus Metall, der mit Nylonplüsch überzogen ist. Die Kleidung des lesenden Bären ist auf seinem Körper festgeklebt.

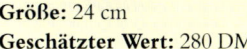

Größe: 24 cm
Geschätzter Wert: 280 DM

Größe: je 16 cm
Geschätzter Wert: je 220 DM

Repliken

Weil alte Teddybären bei Sammlern immer beliebter werden, steigen die Preise stetig an. Aus diesem Grund haben einige Hersteller in den 80er Jahren damit begonnen, Repliken ihrer frühen Bären zu fertigen, die den nostalgischen Charme der Originale haben. In vielen Fällen besitzen die Firmen noch Original-Schnittmuster, so daß die Repliken getreue Nachbildungen der frühen Bären sind. Es werden auch Repliken von bekannten Bärenpersönlichkeiten hergestellt (typisches Beispiel ist Aloysius aus dem britischen Fernsehfilm *Brideshead Revisited*, der sowohl von der britischen Firma House of Nisbet, *siehe Seite 15,* als auch von der amerikanischen North American Bear Company reproduziert wurde); auch diese Bären sind gefragte Sammlerstücke. Repliken kommen oft nur in begrenzter Stückzahl auf den Markt und werden meist nur in einem Land oder von nur einem Großhändler vertrieben. Sie sind so gefragt, daß einige von ihnen, vor allem die von Steiff, beachtliche Preise erzielen. Generell aber bieten Repliken auch weniger bemittelten Liebhabern die Möglichkeit, einen traditionellen Bären eines bekannten Herstellers zu erwerben. Die Repliken sind in besonderen Schachteln verpackt, tragen das Markenzeichen des Herstellers und besitzen ein Zertifikat. Wer seinen Bären aus der Schachtel nehmen und ausstellen möchte, sollte Schachtel und Zertifikat aufbewahren, denn Sammlerstücke in der Originalverpackung erzielen beim Verkauf generell einen höheren Preis.

LINKS In den letzten Jahren hat Merrythought *(siehe Seite 68–71)* eine ganze Reihe von Sammlerbären herausgebracht, darunter limitierte Auflagen, Repliken und Jubiläumsbären. Es wurden auch moderne Versionen ihrer traditionellen Bären produziert, darunter die bekleideten Bingie-Bären, Punkinhead und die Cheeky-Bären. Zu ihrem Programm gehört auch eine Replik von Mr. Whoppit, dem Bären, der Duncan Campbell, den Geschwindigkeits-Weltmeister zu Land und zu Wasser, auf all seinen gefährlichen Reisen begleitete und seinen letzten, tödlich verlaufenen Rekordversuch überlebte. Links abgebildet ist eine 1995 hergestellte Replik des Cheeky-Bären. Er ist fast identisch mit dem oben abgebildeten Original aus den 60er Jahren – er hat denselben goldfarbenen Mohairplüsch, dieselben Glasaugen, dieselben Fußsohlen aus Filz und ein identisches Etikett auf der Fußsohle. **Größe:** 35,5 cm **Geschätzter Wert:** 75 DM

LINKS 1994 brachten die Gebrüder Hermann diese Replik *(ganz links)* ihres Bären aus den 30er Jahren heraus. Sie kam in einer begrenzten Auflage von nur 2000 Stück auf den Markt und hat alle traditionellen Qualitäten der frühen Bären. Es ist Hermann auch gelungen, den ursprünglichen Charme dieses Bären zu kopieren. **Größe:** 30 cm **Geschätzter Wert:** 75 DM

UNTEN Teddy Clown wurde 1986 in einer Auflage von 10 000 Stück als Replik des ursprünglichen Teddy Clowns produziert, den Steiff 1925 auf den Markt brachte. Sein Hut und seine Halskrause sind mit dem Original *(kleines Bild)* fast identisch, doch der zweifarbige Mohairplüsch wurde durch goldfarbenen ersetzt. **Größe:** 33 cm **Geschätzter Wert:** 680 DM

UNTEN Der ursprüngliche Alfonzo *(kleines Bild)* war ein ausgesprochen seltener roter Steiff-Teddy, den Georg Michailowitsch, der Großfürst von Rußland, seiner Tochter Prinzessin Xenia Georgiewna 1908 zum Geschenk machte. Der Bär blieb ihr Leben lang im Besitz der Prinzessin und überstand alle Wirren des Schicksals, darunter auch die Hinrichtung ihres Vaters in der Peter und Pauls-Festung in St. Petersburg im Jahr 1919. Prinzessin Xenia starb 1965, und Alfonzo lebte bei ihrer Tochter, bis er schließlich bei Christie's in London für eine Rekordsumme an Ian Pout, den Inhaber von Teddy Bears of Witney, verkauft wurde. 1990 produzierte Steiff die Replik von Alfonzo in einer Auflage von 5000 Stück exklusiv für Mr. Pouts Geschäft. Diese originalgetreuen Repliken tragen einen Kosakenanzug, sind von Hand mit Holzwolle gestopft und in eine Geschenkschachtel verpackt, der eine detaillierte Geschichte von Alfonzos bewegter Vergangenheit beiliegt. **Größe:** 33 cm **Geschätzter Wert:** 600 DM

Bären unbekannter Herkunft

Es gibt unzählige schöne alte Bären auf dem Markt, deren Hersteller unbekannt sind. Meistens kann man ihr ungefähres Alter bestimmen, und oft deuten auch bestimmte Merkmale auf das Ursprungsland hin, doch der Hersteller ist nur selten zu ermitteln. Silber oder Porzellan haben einen Stempel, der nicht abzumachen ist, doch die Teddybären hatten oft nur Papieranhänger, die entfernt wurden, bevor Kinder mit ihnen spielen durften. Auch die von Steiff und Bing verwendeten Metallknöpfe wurden oft von besorgten Eltern entfernt. Einige Sammler möchten genau wissen, von welchem Hersteller ihre Bären stammen, und andere kaufen nur Bären, deren Herkunft eindeutig nachzuweisen ist. Vielen anderen aber ist es egal – sie verlieben sich einfach in ein bestimmtes Gesicht –, und es ist um sie geschehen. Bären unbekannter Herkunft haben einen besonderen Charme, und es wäre schade, wenn man nicht wenigstens den einen oder anderen in seine Sammlung aufnehmen würde.

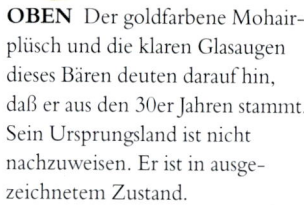

OBEN Der goldfarbene Mohairplüsch und die klaren Glasaugen dieses Bären deuten darauf hin, daß er aus den 30er Jahren stammt. Sein Ursprungsland ist nicht nachzuweisen. Er ist in ausgezeichnetem Zustand.
Größe: 46 cm. **Geschätzter Wert:** 850–1100 DM

OBEN Diese Bären stammen vermutlich aus England. Der rote Junge ist etwa 1916 entstanden. Die kurzen Gliedmaßen und das flache Gesicht seiner Gefährtin lassen vermuten, daß sie jünger ist.
Größe: je 35,5 cm. **Geschätzter Wert:** *Junge* 850–1100 DM; *Mädchen* 110 DM

OBEN Die Tatsache, daß dieser Bär aus Baumwollplüsch ist, deutet darauf hin, daß er nach dem Zweiten Weltkrieg hergestellt wurde. Bären dieses Typs wurden in verschiedenen Ländern produziert.
Größe: 30,5 cm
Geschätzter Wert: 750 DM

OBEN Der leuchtende Goldton dieses Bären war in den 20er und 30er Jahren besonders beliebt. Seine Originalsohlen aus Filz sind mittlerweile durch Baumwolle ersetzt, doch ist er in ausgezeichnetem Zustand.
Größe: 51 cm. **Geschätzter Wert:** 750–1000 DM

LINKS Bestimmte Merkmale deuten darauf hin, daß dieser Bär in den 30er Jahren in den Vereinigten Staaten hergestellt wurde. Zu ihnen gehören:
• die Form der Nase
• der tonnenförmige Körper
• der ungewöhnlich leuchtende Mohairplüsch
• die Baumwollsohlen
• der kurze Flor
Den Hosenanzug hat ihm sein Besitzer angezogen, vielleicht, um ihn vor weiterer Abnutzung zu bewahren. **Größe:** 51 cm **Geschätzter Wert:** 420–650 DM

LINKS Zwischen diesem schwarzen Bären und denen, die Steiff 1912 *(siehe Seite 26)* für den britischen Markt produzierte, besteht eine gewisse Ähnlichkeit. Die Steiff-Bären wurden jedoch von vielen anderen Herstellern kopiert, und die Herkunft dieses Bären ist ungewiß. Seine Farbe ist besonders gefragt und steigert seinen Wert. **Größe:** 41 cm **Geschätzter Wert:** 650 DM

OBEN Die Tatsache, daß die Ohrinnenseiten dieser beiden Bären aus einem anderen Material sind als der Rest des Körpers, läßt darauf schließen, daß sie aus Frankreich stammen. Andere typisch französische Merkmale sind die Verwendung von Baumwolle und Wolle und die relativ einfache Konstruktion der Bären. **Größe:** 38 cm **Geschätzter Wert:** 220 bis 420 DM für beide

Bären in vielerlei Gestalt

Künstlerbären

Die ersten Künstler- oder Designerbären wurden in den 70er Jahren an der Westküste Amerikas hergestellt. Künstler in aller Welt griffen diese Idee auf, und heute gibt es Bärenkünstler in vielen Ländern, auch in Deutschland, Holland, Großbritannien, Japan, Australien und Frankreich. Bärenkünstler entwerfen und fertigen ihre Bären zumeist eigenhändig. Manche beschäftigen zwar Arbeitskräfte oder lassen sich von Familienmitgliedern oder Freunden helfen, doch den letzten Schliff verpassen sie ihrem Bären immer persönlich. Erfolgreiche Bärenkünstler brauchen nicht nur handwerkliches Geschick sondern auch eine lebhafte Phantasie. Künstlerbären werden normalerweise nur in kleinen Auflagen produziert und sind die Sammlerstücke der Zukunft. Die Wartelisten sind meist lang, und um dieses Problem zu lösen, haben Hersteller wie zum Beispiel Dean's in Großbritannien bekannte Bärenkünstler vertraglich verpflichtet, Bären für sie zu entwerfen, die dann in großen Zahlen produziert werden. Künstlerbären bekommt man in Teddybärgeschäften, auf Verkaufsausstellungen oder direkt vom Künstler, oft sogar per Post. Adressen von Teddybärkünstlern finden Sie am Schluß des Buches.

LINKS Eine schöne Sammlung von Designerbären aus aller Welt.

RECHTS »Mademoiselle Fairy« von dem japanischen Bärenkünstler Michi Takahashi.

Macbears, Melbourne, Australien

Rosalie Macleman kam auf die Idee, Bären herzustellen, nachdem sie in ganz Australien keinen gefunden hatte, der ihr gefiel. Sie ist nostalgisch orientiert und war schon vorher handwerklich-kreativ tätig gewesen und stellte nun fest, daß sie bei der Herstellung von Bären all ihre Fähigkeiten – entwerfen, nähen, sticken, Leder und Holz bearbeiten – nutzen kann. Freunde und Familienmitglieder rieten Rosalie, ihre Produkte zu vermarkten, und so entwickelte sie ihre Macbears. Sie stellte sie auf der Melbourne Doll Show in Camberwell vor und hat mehrere Preise gewonnen. Sie verwendet nur natürliche Materialien, meist Kamelhaar und Mohair – kurzflorige, dichte Stoffe, die eine eindeutige Linienführung ermöglichen. Rosalie fertigt auch alles Zubehör für ihre Bären selbst an – Kleidung, Taschen, Boote oder Bücher.

Ein Bär mit seinem Drachen. Rosalie Macleman setzt bei der Herstellung ihrer Bären gern all ihre Fähigkeiten ein. Dieser Macbear trägt Freizeitkleidung und dazu Lederschuhe und einen Rucksack – alles von Rosalie selbst hergestellt.

Nostalgia Bears, Melbourne, Australien

Deborah Sargentson begann erst 1993 mit der Herstellung von Bären, nachdem sie ihren Job als Leiterin einer Personalabteilung aufgegeben hatte. Schon bald war sie fast rund um die Uhr damit beschäftigt, Bären zu produzieren und ihnen selbstgenähte altmodische Kleider anzuziehen. Sie stellte ihre Bären erstmals bei der Malvern Teddy and Doll Show aus und gewann dort einige Preise. Mehrere Teddybärgeschäfte wollten ihre Produkte haben, und heute haben sie Liebhaber auf der ganzen Welt. Neben den Standardausgaben fertigt Deborah auch Sonderausgaben in begrenzter Stückzahl, deren Herstellung pro Stück bis zu hundert Stunden in Anspruch nehmen kann. Die Nostalgia-Bären sind bekannt für ihre antiken Accessoires – echte Goldbrillen, Taschenuhren und Pfeifen.

Deborah Sargentsons Nostalgia Bears basieren auf traditionellen Designs. Dieses Beispiel, das »Bear in a Garden« heißt, trägt ein altes Kleid und eine Schleife im Haar. Vor kurzem hat Deborah auch Grizzlybären und Pandas in ihr Sortiment aufgenommen.

House of Brook Bri, Adelaide, Australien

Der erste Bär von Briony Nottage war aus Lambswool, doch danach produzierte sie auch welche aus Schaffell, Mohair und sogar Sterlingsilber. Dies alles bereitete sie nicht auf die Schwierigkeiten vor, die sie hatte, als sie ihren ersten Bären aus der Haut des Barramundi-Fisches in Angriff nahm. Briony war voller Begeisterung, als sie ihrer Familie etwas zeigte, das aussah wie ein Stück altes Leder, an dem die Katze ihre Krallen gewetzt hatte, doch ihre Angehörigen waren irritiert. Briony focht das nicht an, und sie konnte es kaum erwarten, einen Bären aus diesem ungewöhnlichen Material zu machen. Dies erwies sich als die größte Herausforderung ihres Lebens. Es kostete sie einen vollen Tag, ein einziges Bein zu nähen und zu befestigen, doch die Mühe hat sich gelohnt. Ihr merkwürdiger Bär wurde schnell berühmt, und die Leute kamen aus ganz Australien, um ihn zu sehen.

Typische Beispiele für Briony Nottages berühmte Bären aus Barramundi-Haut in verschiedenen Farben. Mittlerweile experimentiert Briony mit neuen Materialien.

»Winston« von Heather Brooks ähnelt den traditionellen Teddybären. Er ist aus Mohair und hat Glasaugen. Vor ihm sitzt »Pandy«, Heathers neueste Kreation, die ebenfalls aus Mohair ist.

Bearly Collectable, Mittagong, Australien

Heather Brooks bringt ihre Künstlerbären unter dem Namen Bearly Collectable heraus. Sie begann 1986 mit der Herstellung ihrer meist traditionellen Bären. Etwa die Hälfte von ihnen trägt selbstgenähte Kleidung. Fast all ihre Bären sind Einzelstücke oder wurden in limitierten Auflagen von zehn Stück gefertigt. Bearly Collectables haben Liebhaber in Deutschland, Großbritannien, Amerika und Japan gefunden. Heather besucht Ausstellungen in ganz Australien, und ihre Bären haben viele Preise gewonnen. Zu ihren liebsten Entwürfen gehören Gruppen von Jungtieren und der Panda, den sie kürzlich ihrer Kollektion hinzugefügt hat. Heather nimmt gern an Sammlertreffen teil und freut sich immer, wenn sich jemand in einen ihrer Bären verliebt.

»Chadwick« ist eine von Lexie Haworth's Sonderausgaben. Lexie verwendet traditionelle Materialien und macht alle Feinarbeiten von Hand. Wie die meisten ihrer Bären ist auch dieses Exemplar unbekleidet – sie zieht es vor, ihnen durch ihre Gesichtszüge Charakter zu geben.

The Bears of Haworth Cottage, Nowra, Australien

Lexie Haworth's Interesse für Bären wurde 1992 geweckt, als sie auf einer Teddy- und Puppenausstellung feststellte, daß der Bär, den sie auf einer Trödelauktion gekauft hatte, ein Steiff-Bär von 1905 war. Sie fuhr nach Hause und beschloß, selbst Bären herzustellen. Sie kaufte sich ein Schnittmuster und ein großes Stück Acrylplüsch, und nach mühevoller Arbeit war der erste Bär fertig. Danach begann sie, Schnittmuster zu entwerfen, und tat seitdem nie einen Blick zurück. Lexie verwendet hauptsächlich Mohair, und Feinarbeiten macht sie per Hand. Die meisten ihrer Bären sind unbekleidet – sie gibt zu, keine besonders gute Schneiderin zu sein –, und die wenigen, die bekleidet sind, tragen Sachen, die Kolleginnen von ihr genäht haben. Lexie kopiert den traditionellen Stil und versucht, die Steiff-Bären nachzuarbeiten.

»Jackie« gehört zu einer Gruppe, die »Calemot Remembered – A Tribute to Jackie Kennedy« heißt und zu der außer ihr auch ein kleiner Hund und ein Freund gehören. Sie trägt Hut und Mantel im Stil der 60er Jahre, und am Kragen steckt ein Wahlkampfabzeichen. In ihrem Körper ist eine Spieldose, die die Melodie *Camelot* spielt.

New Mexico Paws, Baltimore, USA

Susan Redstreake Geary hat 1990 angefangen, ihre eigenen Teddybären zu entwerfen und herzustellen. Anfangs arbeitete sie in New Mexico (daher der Name), ist aber inzwischen nach Baltimore, Maryland, umgezogen. Vorher fertigte und entwarf sie kunstvolle Flickendecken für eines der führenden Magazine und gewann mit ihnen viele Preise. Heute ist sie auf Bären spezialisiert, die jemanden darstellen und die oft irgendwelche Accessoires oder Tiere bei sich haben. Obwohl sie über 250 Bären pro Jahr herstellt, schafft sie es, sie ganz allein zu machen. Susan ist für viele wichtige Teddybärpreise nominiert worden, darunter den Goldenen Teddy, und war die Gewinnerin des American National Teddy Roosevelt Bear Contest. In ihrer kaum existenten Freizeit schreibt Susan Artikel für verschiedene Teddybärzeitschriften.

Gloria Franks, West Virginia, USA

Gloria Franks begann Mitte der achtziger Jahre mit der Herstellung von Teddybären, nachdem ihr Mann aus der Marine ausgeschieden war und sie selbst ihr Reisebüro verkauft hatte. Gloria nutzte ihre Erfahrungen bei der Herstellung von Puppen, um ihre eigenen Bären zu fertigen und auf Kunsthandwerksausstellungen zu verkaufen. Ihre ersten Entwürfe waren traditionell geprägt und basierten auf den alten Bären, die sie auf Ausstellungen und Auktionen gesehen hatte; sie entwickelte aber allmählich ihren persönlichen Stil. Am liebsten sind ihr große Bären. Die meisten ihrer Bären sind aus Mohair, und viele von ihnen sind bekleidet. Sie waren schon in einer ganzen Reihe von Teddybärzeitschriften auf der ganzen Welt zu sehen und wurden auch bei mehreren Veranstaltungen ausgestellt.

»Young Bearon Franks« ist einer von Glorias »Teddy Toddlers«, einer Reihe von 76 cm großen Bären, die Kinderkleidung und Schuhe tragen. Er ist aus Mohair und voll beweglich.

Stier Bears, Pennsylvania, USA

Kathleen Wallace konnte sich die alten Bären, die ihr so gut gefielen, nicht leisten – also beschloß sie, selbst welche zu machen. Es dauerte lange, bis ihr nach etlichen mißglückten Versuchen einer gelang, der ihr auch wirklich gefiel. Doch als sie 1982 mit ihren ersten 50 Bären auf eine Ausstellung ging, kamen sie so gut an, daß alle verkauft wurden. Kathleen ist eine einfallsreiche Näherin, die inzwischen über 1000 Bären hergestellt hat. Sie hat sich auf große Bären spezialisiert – der bisher größte hatte eine Höhe von 114 cm. Sie produziert limitierte Auflagen für eine Reihe von Geschäften, doch zu den Ausstellungen nimmt sie nur Einzelstücke mit. Sie stellt ihre Bären nicht nur in Amerika aus, sondern auch in Japan, Australien und England.

»Bill« ist voll beweglich. Er ist aus honigfarbenem Mohair und mit Kunststoffperlen gefüllt. Außerdem hat er eine Brummstimme. Auf seinem Knie sitzt »Webster«, ein honigfarbener Mohairbär.

Elaine Fujita-Gamble, Washington, USA

Elaine Fujita-Gamble, eine Sportlehrerin im Staate Washington, begann 1973 mit dem Sammeln von Bären, nachdem sie einen von einem Freund geschenkt bekommen hatte. 1979 entwarf sie ein Schnittmuster für einige ihrer Schülerinnen, die eigene Bären machen wollten, und das brachte sie auf die Idee, es selbst einmal zu versuchen. Obwohl ihr erster Bär, der auf einem alten deutschen Hermann basierte, nur 12,7 cm groß war, sind ihre Bären immer kleiner geworden und haben jetzt nur noch eine Durchschnittsgröße von 5 cm. Da Elaine voll berufstätig ist, fertigt sie nur kleine Auflagen und verkauft sie auf Ausstellungen. Ihre Bären sind berühmt für ihre detaillierte Ausführung und ihre hohe Qualität, und sie sind so gefragt, daß sie oft schon wenige Minuten nach der Eröffnung einer Ausstellung ausverkauft sind.

Der winzige »Bedtime Ted« ist nur 6,4 cm groß. Er wurde 1994 speziell für die Disneyworld-Ausstellung in einer limitierten Auflage von 25 Stück gefertigt. Er trägt Häschen-Hausschuhe und eine Schlafdecke über dem Arm.

Hier zeigt sich Marys Liebe zu Katzen. »Yvonne« ist aus Mohair, hat Glasaugen und ist voll beweglich; ihre Arme sind mit Draht durchzogen, damit sie ihre Katze festhalten kann. »Treasure Kitty«, die Katze, ist aus deutschem Synthetikplüsch und hat einen beweglichen Kopf.

Mary Holdstad and Friends, Washington, USA

Mary Holdstad hat sich bereits in frühester Kindheit für Handarbeiten interessiert; damals zeichnete sie mit ihrer älteren Schwester Entwürfe für Puppen und nähte Kleider für ihre Barbie-Puppe. Nach mehreren Jobs in verschiedenen Branchen kaufte sie sich ein Buch über die Herstellung von Teddybären, und dieses Hobby hat sie bis heute nicht mehr losgelassen. Inzwischen hat sie auch ihre Liebe zu Katzen künstlerisch umgesetzt, denn 1984 brachte sie unter dem Namen »Katie's new Kitten« ihre erste Bären-Katzen-Kombination heraus, die internationalen Anklang fand. Seitdem haben viele ihrer Bären eine Katze als Begleiter. Im Laufe der Jahre hat Mary mit ihren aus hochwertigem Mohair gefertigten Bären viele Preise gewonnen.

»Tea Time Sweater Girl« ist besonders hübsch angezogen. Ihr Pullover und ihre Schuhe sind handgefärbt, der Hut und das Täschchen sind echt alte Stücke. Sie ist aus Mohair, voll beweglich und hat Glasaugen. Sie hat den typischen niedlichen Gesichtsausdruck aller Susan-Horn-Bären.

Susan Horn Bears, Michigan, USA

Susan Horn machte ihren ersten Bären Anfang der 90er Jahre und hatte schon nach kurzer Zeit genügend Bären, um sie auf einer Ausstellung zu präsentieren, wo sie auch sofort Erfolg hatten. Mittlerweile besucht sie acht Ausstellungen pro Jahr, und ihre Bekanntheit nimmt ständig zu, denn ihre Bären werden immer besser und zeigen eine große Liebe zum Detail. Susan benutzt alte Materialien für ihre Bären oder färbt neue ein, bis sie sich alt anfühlen und alt aussehen. Um das Gesicht zu finden, das ihr gefällt, hat Susan unzählige Fotos alter Bären betrachtet und sich schließlich für ein niedliches Gesicht entschieden, das bei all ihren Bären zu finden ist. Susan bringt limitierte Auflagen ihrer Bären heraus, fertigt aber auch Einzelstücke.

»Christopher« schaut sehr ernsthaft in die Welt. Er ist aus künstlich gealtertem Mohair, voll beweglich, hat Sohlen aus Wollfilz, mundgeblasene Glasaugen und ist mit Excelsior gestopft.

Apple of my Eye, New Hampshire, USA

Frances Harper war bereits eine begeisterte Näherin, als sie 1990 ein Schnittmuster von *Vogue* kaufte, um danach einen Teddybären als Geschenk für eine Freundin zu nähen. Die Freundin war so begeistert davon, daß sie Frances drängte, doch mehr Bären zu machen. Inzwischen hat sie über 500 Bären hergestellt und nach 14 Berufsjahren ihre Arbeit als Floristin aufgegeben. Sie beschäftigt sich eingehend mit den alten Teddybären und versucht, sie so genau wie nur möglich nachzuarbeiten. Sie verwendet Mohair und Glasaugen. Wie viele andere Künstler, legt Frances besonderen Wert auf den Gesichtsausdruck ihrer Bären und achtet darauf, daß sie nicht zu niedlich wirken; sie mag sie mit einem nachdenklichen oder ernsten Ausdruck lieber. Um die Nachfrage nach ihren Produkten zu befriedigen, muß Frances bis zu zehn Stunden am Tag an ihren Bären arbeiten.

Hana Franklin, Toronto, Kanada

Erst im Alter von dreißig Jahren erwachte bei Hana Franklin das Interesse für Teddybären. Zu dieser Zeit arbeitete sie in einer Bank und besuchte in ihrer Freizeit einen Gourmet-Kochkurs. Eine Freundin, die von ihrer Vorliebe für Schokoladentrüffel wußte, schenkte ihr zum Geburtstag einen schokoladenbraunen Bären namens Truffles, und von diesem Zeitpunkt an verliebte sich Hanna in Teddybären und begann, auf ihren vielen Reisen nach schönen Exemplaren Ausschau zu halten. Schon bald machte sie eigene Bären. Sie sind meist Einzelstücke, und Hana legt besonderen Wert auf ein ansprechendes Gesicht. Die Bären sind aus importiertem Mohair, das sie oft noch färbt, damit es alt aussieht. Ihre bekleideten Bären tragen entweder selbstgenähte Kleidung oder echte alte Stücke.

»Betty Buttons« ist aus pinkfarbenem Mohair.

»Benjamin« schaut fragend in die Welt.

Fred Bears, Richmond Hill, Kanada

Lesley Mallet hat ihre Begabung für Handarbeiten von ihrer Mutter, einer Schneiderin, geerbt. Sie begann 1978 während ihrer ersten Schwangerschaft, Spielzeug herzustellen, das sie dann an Kinder, Freunde und wohltätige Organisationen verschenkte. Irgendwann fing sie dann auch an, Bären zu sammeln, und bei der letzten Zählung kam sie auf 320 Stück. Sie gründete 1992 ihren Betrieb und produziert etwa 100 Bären pro Jahr, die sie auf Ausstellungen und in Geschäften in Kanada, England und den Vereinigten Staaten verkauft. Außerdem gibt sie Kurse über die Herstellung von Bären. Die meisten ihrer Bären haben lange Beine und einen kleinen Körper. Lesley macht alles selbst, vom Entwerfen des Schnittmusters bis zum Ausbürsten der Nähte beim fertigen Bären. Sie bevorzugt einfache Accessoires.

»Barnaby« ist ein typisches Beispiel für Lesleys Teddybären, die stets unbekleidet sind und nur wenige Accessoires haben. Er hat lange Arme und Beine, und sein Körper ist mit Kunststoff-Kügelchen gefüllt, damit er weich und schmiegsam aussieht. Er ist aus deutschem Plüsch und hat Glasaugen.

Friendship Teddy Bear Factory, Markham, Kanada

Cherie Friendship begann 1992 mit der Herstellung von Teddybären, nachdem sie ihren Job als leitende Angestellte bei einer Elektronikfirma aufgegeben hatte. Zuvor war sie durch Zufall in einen Teddybärladen in Unionville geraten, wo sie ein eifriger Verkäufer zum Kauf ihres ersten Bären überredete – für 300 Dollar. Ihr Mann war überzeugt, daß es einen Markt für Teddybären gibt, und so begann sie schon bald, eigene Bären herzustellen. Den ersten nähte sie nach einem gekauften Schnittmuster, doch ihrem eigenen Eingeständnis zufolge hatte das Ergebnis mehr Ähnlichkeit mit einer Ratte als mit einem Bären. Inzwischen hat sie über 200 Bären fertiggestellt, darunter einige limitierte Auflagen. Sie verkauft auch »Bausätze« für Leute, die ihren Bären selbst nähen wollen. Ihre Bären sind voll beweglich und haben einen künstlich gealterten Mohairpelz.

Nur wenige von Cheries Bären sind bekleidet. »Foster« ist ein neuer Bär, doch sein künstlich gealterter Mohairpelz läßt ihn sehr alt aussehen. Alle Bären von Cherie haben eine kleine kanadische Flagge im Ohr und ein Etikett auf der linken Fußsohle.

Joans Bären sind alle bekleidet und haben Accessoires. »Maud« ist aus altem, gefärbtem, lockigem Federplüsch, hat Sohlen aus Leder und schwarze Glasaugen. Sie trägt einen Strohhut, geschmückt mit einem braunen Samtband und Blumen, einen Kunstseidenschal mit Fransen und eine Perlenkette.

»In the Fur« gehört zu einer Gruppe, mit der Nicola 1994 den British Bear Artist Award für Miniaturen gewann. Dies ist die Bärenmutter in ihrem Pelzmantel, die einen Sack voller Bären zu einem Bärenmarkt trägt und von ihrem Kind begleitet wird.

»Precious« ist aus langem, lockigem Mohair. Ihre Sohlen sind aus Alcantara und unterfüttert, damit die Kügelchen nicht durchzufühlen sind. Wie alle Bären von Frank ist auch »Precious« nicht bekleidet – Frank zieht natürliche Bären vor, und er möchte ihre Schönheit nicht verhüllen.

Joan Rankin, Moose Jaw, Kanada

Joan Rankins Begeisterung für Teddybären wurde 1987 durch einen Besuch im örtlichen Teddybärgeschäft ausgelöst. Sie wurde eine begeisterte Sammlerin und fing an, eigene Bären herzustellen, um durch sie Geld für den Ankauf neuer Sammlerstücke zu verdienen. Nachdem sie auf einer Ausstellung in Seattle gewesen war, begann sie, Schnittmuster zu entwerfen und verwendete ausschließlich Mohair. Unter ihren Bären befinden sich mehrere Charaktere, unter ihnen auch »Baxter Brown Bear«, die Hauptperson einiger von ihr geschriebener Geschichten. Angeregt durch die *Ophelia*-Bücher von Michele Clise, hat sie Bären kreiert, die als englische Damen und Herren kostümiert sind. Joan schreibt selbst Geschichten über ihre Bären und hat ihnen auch ihr eigenes Landhaus »Bearington Manor« gebaut.

Tree Top Bears, Crewe, England

Nicola Perkins arbeitet als Teilzeitkraft mit Kindern, die besonderer Aufmerksamkeit bedürfen, doch in ihrer Freizeit macht sie seit 1992 Bären. Anfangs war das nur ein Hobby, aber jetzt ist diese Beschäftigung ein Ganztagsjob. Nicolas Liebe zu Puppenstuben und ihrem winzigen Inhalt hat sie dazu veranlaßt, sich auf Miniaturbären zu verlegen. Sie hat sich auf kleine, bekleidete Bären spezialisiert, für die ihre Mutter die Kleidung und alle Accessoires entwirft und näht, von Muffs und Pelzmänteln bis hin zu winzigen Negerpuppen und Kaninchen. Nicola stellt Einzelstücke und limitierte Auflagen her. Ihre Bären sind aus amerikanischen Polsterstoffen und haben Sohlen aus Alcantara. Die Augen sind aus Onyx, die Kleider aus Baumwolle mit feinen Accessoires aus Seide, Bändern, Spitze und feinem Cordsamt.

Charnwood Bears, Loughborough, England

Frank Webster ist einer der wenigen männlichen Bärenkünstler dieser Welt. Ursprünglich hatte er nur als »Puppendoktor« und Restaurator mit Bären zu tun. Doch nachdem er elf Jahre lang alte Bären restauriert hatte, beschloß Frank, selbst welche herzustellen, und übergab die Bärenklinik an seine Frau Sue, die oft die Geschichte dieser Bären für die britische Zeitschrift *Teddy Bear Times* aufschreibt. 1993, nachdem Frank fünf Jahre lang nebenbei Bären hergestellt hatte, beschloß er, sich von nun an ausschließlich ihrer Herstellung zu widmen, denn seine Arbeiten waren außerordentlich gefragt. Seit dieser Zeit stellt Frank nur noch Teddybären her. Er macht alles allein und produziert vor allem limitierte Auflagen. Von einigen Ausnahmen abgesehen, sind alle seine Bären aus Mohair.

Penny Chalmers, Surrey, England

Penny Chalmers begann mit der Herstellung von Bären, nachdem sie sich auf einer Puppenauktion in einen Bären verliebt hatte, den sie sich nicht leisten konnte. Sie fertigte zu jener Zeit bereits Puppen an und beschloß, sich auch an Bären zu versuchen. Es macht ihr viel Freude, ihre Bären anzuziehen, vor allem mit Samt, Spitze, Brokat und alten Stoffen. Meistens näht sie die Kleider selbst, es sei denn, sie findet einen perfekten Anzug in einem Antiquitätengeschäft. Penny produziert Einzelstücke, die ihren eigenen Charakter haben, doch es gibt auch einige limitierte Auflagen. Pennys Bären sind aus amerikanischem oder deutschem Mohair und haben Knopfaugen, gelegentlich auch welche aus Glas. Nase und Krallen sind mit Baumwollgarn aufgestickt, und all ihre Bären erhalten den letzten Schliff in Handarbeit.

Pennys Bären gibt es in verschiedenen Größen.

Die meisten von Pennys Bären sind bekleidet.

Gregory Gyllenship, London, England

Gregory sammelt schon seit vielen Jahren Plüschtiere, doch er fing erst an, Teddybären zu kaufen, nachdem er 1988 zwei zu Weihnachten geschenkt bekam. Er sammelte in erster Linie neue Bären, doch es waren auch ein paar alte darunter. Die Materialien dieser alten Bären brachten ihn auf die Idee, eigene Bären herzustellen. Er war damit so erfolgreich, daß er 1993 seinen Job aufgab, um sich ganz der Fabrikation von Bären zu widmen. Er arbeitet allein und fertigt ungefähr 20 Bären pro Monat. Seine Entwürfe beruhen hauptsächlich auf wilden Bären, er macht sie ganz traditionell, aber mit einem kleinen Schwanz. Er verwendet deutschen oder englischen Mohairplüsch. Die Augen sind aus Glas, er benutzt aber auch schwarze Schuhknöpfe. Zum Füllen verwendet er Holzwolle oder das leichte und weiche Kapok.

Gregory verwendet langen, zottigen Mohairplüsch für seine Bären; diese beiden sind typische Beispiele.

Mister Bear, Leighton-on-Sea, England

Die Liebe zu Bären, die Jennie Sharman-Cox in ihrer Kindheit empfunden hatte, wurde neu entfacht, als sie den berühmten Bärensammler Peter Bull in seinem Haus im griechischen Paxos besuchte. Jennie, die eine Kunstschule besucht und danach für eine große Theaterkostümfirma gearbeitet hat, wo sie das Zuschneiden lernte, beschloß, sich der Herstellung von Bären zu widmen. Im Januar 1990 gründete sie ihre Firma Mister Bear und spezialisierte sich auf kleine, limitierte Auflagen von Bären im traditionellen Stil, die bereits in Japan, Europa und den Vereinigten Staaten Liebhaber gefunden haben. Jennie verwendet Mohairplüsch in verschiedenen Farben und benutzt, wann immer es möglich ist, Schuhknöpfe als Augen. Die Bären sind unterschiedlich groß, und die meisten von ihnen werden in limitierter Auflage oder als Einzelstücke produziert.

Jennies Bären sind aus unterschiedlichen Mohairarten.

Ein Kriegsflüchtling mit seinem Spielzeugbären.

Das unverwechselbare Gesicht von Miss Marples.

Jo Greeno, Guildford, England

Jo Greeno machte ihren ersten Bären 1989, und ihre Arbeiten sind seit dieser Zeit bei Sammlern auf der ganzen Welt gefragt. Sie hat eine Reihe wichtiger Preise gewonnen und ist zu Festivals in den Vereinigten Staaten und in Japan eingeladen worden. Sie hat sich auf Einzelstücke spezialisiert, die alle ein lustiges Gesicht mit eng beieinanderstehenden Augen und einem lächelnden Mund haben. Sie kleidet ihre Bären sehr sorgfältig und stattet sie mit Accessoires aus, um ganz unterschiedliche Bärenpersönlichkeiten, die zu ihrem Markenzeichen geworden sind, daraus zu machen. Einer ihrer bekanntesten Bären ist »Miss Marples«, einer von zwei Bären unter dem Namen »Murder at the Vicarage« (»Mord im Pfarrhaus« nach Agatha Christies gleichnamigem Roman).

»Winterburn« hat eine satte, intensive Farbe.

»Shortcake« ist aus elfenbeinfarbenem Mohair.

Bo Bears, Buckingham, England

Stacey Lee Terry gründete 1988 ihre Bärenproduktion und hat seitdem jeden Bären selbst entworfen, wobei sie sich von wilden Bären inspirieren läßt. Sie hat eine Reihe von Einzelstücken und limitierten Auflagen herausgebracht und Bären für verschiedene berühmte Leute gemacht, etwa für den Rennfahrer Nigel Mansell, die Modeschöpferin Laura Ashley und Prinz Charles. Auf diese Idee brachte sie die große Nachfrage nach Bären, die als Mitglied eines Berufsstandes gekleidet sind, zum Beispiel als Polizist oder Krankenschwester. Zum Nähen der Bären benutzt sie eine Industrienähmaschine, aber die Feinarbeiten werden von Hand ausgeführt. Stacey verwendet überwiegend Mohair und Glasaugen und stickt die Nase von Hand auf.

Joans »Granddad Grey« sitzt hier in seinem Lieblingssessel. Seine Arme und Beine sind so gebogen, daß er bequem sitzen kann. Er ist aus grauem Mohair, hat schwarze Glasaugen und ist mit Kunststoffkügelchen gefüllt. Seine Sohlen sind aus Leder.

Craft T Bears, Innishannon, Irland

Joan Hanna hatte schon immer ein Faible für Plüschtiere und wurde als Kind von ihren Eltern dazu angeregt, Bären für wohltätige Institutionen und als Geschenke zu nähen. Nachdem sie die Marktlage für Sammlerbären in Irland eingehend studiert hatte, beschloß Joan, ihre Bären professionell herzustellen. Sie vertreibt sie über irische Geschäfte, in denen sie oft von Touristen gekauft werden. Sie bietet ihre Produkte aber auch über den Postversand an, und seit 1993 besucht sie Bärenausstellungen in England. Anfangs hat sie gekaufte Schnittmuster verwendet, ist aber dazu übergegangen, sie selbst zu entwerfen. Sie macht alles allein, nur beim Zuschneiden des Plüschs und der Herstellung der Accessoires hilft ihr gelegentlich ihre Familie. Sie versucht, nach Möglichkeit irische Stoffe zu verwenden und hat mehrere typisch irische Bären in begrenzter Auflage herausgebracht.

Marcelle Goffin, Rouen, Frankreich

Marcelle Goffin entdeckte 1989 ihr neues Hobby: die Herstellung altmodischer Bären, und auch heute noch fertigt sie Bären an, weil es ihr Spaß macht, und nicht, um damit Geld zu verdienen. Ihr erster Bär entstand nach einem alten britischen Hugglets-Schnittmuster. Doch da ihr die französischen Bären besser gefielen, beschloß sie, eigene Schnittmuster zu entwerfen, die den französischen Bären ähnlicher waren. Eine Zeitlang hat sie sogar Repliken berühmter französischer Bären gemacht. Marcelle benutzt nie zweimal dasselbe Schnittmuster – jeder Bär wird neu entworfen und dem Material angepaßt, das sie verwenden will. Marcelle arbeitet besonders gern mit Mohair und verwendet Glasaugen. Die meisten ihrer Bären sind unbekleidet, denn sie möchte auf keinen Fall ihren Charakter verbergen.

Hier sind zwei von Marcelle Goffins Bären von 1995 zu sehen. Der hinten sitzende »Oscar« ist ein schokoladenbrauner Mohairbär. Sein kleiner Gefährte »Plume« ist aus künstlich gealtertem beigefarbenem Mohair aus England. Beide haben Glasaugen.

Aline Cousin, Noisy le Grand, Frankreich

Aline Cousin begann 1991 mit der Herstellung von Bären. An »Théodore«, ihrem ersten Bären, arbeitete sie mangels Erfahrung über zwei Monate. Zuvor hatte sie sich als Studienobjekt einen alten, fadenscheinigen Bären gekauft, bei dem sich die Pappscheibengelenke schon durch den Plüsch gearbeitet hatten. Außerdem studierte sie alte Fotos, um sich darüber klarzuwerden, welche Art von Bären es werden sollte. Ihr erster Versuch war nicht von überragendem Erfolg gekrönt – Arme und Körper waren zu lang und zu dünn, und auf dem Rücken fehlte der Buckel, der ihr so gut gefiel. Aline gab jedoch nicht auf, und schließlich war »Théodore« fertig, der jetzt ihr erklärter Liebling ist. Mittlerweile hat sie viele erfolgreiche Bären fertiggestellt.

»Berlington« entstand im Januar 1995 in einer limitierten Auflage von 25 Stück. Das erste Exemplar dieser Auflage erhielt der Louvre in Paris; es befindet sich jetzt im Musée des Arts Décoratifs. Der Bär ist aus künstlich gealtertem zimtfarbenem Mohair und hat Gelenke aus Holz.

Marylou Jouet, Rennes, Frankreich

Marylou Jouet war bereits eine begeisterte Patchwork-Herstellerin, als sie 1989 beschloß, ihren ersten Bären, einen »Patchours Spécial Noël« aus amerikanischen Stoffproben herzustellen. Heute sind *Patchours* (Patchwork-Bären) ihre Spezialität. Sie bestehen aus 150 bis 260 verschiedenen Stoffstücken. Seit 1991 hat Marylou auch eine Reihe von Miniaturen und einige Mohairbären hergestellt. Viele von ihnen haben handgearbeitete Accessoires wie seidene Krawatten oder Spitzenkragen. Ihre Bären sind mit Holzwolle gestopft und voll beweglich. Sie benutzt nur Glasaugen; die Patchworkbären dagegen haben Augen aus alten Schuhknöpfen. Jeder Bär hat ein Etikett, das als »Adoptions-Zertifikat« dient und ausführlich über die Auflage und das Herstellungsdatum informiert.

»Patchours Multicolour« besteht aus mehr als 250 Flicken. Er entstand nach dem Erfolg ihres Weihnachtsbären, der »nur« aus 150 Stoffstücken zusammengesetzt war.

»Roderick«

Der
prämierte
»Fawzy«

»Lars«, »Lotjr« und »Mitch«

»Bettina«   »Bachelor«

Just For You, Keerbergen, Belgien

Jean Van Meeuwe Slater fing in den 70er Jahren an, alte Puppen zu sammeln, und hat ihre Sammlung vor kurzem auch auf Teddybären ausgedehnt. Ihren ersten Bären machte sie nach einem gekauften Schnittmuster, doch seine Ausdruckslosigkeit mißfiel ihr so sehr, daß sie beschloß, ein eigenes Schnittmuster zu entwerfen. Nach langen Versuchen hatte sie damit schließlich Erfolg. Besonderen Wert legt sie auf das Gesicht des Bären, und bei einem großen Bären kann es sie bis zu zwei Stunden kosten, die Nase richtig zu positionieren und aufzusticken. Sie arbeitet immer nur an einem Bären und produziert einen bis zwei am Tag. Ihre Bären sind nur selten bekleidet; allerdings tragen einige von ihnen einen Kragen aus alter Spitze. Die Bären sind aus Mohair, ihre Sohlen aus Alcantara und die Augen aus Glas.

Jane Humme, Bodegraven, Niederlande

Bereits im Alter von sechs Jahren hatte Jane Humme Freude an allen möglichen Handarbeiten gehabt, doch sie fing erst 1986 an, Bären zu nähen. Ihr Interesse an Bären wurde geweckt, als sie noch alte Puppen sammelte, denn auf den Auktionen wurden stets auch alte Teddybären angeboten. Sie nahm sich vor auszuprobieren, ob sich die typischen Merkmale dieser alten Bären auch in einem neuen realisieren lassen würden. Anfangs machte sie die Bären nur für sich und ihre Freunde, doch die Nachfrage war schon bald so groß, daß sie anfing, sie auch zu verkaufen. Jane macht alle Bären allein und produziert nur kleine Auflagen oder Einzelstücke. Ihre Lieblingsentwürfe sind Bären im traditionellen Stil mit einer langen Schnauze, einem Buckel, langen Armen und großen Füßen.

Boefje Bears, Haarlem, Niederlande

Annemieke Koetse bekam ihren ersten Bären als Baby – an Weihnachten 1949. Dieses Spielzeug wurde schnell ihr wertvollster Besitz, und im Alter von vier Jahren hatte sie ihm bereits die erste Hose gestrickt. Danach nähte sie ihm weitere Kleidungsstücke, und das weckte ihr Interesse an der Schneiderei. Als junges Mädchen entwarf und nähte sie ihre Kleidung selbst, und nach dem Schulabschluß arbeitete sie in der Modebranche. Der Gedanke an ihren Bären ließ sie jedoch nicht mehr los, und 1987 machte sie ihren ersten eigenen Bären. Beim vierten war die Herstellung von Bären bereits zur Passion geworden. Annemieke verwendet oft ungewöhnliche Methoden; so kocht sie ihre Bären beispielsweise oder trocknet den Plüsch bei starker Hitze. Die meisten ihrer Bären sind aus Mohair. Sie sind alle voll beweglich und haben manchmal sogar Hand- und Fußgelenke.

Pink Dino Bears, Konolfingen, Schweiz

Karin Koller fing 1991 an, Bären zu sammeln, nachdem sie sich auf einer Schweizer Spielzeugauktion in einen Bären von Nisbet verguckt hatte. Als sie 1993 auf einer Englandreise mit ihrem Mann René ein Bärenmuseum besuchte, war sie von der dort ausgestellten Vielfalt geradezu überwältigt. Den beiden gefielen die Künstlerbären, die in der Schweiz weitgehend unbekannt waren, am besten, und so beschloß Karin, selbst welche herzustellen. Ihr erster Bär war aus pinkfarbenem Plüsch, weil Mohair in der Schweiz nur schwer zu bekommen war. Doch das Ehepaar begann schon bald, selbst zu experimentieren. Ihre Bären kamen gut an, und jetzt verkaufen die beiden ihre Werke regelmäßig auf Märkten, haben aber auch Abnehmer in anderen europäischen Ländern.

»Ueli« ist eine Arbeit von René, doch seine Kleider hat Karin genäht.

Karin Kronsteiners Künstlerbären, Graz, Österreich

Karin fing 1990 an, Bären zu sammeln, und machte ihren ersten Bären – Petzi – 1992. Nur fünf Monate später konnte sie in ihrer Heimatstadt Graz ihre erste Ausstellung eröffnen, die ihr zu großer Bekanntheit verhalf. Bis jetzt hat sie 45 verschiedene Bären entworfen. Kürzlich hat die dritte Ausstellung stattgefunden, und ihre Bären sind in Zeitungen und im Fernsehen gezeigt worden. Karin macht alle ihre Bären ohne fremde Hilfe. Sie entwirft die Schnittmuster, kauft das Material ein, näht jeden Bären von Hand und strickt seine Kleidung. In jedem dieser Bären stecken 30 bis 50 Stunden Arbeit, in den größeren sogar bis zu 100 Stunden. Sie sind alle aus Mohair, voll beweglich, haben Glasaugen und sind mit synthetischen Materialien und Kunststoffkügelchen gefüllt.

»Dennis« wurde in einer limitierten Auflage von nur zehn Stück hergestellt.

Drunes Bären, Schwalbach, Deutschland

Heidrun Winkler hat schon in ihrer Kindheit angefangen, Bären zu sammeln, und als ihre Schwiegermutter begann, Bären zu nähen, wollte sie es auch versuchen. Seit 1992, als sie ihren ersten Bären entwarf, hat sie viele verschiedene Formen hervorgebracht – mit kurzer oder langer Schnauze, kleinen oder großen Füßen, mit gebogenen oder geraden Beinen –, aber immer mit einem glücklichen Gesicht. Sie verwendet englischen Mohairplüsch, Alpaka, deutschen Baumwollplüsch und manchmal auch Synthetikplüsch. Die Sohlen sind aus Filz, Alcantara oder Leder und die Augen aus Glas. Zur Zeit experimentiert sie mit Brummstimmen, Spieldosen und Bewegungen. Die Bären kommen in kleinsten Auflagen heraus und sind so gefragt, daß Heidrun sie hauptberuflich herstellt. Sie beliefert Geschäfte in Europa, in Australien und den Vereinigten Staaten.

»Sunny«, Heidruns erster Bär.

»Kasimir« hat eine geschorene Schnauze.

Ineke beschloß, daß dieser Bär ein Junge werden sollte. »Sir Frederick« ist aus sehr weichem, cremefarbenem, merino-gelocktem Mohair und trägt eines von Inekes Lieblingstüchern. Seine Sohlen sind aus farblich passendem Ziegenleder. Er ist einer aus einer limitierten Auflage von drei Brüdern.

Inekes Teddybären, München, Deutschland

Ineke fing 1990 an, Bären zu sammeln, und besuchte einen Kurs, um die Herstellung von Bären zu erlernen und um ihre Lieblinge selbst restaurieren zu können. Daran hatte sie so viel Freude, daß sie seitdem selbst Bären herstellt. Sie entwarf schon bald eigene Schnittmuster und für ihre bekleideten Bären auch das Gewand. Jeder Bär ist handgenäht und aus bestem Mohair oder Plüsch. Die meisten ihrer Bären haben schwarze, handgeblasene Glasaugen und eine schwarze gestickte Nase. Ineke entscheidet erst nach der Fertigstellung eines Bären, ob er männlich oder weiblich sein wird und welche Kleidung er tragen soll. Alle Bären werden in limitierten Auflagen produziert, und obwohl eine Auflage nie mehr als fünf Stück umfaßt, gibt es doch keine zwei Bären, die sich völlig gleichen.

»Polli« ist ein Unikat.

Teddys von Vera und Verena, Neunkirchen, Deutschland

Vera und ihre Tochter Verena haben Handarbeiten schon immer geliebt. Vera besuchte einen Kurs über die Herstellung von Bären, um ihre Produkte dann auf Puppenausstellungen zu verkaufen. Als Verena bei einem Unfall schwer verletzt wurde, beschloß sie, künftig ihren Lebensunterhalt mit der Herstellung von Bären zu verdienen, und seitdem hat das Mutter-Tochter-Team Hunderte von Bären genäht, die sie auf Märkten und Ausstellungen verkaufen und mit denen sie an Wettbewerben teilnehmen. Inzwischen betreiben Vera und Verena auch einen kleinen Versandhandel. Sie stellen nur Einzelstücke her, denn jeder Kunde oder jedes Geschäft soll ein Unikat haben. Die beiden verwenden nur hochwertige Materialien, kleiden ihre Bären in bildschöne Kostüme und machen oft auch kleine Spielsachen für sie.

Marys Bären sind aus kurzflorigem Baumwoll-Velours und tragen die Kleidung, die ihr am besten gefällt. Zu den beliebtesten Kostümen von Marys Bären gehört der Matrosenanzug. Der kleine, sitzende Bär ist ein sogenannter Knopf-Bär, denn seine Gelenke bestehen aus Lederknöpfen.

Bear Basic, Kapstadt, Südafrika

Anfangs machte Mary Kelly nur Bären für ihre Freunde, doch schon bald wurde daraus eine lukrative Heimarbeit. 1990 eröffnete sie in Simons Town ein überaus erfolgreiches Geschäft mit dem Namen Bear Basic, das sie heute mit ihrer Tochter und einer Freundin führt. Sie haben sich auf altmodische Bären spezialisiert, die traditionell gemacht sind, und betreiben auch eine Bärenklinik. Mary und ihre Tochter entwerfen alle Bären selbst. Sie nähen sie aus Polsterstoffen aus Baumwollvelours und importiertem goldfarbenem Acrylplüsch. Gelegentlich verwenden sie auch Mohair, doch der ist in Südafrika schwer zu bekommen. Sie machen Bären in allen Größen, die voll beweglich sind und durchgenähte Glasaugen haben. Der Mund und die Krallen sind aufgestickt, die Sohlen und die Nase sind aus Filz.

Miyuki Bears, Ashiya-City, Japan

Miyuki Wada kam 1983 auf die Idee, Teddybären zu machen, als ihr Mann ihr einen aus den Vereinigten Staaten mitbrachte. Ihr erster Bär, den sie für ihr Baby nähte, hatte einen Körper aus gelbem Frottee, hölzerne Knöpfe als Gelenke und eine kleine Spieldose im Bauch – was ihrem Baby besonders gut gefiel. Inzwischen hat sie mehr als vierhundert verschiedene Bären entworfen, an denen sie immer abends arbeitet, wenn ihre Kinder schlafen. Wenn ein Bär fertig ist, darf er die erste Nacht bei den Kindern im Bett verbringen. Miyukis Bären sind alle aus hochwertigem Material, darunter Baumwollplüsch und Mohairplüsch aus Europa, und deshalb wertvolle Sammlerstücke. Viele, wie die beiden hier gezeigten, sind bekleidet und haben Accessoires.

»Popo«   »Percy«

Mammie Bears, Tokio, Japan

Mayumi Watanabe begann 1990 mit der Herstellung von Bären; sie war damals erst siebzehn Jahre alt und ging noch zur Schule. Ihre Entwürfe basieren auf alten Bären, zeigen jedoch ihren persönlichen Stil, weil sie sich beim Gesicht besondere Mühe gibt. Sie hat schon viele Preise gewonnen, sowohl in Japan als auch in den USA. Die Mammie-Bären haben traditionell lange Gliedmaßen und werden, wann immer es möglich ist, aus altem Mohair hergestellt und haben alte Glasaugen und Seidenschleifen. Sie sind mit Excelsior gestopft. Mayumi findet, daß ihre Bären am besten wirken, wenn sie unbekleidet sind, und nur wenige von ihnen haben Accessoires. Da Mayumi noch studiert, kann sie nur in den Ferien Bären herstellen. Deshalb hat sie erst wenige geschaffen, von denen ihr jeder einzelne ans Herz gewachsen ist.

»Gloria«   »Miriam«

Fairy Chuckle, Kanagawa, Japan

Auf ihrer Hochzeitsreise nach Wien, 1988, entdeckten Michi Takahashi und ihr Mann Hiro in einem Schaufenster einen wundervollen Teddybären. Er brachte Michi auf die Idee, sich selbst einmal an einem Bären aus Mohair zu versuchen, das sie aus Großbritannien und den Vereinigten Staaten kommen läßt. Sie entwirft ihre Bären selbst und näht sie von Hand. An einem Bären arbeitet sie ungefähr drei Tage, doch besonders ausgefallene Entwürfe können sie auch bis zu einen Monat beschäftigen. All ihre Bären kommen in begrenzter Auflage auf den Markt oder sind Einzelstücke. Hiro hat seinen ersten Bären für ihren dritten Hochzeitstag genäht. Er arbeitet nach den selben Methoden wie seine Frau, doch seine Bären sind im Gegensatz zu ihren unbekleidet. Hiro konzentriert sich mehr darauf, Details wie etwa die Form der Nase zu variieren.

Hiro machte diese hübschen Bären in einer limitierten Auflage von nur fünf Stück.

»Lady Fairy« ist einer von Michis preisgekrönten Bären.

Hier sieht man Cimarrons preisgekrönten Bären »Captain Cook«, wie er die Inseln von Neuseeland kartographiert. Er trägt ein zeitgenössisches Kostüm und steht mit seiner Karte vor der neuseeländischen Flagge.

Cimarron Bear Collection, Wellington, Neuseeland

Cimarron Lang, die ihr Beruf als Hotelmanagerin nicht mehr reizte, beschloß, bekleidete Bären zu verkaufen. Da sie keine unbekleideten Bären fand, die ihr gefielen, stellte sie selbst welche her. All ihre Bären hat sie selbst entworfen und von Hand genäht. Sie sind zwischen 15 und 90 cm groß, die meisten haben jedoch eine Größe von 40 cm. Ihre Bären sind aus Mohair, haben traditionelle Glasaugen, Holzgelenke, Filzsohlen, eine gestickte Nase und einen deutlichen Buckel. Sie sind mit Wollflocken oder Kunststoffkügelchen gefüllt und tragen historische Kostüme, die Cimarron sorgfältig recherchiert. Sie hat eine Reihe von Bären-Persönlichkeiten hervorgebracht und auch einige Teddybär-Szenarien, darunter »The Painters and Decorators«.

»Sir Ed Ted« von Janis Harris trägt ein von Sir Edmund Hillary persönlich signiertes Etikett. Seine Mütze ist eine Replik von der, die zu Hillarys Markenzeichen wurde. Der Bär ist aus künstlich gealtertem Mohair und trägt Baumwollkleidung und Lederschuhe.

Almost South Pole, Auckland, Neuseeland

Janis Harris hat ursprünglich Puppen hergestellt, wechselte aber in den 80er Jahren zu Teddybären über und ist heute eine der dienstältesten Bärenkünstlerinnen Neuseelands. Am liebsten macht sie Einzelstücke und limitierte Auflagen. Ihre Bären sind traditionellen Designs nachempfunden. Die meisten von ihnen sind aus Mohair, doch sie arbeitet auch mit anderen alten Materialien wie Alpaka, Wolle und Deckenstoff. Um die Bären alt aussehen zu lassen, verwendet sie künstlich gealterten Mohairplüsch, den sie von Hand einfärbt. Einer ihrer besonderen Lieblinge ist Sir Ed Ted *(siehe links)*, den sie zu Ehren des berühmten neuseeländischen Forschers Sir Edmund Hillary, dem Erstbesteiger des Mount Everest, genäht hat. Diesen Bären hat Janis in einer limitierten Auflage von 26 Stück herausgebracht.

Frances' niedliche Zwillingsbären

Braidwood Bears, Frankton, Neuseeland

Frances McCleary begann 1990 mit der Herstellung von Teddybären; anfangs benutzte sie ein Schnittmusterbuch, entwarf dann aber eigene Schnittmuster. Sie produziert hauptsächlich Einzelstücke oder kleine limitierte Auflagen und arbeitet stets nur an einem Bären, um ihm eine größere Individualität zu geben. Manche ihrer Bären tragen nur eine Schleife um den Hals, während andere von Frances selbst genähte Kleidung tragen. Ihr Mann ist für Accessoires wie etwa einen Holzrechen oder ein Segelboot zuständig. Die Bären sind zwischen 20 und 60 cm groß. Sie sind durch Holzgelenke voll beweglich und haben Sohlen aus Wildleder. Frances benutzt verschiedene Materialien, um unterschiedliche Effekte zu erzielen, aber am liebsten mag sie langflorigen Mohairplüsch. All ihre Mohairbären haben Glasaugen.

Bären mit Geschichte

Einen Bären mit vollständiger Familiengeschichte zu finden, ist nicht nur sehr aufregend, sondern informiert den Käufer auch über die Herkunft seiner Neuerwerbung. Zu wissen, wem ein Bär gehört hat, wo er überall gewesen ist und welche Abenteuer er zu bestehen hatte, trägt nicht unerheblich zu seinem Charme bei. Oft weiß der Verkäufer nähere Einzelheiten über die frühere Familie des Bären, und wer Glück hat, bekommt vielleicht sogar Fotos, die seinen Bären mit dem früheren Besitzer zeigen. Manche Bären sind durch ihre ehemaligen Besitzer oder durch die Abenteuer, die sie zu bestehen hatten, sogar berühmt geworden – so wird wahrscheinlich kein Liebhaber je den Bären vergessen, der den Untergang der Titanic überstanden hat. Bären, deren Geschichte lückenlos bekannt ist oder die Prominenten gehörten, sind besonders gesuchte Sammlerstücke. Ein gutes Beispiel hierfür ist Colonel Hendersons zimtfarbener Steiff-Teddy mit dem Namen Teddy Girl, der vor kurzem in einem Londoner Auktionshaus einen Rekordpreis erzielt hat. Ein beliebtes Sammelgebiet sind auch Bären, die für wohltätige Zwecke produziert wurden.

Bill, der Gelehrte

Bill ist nicht nur außerordentlich gelehrt, er ist obendrein ein sehr seltener Steiff-Bär, ist 51 cm groß und hat einen langhaarigen, lockigen Mohairpelz. Er gehörte einer englischen Familie, und die Großeltern schenkten ihn 1907 dem ältesten Sohn Reginald zu seinem ersten Geburtstag. Reginalds Bruder Esmond wurde 1908 geboren und ihre Schwester Althea 1917. Reggie und Esmond nahmen den geliebten Bären überall hin mit, auch 1919 nach Harrow und 1922 nach Eton. Der Bär schloß seine akademische Ausbildung an den Universitäten von Oxford und Cambridge ab (es ist jedoch nicht bekannt, an welcher Fakultät er graduierte), bis er schließlich widerstrebend Althea überlassen wurde, die ihn in phantasievolle Kleider steckte und im Puppenwagen spazieren fuhr. Zwischen 1925 und 1955 befand sich der Bär im Ruhestand, bis er 1957 an Esmonds Enkelkinder überging und mit ihnen überallhin reiste, bis die Familie 1972 beschloß, den geliebten Bären einem Sammler zu übergeben, damit er den ihm zustehenden Platz in der Geschichte seltener Bären einnehmen konnte.

Tarquin, das RAF-Maskottchen

Als dieser Bär in einem Auktionshaus in Lincolnshire angeboten wurde, war von ihm nur bekannt, daß er das Maskottchen einer Staffel der Royal Air Force gewesen war. Im Zweiten Weltkrieg gab es in England viele Militärflugplätze, doch obwohl in der Lokalzeitung ein Bild des Bären veröffentlicht wurde, meldete sich niemand, der Näheres über ihn wußte. Tarquin hat eine besondere Ausstrahlung, und jemand hat ihm eine Fliegerkombination genäht, die mit verschiedenen Rangabzeichen geschmückt ist. Zu seinem Outfit gehören auch Gummistiefel, die originalen Kopfhörer aus dem Zweiten Weltkrieg und eine lederne Fliegerkappe. Das seidene Halstuch läßt ihn verwegen aussehen. Tarquin wurde gekauft als Geschenk für den Schriftsteller Jack Higgins, der eine große Sammlung von Erinnerungsstücken aus dem Zweiten Weltkrieg besitzt. Er fand heraus, daß der Bär aus Douglas Baders Staffel stammte, die während des Krieges in Lincolnshire stationiert war, doch wie er auf die Auktion gekommen ist, wird wohl immer ungeklärt bleiben.

Lt. Col. Bob Henderson und seine Bären

Die große Liebe zu Bären erwachte bei Colonel Henderson schon in der Kindheit, als er Teddy Boy, einen Steiff-Bären mit Mittelnaht, von seinem Bruder geschenkt bekam *(unten links)*. Seine Begeisterung legte sich nicht, und selbst während seiner Dienstzeit im Royal Scots Regiment trug er immer einen kleinen Bären in der Brusttasche seiner Uniform. Als er schließlich aus der Armee ausgeschieden war, hatte er genügend Zeit, um sich seiner Passion zu widmen, und im Laufe der Jahre wuchs seine Bärensammlung auf mehr als 500 Stück an, die sein Haus in Edinburgh bis in den letzten Winkel füllten. Als Colonel Henderson seiner Tochter Teddy Boy zeigte, zog sie ihm ein Kleid an, und von diesem Zeitpunkt an begleitete er als Teddy Girl seinen Herrn auf seinen Reisen um die Welt. Nach dem Tode des Colonels wurden seine Bären zu seinem Enkel nach Australien verschifft, und 1994 wurden sie auf einer Auktion in London verkauft. Die Berühmtheit der umfangreichen Sammlung des Colonels führte dazu, daß für Teddy Girl der Rekordpreis von 240 000 DM erzielt wurde. Der lebenslange Begleiter des Colonels hat nicht nur ihn zum Sammeln von Bären inspiriert, sondern auch unzählige andere Bärenliebhaber auf der ganzen Welt. Ein anderer Liebling des Colonels war Boots, der diesen Namen wegen seiner schweren Stiefel bekommen hat und der hier *(unten rechts)* mit seinem Herrn posiert.

Libearty Bear

Paul Fagan von den Colour Box Miniatures erhielt von der World Society for the Protection of Animals den Auftrag, diesen speziellen Bären für Libearty, eine weltweite Bären-Kampagne, herzustellen. Er ist einer aus einer Reihe von winzigen Bären von Fagan, von denen viele auf echten Teddys basieren, die Paul im Laufe der Jahre auf Auktionen erstanden hat. Jeder dieser Bären ist aus Knetmasse modelliert und dann aus Kunstharz gegossen, handbemalt und wird in einer Schachtel geliefert, die auch seine Lebensgeschichte enthält. Der Libearty-Bär ist das Symbol für die Kampagne und soll den Menschen bewußt machen, daß die echten Bären kurz vor dem Aussterben stehen.

Ein Kriegsbär

1932 bekam ein kleiner Junge in Paris einen wunderschönen Teddybären zum Geburtstag. Er nannte ihn Rosemousse nach einem bekannten Walzer. Die beiden waren unzertrennlich, wuchsen zusammen auf und erlebten viele gemeinsame Abenteuer. Im Zweiten Weltkrieg mußte die Familie auf einem Wagen flüchten, der mit ihren Habseligkeiten beladen war. Der kleine Junge wunderte sich, mit welcher Aufmerksamkeit seine Eltern den Bären unterwegs bedachten. Als Grund erfuhr er später: Das gesamte Vermögen der Familie hatte im Bauch seines Bären gesteckt!

Tubby

Tubby ist ein bildschöner, 71 cm großer blonder Steiff-Bär, den die kleine Diana Bellenden Clark 1912 von ihrem Vater, einem bekannten Schauspieler, geschenkt bekam. Tubby begleitete das kleine Mädchen überallhin – zum Spielen in den Garten auf Hayling Island und sogar auf Eselsritte während des Urlaubs. Später arbeitete Diana als Krankenschwester in einem Londoner Krankenhaus, und Tubby war ständig bei ihr, und als sie schließlich alt und krank war, saß Tubby im Pflegeheim immer neben ihr. Um den Hals trug er ein Schild, auf dem Diana darum bat, den Bären zu ihrem Stiefsohn zu bringen, falls ihr etwas passieren sollte, und außerdem standen darauf die Worte: »Wir waren zusammen, seit sie vier war«. Als Diana starb, lebte Tubby eine Zeitlang bei ihrem Stiefsohn und ist jetzt ein geliebter Mitbewohner von Sue Pearsons Haus.

Little Bear

Little Bear ist ein bildschöner aprikosenfarbener Steiff-Bär mit einem blanken Knopf im Ohr. 1910, kurz vor seiner Abkommandierung nach Südafrika, machte ihn ein Colonel des Manchester Regiments seiner Frau zum Geschenk, um sie stets an ihren »Big Bear« zu erinnern (der Colonel war 1,90 Meter groß). Seine Frau

ließ ihren Little Bear nicht mehr aus den Augen. Er war bei ihr während der Geburt ihrer fünf Kinder und tröstete sie, als zwei ihrer Söhne im Zweiten Weltkrieg fielen, und auch, als der »Big Bear« schließlich starb. Es ist kaum verwunderlich, daß Little Bear auch bei ihr war, als sie selbst im Alter von 92 Jahren starb. Er ist jedoch auch jetzt nicht einsam, denn er lebt in einem neuen Heim und ist bereit, eine neue Familie durch ihr Leben zu begleiten.

Bärenporträt

Nur selten findet man ein Gemälde, das einen Bären zeigt; das gilt besonders für hübsche Bären, die zusammen mit ihrem Besitzer porträtiert wurden, und es kommt noch seltener vor, daß ein Besitzer Interesse erweckt, weil er selbst berühmt ist oder das Bild besonders gut gemalt ist. Aus diesem Grund wird jedes gute Porträt, das einen Menschen mit seinem Bären darstellt,

stets ein begehrtes Sammlerobjekt sein. Als das hier abgebildete Gemälde versteigert werden sollte, herrschte große Aufregung im Saal, die sich noch steigerte, als allen klar wurde, daß es sich bei der nächsten Nummer um den abgebildeten Bären handelte! Der Auktionator konnte überredet werden, beide Stücke zusammen zu versteigern, und sie sind bis heute nicht getrennt worden. Der Bär stammt vermutlich aus Deutschland und ist nicht vor 1910 entstanden, dem Jahr, in dem auch das Porträt gemalt wurde. Beim Kauf war er in einem traurigen Zustand, doch liebevolle Pflege ließ ihn bald wieder wie neu aussehen.

Die drei Musketiere

Ted, der große Steiff-Bär, der in dieser Gruppe hinten sitzt, kam 1907 nach England und verbrachte den Ersten Weltkrieg in Liverpool, wo er seiner Besitzerin und ihrer Schwester Esme im Luftschutzkeller Trost spendete. Das kleine Mädchen (auf dem Foto unten) starb schon in jungen Jahren an Krebs, doch ihr Bär blieb sein Leben lang bei ihrer Schwester Esme. Er verbrachte viel Zeit in der Kantine, die sie für Soldaten aus aller Welt unterhielt, und war bei den Amerikanern besonders beliebt; oft saß er mit am Tisch, wenn sich nur die Unglückszahl von dreizehn Gästen zum Tee eingefunden hatte. Leider wurde er zu vehement gewaschen, und als sein heutiger Besitzer ihn kaufte, hatte er eine seifige Hochwassermarke über Nase und Augen, sein Kopf war völlig kahlgeschrubbt und seine Füllung zu einem festen Klumpen verquollen. Seine beiden Freunde sind seit 60 Jahren bei ihm. Der Alpha-Farnell-Bär gehörte dem Sohn von Esmes Nachbarn. Als er im Zweiten Weltkrieg zur Royal Air Force ging, gab er ihr seinen Bären in Pflege, doch leider kam er nie zurück. Der Hund, der Wowie heißt, diente ursprünglich zur Aufbewahrung eines Nachthemds, doch Esme hat in ihm immer eine Packung Smarties für zu Besuch kommende Kinder aufbewahrt. Ted, Alpha und Wowie haben soviel zusammen durchgemacht, daß sie inzwischen genauso unzertrennlich sind wie die echten drei Musketiere!

Blinky Bill

In den Herzen vieler Australier nimmt zweifellos der Koala den Platz des Teddybären ein. Der erste literarische Koala, der 1904 in der australischen Zeitschrift *Bulletin* erschien, war Billy Bluegum, erschaffen von Norman Lindsay, einem der berühmtesten Schriftsteller und Illustratoren Australiens. Für Norman Lindsays Kinderbuch *The Magic Pudding* von 1918 wurde er in Bunyip Bluegum umbenannt. Doch in den 40er Jahren folgte ein weiterer Koala, Blinky Bill, der noch bekannter wurde. Blinky Bill war ein frecher Koala, den Dorothy Wall erfunden hat. Von ihm wurden auch Stofftierversionen hergestellt, darunter das rechts abgebildete Exemplar aus den 70er Jahren, für das Angus and Robertson die Rechte hat.

LINKS Dieses Blinky Bill-Buch faltet sich aus – wenn man es aufschlägt, scheint Blinky Bill aus dem Buch zu springen. Es wurde 1935 von der Whitman Publishing Company veröffentlicht.

Der Bär Paddington

Michael Bond schrieb seine erste Paddington-Geschichte über den Bären, den er seiner Frau zu Weihnachten geschenkt hatte. Das Paar hatte den Bären Paddington genannt, weil es zu jener Zeit in der Nähe des Londoner Bahnhofs Paddington lebte (auf dem seit 1978 ein 114 cm großer Bär ausgestellt ist). Die Geschichte war nicht in erster Linie für Kinder gedacht – Bond schrieb einfach, weil es ihm Spaß machte. Nach zehn Tagen aber merkte er, daß er ein ganzes Buch geschrieben hatte. *A Bear Called Paddington* wurde 1958 in England veröffentlicht, und binnen weniger Jahre las man in ganz Großbritannien, in Amerika und in vielen anderen Ländern die Abenteuer des kleinen Bären. Bis 1981 schrieb Bond jedes Jahr ein neues Buch. Er schrieb auch Fernseh- und Filmdrehbücher über seinen Bären, und im Fernsehen lief jeden Tag vor den Abendnachrichten ein fünfminütiger Zeichentrickfilm mit Paddington. Eine weitere Zeichentrickserie wurde kürzlich von der amerikanischen Firma Hanna Barbera geschaffen, und Bond wird immer wieder von Leuten angesprochen, die die Abenteuer seines Bären verfilmen wollen. Die Nachfrage nach allem, was mit Paddington zu tun hat, war so groß, daß Bond eine eigene Firma zur Vermarktung des Bären gründete und Hunderte von Paddington-Artikeln produzieren ließ. Die Vermarktung hat inzwischen jemand anders übernommen, doch die Produktion läuft immer noch auf Hochtouren. 1972 entwarf die britische Designerin Gabrielle Clarkson den ersten Plüsch-Paddington und produziert seitdem auch Paddingtons Tante Lucy. Bis 1976 hatte sie die Weltexklusivrechte für Paddington, doch mittlerweile versorgt sie nur noch Großbritannien. In den USA wird Paddington seit 1975 von Eden Toys hergestellt.

OBEN Dieser seltene Koala mit Gelenken wurde von der Herstellerfirma Morella Fur Toys als Blinky Bill angeboten. Er ist aus Känguruhfell und mit Sägemehl gefüllt. Er hat eine große Gumminase, Krallen aus Gummi und wunderschöne Glasaugen. Diese Koalas trugen kein Herstelleretikett. Frühe Spieltiere aus Känguruhfell sind heute kaum noch zu finden, denn ihre Lebensdauer ist begrenzt, wenn sie nicht optimal gelagert werden.

LINKS Dieser große Paddington wurde in England von der Firma Gabrielle Designs hergestellt. Die amerikanische Version ist viel weicher und trägt keine Gummistiefel. 1982 wurde die Lizenz von Eden Toys auf die ganze Welt mit Ausnahme von Großbritannien erweitert.

Rupert der Bär

Die Comicfigur Rupert der Bär war 1920 erstmals in der britischen Tageszeitung *Daily Express* zu sehen. Erfunden wurde er (als Konkurrenz zu Teddy Tail, dem Zeichentrickbären der *Daily Mail*) von Mary Tourtel, einer Kinderbuchillustratorin und der Ehefrau eines der Herausgeber. Rupert war von Anfang an ein großer Erfolg, und 1932 hatte er bereits seinen ersten Fanclub. Zehn Jahre später wurde Mary Tourtel vom Zeichner Alfred Bestall abgelöst, der bis in die 80er Jahre Rupert-Comics zeichnete, obwohl er schon über neunzig war. Es folgten Bücher und Jahrbücher, die lustigen Geschichten wurden in viele Sprachen übersetzt, und schon bald war dieser liebenswerte britische Bär in Tausenden von Kinderzimmern zu finden, nicht nur in England, sondern auch in

OBEN In den 90er Jahren brachte Merrythought diese Version von Rupert und seinem Freund Bill Badger in einer limitierten Auflage von je 10 000 Stück heraus.

RECHTS In den 60er Jahren stellte die in Northampton ansässige Firma Burbank Toys eine Reihe von Rupert-Bären her, darunter auch diesen mit den schwarzbraunen Augen und einer Sub-Füllung.

GANZ RECHTS Eine Auswahl von Rupert-Bären, darunter in der Mitte ein musikalisches Stehaufmännchen und rechts eine Handpuppe. Der sitzende Bär vor der Handpuppe hat einen Körper aus synthetischem Material; Kopf und Hände sind aus Plastik. Der stehende Bär ist aus Gummi. Sie alle tragen den typischen Rupert-Schal und die karierte Hose.

Japan, Australien und Neuseeland. Ruperts Aussehen – er ist fast menschenähnlich und trägt eine karierte Hose, einen passenden Schal und einen Wollpullover – hat sich im Laufe der Jahre kaum verändert. Rupert-Artikel gibt es in jeder Form – als Stofftiere, Bücher, Teller, Dosen, Postkarten, Holzpuppen und selbst als Rupert-Hausschuhe. Stofftierversionen von Rupert wurden jedoch erstmals in den 60er Jahren hergestellt. Zu den Herstellerfirmen gehören Merrythought und Pedigree Toys in England und Real Soft Toys in den Vereinigten Staaten. In den 70er Jahren gab es im britischen Fernsehen eine Zeichentrickfilmserie mit Rupert, und 1984 wurde ein Video veröffentlicht. Außerdem gibt es einen Sammlerclub, der 1985 gegründet wurde. Er hat mehr als 600 Mitglieder auf der ganzen Welt, die die vierteljährlich erscheinende Clubzeitung *Nutwood Newsletter* beziehen.

Pu der Bär

»Christoph Robin seufzte tief,
ergriff seinen Bären beim Bein
und ging zur Tür,
Winnie-den-Pu hinter sich her schleifend.
In der Tür drehte er sich um und fragte:
Kommst du zu mir, wenn ich bade?«

Die Geschichte von Christopher Robin und Pu dem Bären hat seit ihrem Erscheinen 1924 Kinder und Erwachsene immer wieder zum Schmunzeln gebracht, und heute gibt es nur wenige Haushalte, in denen nicht mindestens ein Pu-der-Bär-Artikel oder -Buch zu finden ist.

Der Original-Pu war ein Alpha-Farnell-Bär, der im Londoner Kaufhaus Harrods als Geschenk zum ersten Geburtstag von A. A. Milnes Sohn Christopher Robin gekauft wurde. Anfangs nannte Christopher seinen Bären einfach nur »Bär« oder »Teddy« (bei den Erwachsenen war er aller-

OBEN Christopher Robin mit seinem Vater A. A. Milne und dem Original Winnie-der-Pu von Farnell.
LINKS Christopher Robins Tiere (mittlerweile ziemlich ramponiert), von denen A. A. Milnes berühmte Bücher handeln.
RECHTS Eine Christopher Robin-Puppe, entworfen von dem amerikanischen Teddybärkünstler R. John Wright.

dings unter dem Namen »Edward Bär« bekannt). Der Name Winnie-der-Pu kam erst später, als Christopher meinte, daß es an der Zeit wäre, seinem Bären einen richtigen Namen zu geben. »Pu« hatte Christopher einen Schwan genannt, mit dem er sich bei einem Besuch im Decoy-Cottage in Arundel, Sussex, angefreundet hatte, und »Winnie« war ein nordamerikanischer Bär, in den Christopher sich im Londoner Zoo verliebt hatte und der im Ersten Weltkrieg das Maskottchen der Kanadischen Brigade gewesen war. Milnes erster Gedichtband, *When We Were Very Young*, wurde 1924 von Methuen veröffentlicht, doch obwohl er von einem Bären handelte, bekam dieser erst im Dezember 1925 den Namen Winnie-the-Pu. Zu dieser Zeit schrieb Milne sein zweites Buch, in dem er Pu vorstellt, der von

Christopher Robin am Bein die Treppe hinuntergeschleift wird. Ernest Shepard (der auch Kenneth Grahames *Wind in the Willows* illustriert hatte) konnte für die Illustration von A. A. Milnes Gedichten und Erzählungen gewonnen werden, und seine entzückenden Zeichnungen machen die Charaktere erst richtig lebendig. Die meisten seiner Zeichnungen basierten auf Christopher Robins Stofftieren, doch für den Bären stand Growler, der Steiff-Teddy seines eigenen Sohnes, Modell. Alle Zeichnungen waren ursprünglich schwarzweiß, doch in den 70er Jahren, als Shepard schon über neunzig war, bekam er den Auftrag, sie zu kolorieren. Die Original-Bleistiftzeichnungen sind noch heute im Victoria-and-Albert-Museum in London zu besichtigen.

GANZ RECHTS Die ersten Pu-Spielsachen Amerikas wurden in den 40er Jahren von Agnes Brush entworfen. Dieser Bär wurde in den 50er Jahren für das Spielzeuggeschäft von F.A.O. Schwarz hergestellt.

MITTE RECHTS Ein Nachthemd-Behälter von der britischen Firma Merrythought.

RECHTS Dieser ungewöhnliche Pu aus Flanell wurde um 1950 von Gund hergestellt.

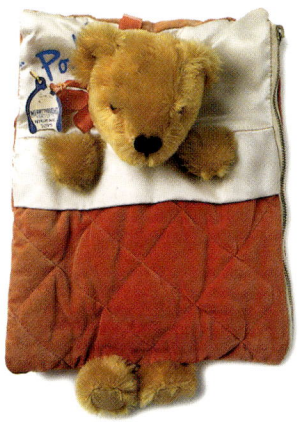

RECHTS Zu den schönsten Pu-der-Bär-Spielsachen gehören die in limitierter Auflage erschienenen Arbeiten des amerikanischen Puppenkünstlers R. John Wright, die er in Lizenz für Walt Disney anfertigte. Hier abgebildet sind Winnie-der-Pu und Ferkel.

Mit Ausnahme von Ruh, die zu Christopher Robins großer Bestürzung auf einer Expedition in den Obstgarten der Cotchford-Farm in Sussex (dem Wohnsitz von A. A. Milne seit 1925 und dem Schauplatz der Winnie-der-Pu-Geschichten) verlorenging, haben seine Stofftiere – Pu, Känga, Ferkel, I-Aah und Tiger – allesamt überlebt und sind im Central Childrens Room des Donnell Library Center in der New York Public Library zu besichtigen.

Es dauerte nicht lange, bis das kommerzielle Potential von Pu entdeckt wurde und die Spielzeughersteller begannen, Stofftierversionen von A. A. Milnes liebenswerten Figuren herzustellen. Die British Teddy Toy Company brachte in den 30er Jahren eine Winnie-der-Pu-Kollektion heraus, und Chad Valley folgte wenig später ihrem Beispiel. Stephan Slesinger erwarb 1929 die Exklusivrechte für die Vermarktung von Pu in den Vereinigten Staaten und Kanada, doch erst als Walt Disney 1960 die Rechte übernahm, wurde aus Pu ein echtes Phänomen. Der Bär ist auch in Australien sehr beliebt, und Joy Toys brachte in den 60er Jahren eine Reihe von Charakteren aus Milnes Büchern heraus. Pu und seine Freunde sind auf allen möglichen Gegenständen zu finden, von Federmäppchen über Bettwäsche und Handtaschen bis hin zu Tapeten. Es gibt Pu-Kalender, -Adreßbücher, -Tagebücher und natürlich Bücher. A. A. Milnes Geschichten sind in mehr als 20 Sprachen übersetzt worden, und es gibt vermutlich nur sehr wenige Menschen auf der Welt, die noch nie eines seiner Bücher in der Hand hatten.

Bären auf dem Papier

Es dauerte nicht lange, bis die allgemeine Begeisterung für Teddybären zu Beginn der 20er Jahre auch auf Postkarten und Grußkarten übergriff. Wer solche Karten sammelt, gewinnt einen ausgezeichneten Überblick über die sich wandelnden Stile und Trends und kann mit Hilfe von Porträtkarten vielleicht sogar das Alter der eigenen Bären ermitteln. Bücher über Bären waren plötzlich sehr gefragt, und Kinderbuchautoren begannen schon bald, sich Geschichten auszudenken, in deren Mittelpunkt das allseits beliebte neue Spielzeug stand. Auch die Musikbranche nahm dieses neue Thema begeistert auf, und Notenblätter mit Bärenliedern sind heute ebenfalls begehrte Sammlerstücke. Bären wurden auf Puzzles und andere Kinderspiele gedruckt, es gab sie auch als Ausschneidefiguren aus Pappe, die mit den verschiedensten Kleidern geschmückt werden konnten. Auch die Künstler entdeckten die Bären für sich. Es gibt alte und moderne Aquarelle und Ölgemälde, die Teddybären darstellen, und viele von ihnen schmücken jetzt die Wohnungen von Bärenliebhabern.

Postkarten

Postkarten wurden etwa Mitte der 1860er Jahre erfunden, und schon bald wetteiferten unzählige Hersteller um die schönsten Bilder. Eine Postkarte zu schicken war eine schnelle und effektive Art der Kommunikation, und es wurden Unmengen davon verschickt – so viele, daß das Sammeln von Postkarten heute ein lohnendes Hobby ist. Die verbesserten Reisemöglichkeiten veranlaßten immer mehr Leute, in Urlaub zu fahren, und viele Ansichtskarten aus der Zeit der Jahrhundertwende zeigen Bären. Der Postkarten-Boom traf mit der Blütezeit des Teddybären zusammen; es ist also nicht verwunderlich, daß Bären eines der auf Postkarten am häufigsten vorkommenden Motive waren. Mit Senkung der Druckkosten wurden die Karten preiswerter, und viele von ihnen wurden für den eher vulgären Geschmack produziert (ein gutes Beispiel hierfür sind die Karten aus den Badeorten). Eine andere Art von Karten, auf denen Bären zu sehen waren, waren die Porträtkarten, die oft ein Kind mit einem besonders schönen Teddybären zeigen.

OBEN Der preußische Geschäftsmann Raphael Tuck führte in den 1860er Jahren in England deutsche Druckmethoden für Postkarten ein. Seine bedruckten Karten waren so beliebt, daß er sogar Königin Victoria belieferte. In diesem frühen Stadium sind die abgebildeten Bären noch keine Teddys, sondern echte Bären.
Höhe: 19 cm
Geschätzter Wert: je 45–55 DM

UNTEN Seymour Eatons bekannte Teddy-Roosevelt-Bären erschienen zu Beginn des 20. Jahrhunderts in Amerika auf einer Serie von Postkarten.
Höhe: je 14 cm
Geschätzter Wert: je 30–45 DM

UNTEN Teddybären waren ein beliebtes Motiv für Kindergeburtstags- und Weihnachtskarten. Die unten abgebildete Karte ist ein typisches Beispiel.
Höhe: 14 cm
Geschätzter Wert: 20–35 DM

OBEN Diese beiden Foto-Postkarten zeigen zwei kleine Kinder mit ihren Bären und wurden um 1908 in Deutschland aufgenommen. Sie zeigen die sentimentalen Posen, die bei den Eltern am besten ankamen. Auffallend ist die Größe der abgebildeten Bären. Die Karten wurden nachträglich koloriert. Solche Foto-Karten können beim Datieren eines alten Bären eine große Hilfe sein.
Höhe: je 14 cm
Geschätzter Wert: je 35 DM

OBEN Eine schöne Ergänzung für jede Bärensammlung sind Postkarten aus aller Welt. Hier abgebildet ist eine alte holländische Karte, die ein Kind mit seinen Stofftieren zeigt.
Höhe: 7,5 cm
Geschätzter Wert: 20 DM

Bücher

Die frühen Bücher handeln noch von Grizzlybären, doch die Autoren von Kinderbüchern machten schon bald den Teddybären zu ihrem Helden und benutzten ihn in jeder Verkleidung, um ihre jungen Leser an ihren Abenteuern teilhaben zu lassen. Bären waren vor allem in britischen und amerikanischen Büchern sehr beliebt, die dann auch in andere Sprachen übersetzt wurden. Zu den berühmtesten literarischen Bären gehören:

- Teddy B und Teddy G, von Seymour Eaton, 1905, USA
- Goldlöckchen und die drei Bären, um 1920, weltweit
- Rupert der Bär, von Mary Tourtel, 1920, Großbritannien
- Pu der Bär, von A. A. Milne, 1924, Großbritannien
- Blinky Bill, von Dorothy Wall, um 1935, Australien
- Paddington, von Michael Bond, 1958, Großbritannien

Teddybärbücher sind bei Bärensammlern ebenso gefragt wie bei Büchersammlern. Sie sind ein interessantes Sammelgebiet, denn die Vielfalt ist enorm, und die Bücher sind durchweg illustriert. Manchmal wurden Seiten aus den Originalbüchern gerissen und in Sammelalben geklebt, und auch wenn es schade um die Bücher ist, sind diese Seiten doch nicht wertlos. Die höchsten Preise erzielen Bücher im Bestzustand und Erstausgaben.

OBEN Diese Auswahl an amerikanischen Golden & Wonder-Büchern über Teddybären stammt aus der Zeit von 1926 bis 1965. Diese Bücher sind so beliebt, daß sie noch heute gedruckt werden. Besonderen Wert haben jedoch nur die Erst- und Zweitausgaben; die am besten erhaltenen Exemplare erzielen die höchsten Preise.
Höhe: 20 cm
Geschätzter Wert: 20–35 DM, abhängig von Ausgabe und Zustand

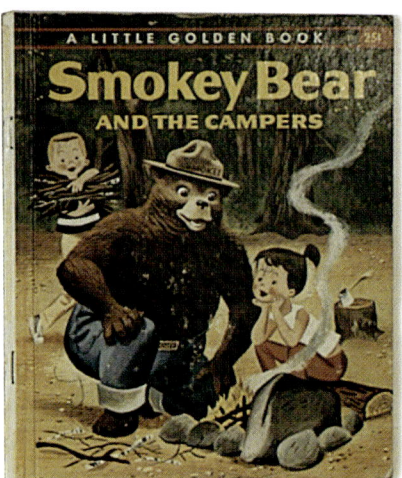

OBEN Dieses Smokey-Bear-Buch wurde 1961 von der Western Publishing Co. Inc. in Amerika veröffentlicht.
Höhe: 20 cm
Geschätzter Wert: 35 DM

LINKS Die Geschichte von Goldlöckchen und den drei Bären soll die älteste Bärengeschichte für Kinder sein; ihr Ursprung ist jedoch unbekannt, denn frühe Versionen davon existieren in vielen Sprachen. Diese Seite stammt aus einer sehr frühen Ausgabe und wurde in ein Sammelalbum geklebt.
Höhe: 26 cm
Geschätzter Wert: 25–35 DM

RECHTS 1905 erfand der amerikanische Autor Seymour Eaton (richtiger Name Paul Piper) die Roosevelt-Bären Teddy B und Teddy G. Zunächst wurden die Geschichten als Fortsetzungroman in zwanzig führenden Zeitungen gedruckt, bis sie schließlich auch als Buch herauskamen. Die beiden Bären sehen Grizzlybären ähnlicher als den späteren Teddybären, und erst im zweiten Band *More About Teddy B and Teddy G, The Roosevelt Bears* nannte Eaton seine Bären erstmals »teddy bears«. Der erste Band *The Roosevelt Bears – Their Travels and Adventures* wurde von Floyd Campbell illustriert, die nächsten beiden von R.K. Culver und der letzte von Francis P. Wightman und William K. Sweeney. Diese vier Bücher sind begehrte Sammlerstücke, der komplette Satz ist sehr selten und erzielt Höchstpreise. Die Roosevelt-Bären waren bei den Kindern so beliebt, daß sie in

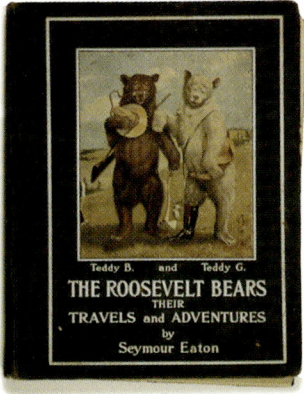
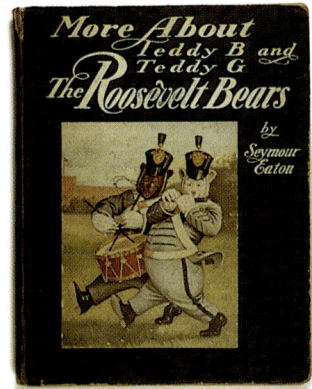
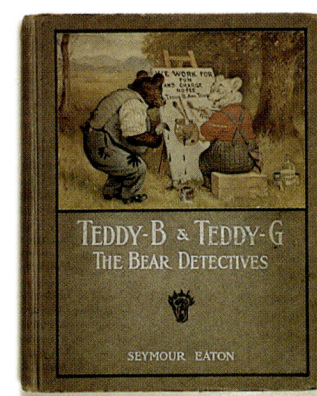

Amerika schon bald auf Postkarten, Geschirr und Brettspielen zu finden waren. Außerdem wurde die Teddy-B- und Teddy-G-Ausstattung für die Teddybären der Kinder produziert *(siehe Seite 98)*. Oben abgebildet sind die Bände eins, zwei und vier der Roosevelt-Bücher sowie eine Auswahl von Seiten *(rechts)*.
Höhe: 28 cm
Geschätzter Wert: 320–550 DM

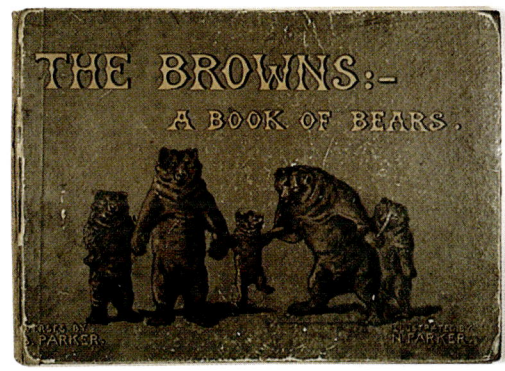

OBEN UND OBEN RECHTS *The Browns – A Book of Bears* wurde 1906 in Edinburgh und London von W. und R. Chambers veröffentlicht. Es besteht aus zwölf Gedichten von B. Parker, illustriert mit Grizzlybären, die N. Parker gezeichnet hat.
Höhe: 33 cm
Geschätzter Wert: 250 DM und mehr

RECHTS Ausschneidepuppen mit Papierkleidern waren sehr beliebt. Dieser Bär hat fünf verschiedene Anzüge. Das Set wurde um 1910 von J. Ottmann Litho. Co. in New York gedruckt und steckt immer noch in seinem Originalumschlag, was den Wert natürlich erhöht. **Höhe:** 15 cm
Geschätzter Wert: 550 DM und mehr

Notenblätter

Als Teddybären in Mode kamen, tauchten sie auch bald in der Musik auf. Man schätzt, daß es zwischen 1907 und 1911 mindestens 40 Musikstücke gab, in deren Titel das Wort »Teddybär« vorkam. Das bekannteste davon ist wahrscheinlich *The Teddy Bears Picnic*, das der amerikanische Komponist John W. Bratton 1907 schrieb und das englische Kinder in den 30er Jahren liebten, nachdem Jimmy Kennedy den Text dazu geschrieben hatte. Andere Notenblätter, die auf den Markt kommen, sind der um 1906 von der Deluxe Music Company veröffentlichte *Sack Waltz* und *Teddy Bear Pieces* von J. S. Fearis, veröffentlicht von McKinley Music um 1907. Auch hier erzielen guterhaltene Stücke die höchsten Preise, insbesonders signierte Blätter oder Erstausgaben.

Gemälde

Schöne Gemälde von Bären, entweder allein oder mit kleinen Kindern, sind immer reizvoll. Bären wurden in Öl, Pastell und Wasserfarben dargestellt und in einer Vielzahl von Szenerien gemalt. Eine der bekanntesten britischen Künstlerinnen, die mit Wasserfarben arbeitet, ist Leigh Beavis West, deren klassische Teddybär-Porträts unzählige Male auf Schreibwaren und Geschenkartikel reproduziert wurden und in vielen Privatsammlungen, nicht nur in England, sondern in der ganzen Welt, zu finden sind.

OBEN UND LINKS Diese Sammlung von Notenblättern stellt nur einen Bruchteil der Teddybär-Stücke dar, die Anfang des 20. Jahrhunderts komponiert wurden. Diese Vielzahl macht es möglich, eine umfangreiche Sammlung aufzubauen. **Höhe:** 23–34 cm. **Geschätzter Wert:** 85 DM und mehr

RECHTS Leigh Beavis West ist es mit »Bear and Bumble« gelungen, den Charme dieses Bären einzufangen. Das Bild ist mit Deckfarben gemalt, signiert, aufgezogen und gerahmt. **Höhe:** 36,4 cm **Geschätzter Wert:** 1250–1700 DM

RECHTS Der britische Sammler und Maler Ray Campbell stellt auf seinen Ölgemälden gern Teddybären dar. Das hier gezeigte Bild heißt »Good Friends«. **Höhe:** 48 cm. **Geschätzter Wert:** 1100–1450 DM

Briefmarken

Teddybärliebhaber, die sich auch für Briefmarken interessieren, können erstaunlich leicht fündig werden. Weltweit gibt es Bären-Briefmarken, in Polen und Rußland ebenso wie in den Vereinigten Staaten. Dargestellt sind Schwarzbären, Grizzlys und Eisbären bis hin zu Teddybären und literarischen Bären. Da Sondermarken oft über einen langen Zeitraum hinweg ausgegeben werden, sind Bären-Briefmarken eine einfach zu beschaffende Ergänzung zu jeder Bärensammlung.

OBEN UND RECHTS Die britische Post brachte 1989, 1990, 1993 und 1994 eine Reihe von bunten Sondermarken mit Rupert dem Bären, den Drei Bären und Paddington heraus. Die vier hier abgebildeten Marken zeigen eine Auswahl aus diesem Satz. Auf den anderen Werten sind unter anderem Peter Rabbit von Beatrix Potter und weitere Darstellungen von Rupert und Paddington zu sehen.
Höhe: 3 cm
Geschätzter Wert: 2,50 DM und mehr

UNTEN Dieses Puzzle von etwa 1984 ist eines aus einer Serie, die auf Michael Hagues Illustrationen zu dem Buch *Alphabears* basieren. Die Tatsache, daß keine Teile fehlen, erhöht den Wert des Puzzles.
Höhe: 18 cm
Geschätzter Wert: 25 DM

RECHTS Dieses sehr seltene Teddy-Roosevelt-Kartenspiel besteht aus 95 Karten, die Teddy Roosevelt auf einem Jagdausflug zeigen. Es wurde um 1907 von der Teddy Bear Novelty Company in New York hergestellt. **Höhe:** 9 cm
Geschätzter Wert: 750 DM und mehr

Spiele und Puzzles

Spiele und Puzzles mit Teddybären wurden erstmals zu Beginn dieses Jahrhunderts hergestellt und sind noch heute sehr gefragt. Man findet sie auf den Spielzeugauktionen, mit etwas Glück aber auch auf dem Flohmarkt. Alte Exemplare sind besonders gesucht, vor allem, wenn sie gut erhalten sind, aber auch relativ neue Spiele werden von Sammlern gern genommen. Der Zustand entscheidet über den Preis, vor allem bei Puzzles, bei denen die Vollständigkeit ausschlaggebend ist. Vor dem Kauf sollte man die Teile zählen, denn es ist immer enttäuschend, wenn man erst zu Hause merkt, daß wichtige Teile fehlen. Andere Teddybär-Spiele auf dem Markt sind Karten- und Brettspiele.

Bären, Bären, Bären

Teddybären finden sich auf unzähligen Gebrauchsgegenständen, und sie stellen vielfach eine preisgünstige Ergänzung zur Bärensammlung dar. Bären waren schon vor dem Ausbruch der Teddybärmanie um 1905 sehr beliebte Tiere, und viele Objekte, die vor dieser Zeit entstanden sind, wie etwa die auf dieser Seite abgebildeten Schwarzwälder Holzbären, sind den echten Vorbildern ähnlicher als der Bär auf Clifford Berrymans Karikatur. In den frühen Jahren der Teddybär-Begeisterung erkannten die Fabrikanten das kommerzielle Potential dieser netten Gesellen und verwendeten sie für eine Unzahl von Produkten. Dazu gehören Geschirr (oft von minderer Qualität), auf dem Teddybären in allen möglichen Posen prangen. Es gibt Schmuck, wie etwa Broschen und Ohrringe, in Form von Teddybären, und die Silberwaren aus dem britischen Birmingham sind ein weiteres interessantes Sammelgebiet. Beim Kauf vermeintlicher Antiquitäten ist jedoch Vorsicht geboten, denn viele moderne Reproduktionen sind nur allzuleicht mit Originalen zu verwechseln.

Holzbären

Gegen Ende des vorigen Jahrhunderts gab es eine Reihe von wundervoll geschnitzten Holzbären. Sie waren zwar unter dem Namen Schwarzwaldbären bekannt, stammen aber überwiegend aus der Schweiz und nicht aus Deutschland. Viele dieser geschnitzten Bären dienten als Raucherutensilien; es gab Aschenbecher, Streichholzhalter, Pfeifenständer und Rauchtischchen, die alle mit Bären verziert waren. Bären fanden sich auch auf Schreib- und Ankleidetischen; so findet man zum Beispiel häufig Haar- oder Kleiderbürsten mit Bärenmotiven auf dem Rücken. Manche von ihnen wurden als Souvenirs verkauft und sind graviert. Inzwischen sind Reproduktionen dieser alten Stücke auf dem Markt, auf die der unerfahrene Käufer leicht hereinfallen kann. Wer sich nicht sicher ist, sollte nicht zögern, den Rat eines Experten einzuholen.

LINKS Dieser hölzerne Bären-Aschenbecher und der Streichholzschachtelhalter ganz links sind nur einige der vielen Raucherutensilien, die auf dem Markt sind. Viele andere Schwarzwaldbären dienen nur dekorativen Zwecken – der hier links gezeigte Bär ist ein typisches Beispiel. Andere Bären sind in Holztabletts eingearbeitet.
Größe: 10 bis 15 cm
Geschätzter Wert: je 170–250 DM

RECHTS Dieser sehr große Bär aus der Zeit um 1890 ist erstklassig geschnitzt – Nase, Zähne und Zunge sind perfekt herausgearbeitet. Dieses Stück ist recht ungewöhnlich; man sieht jedoch gelegentlich ähnliche Bären, die als Schirmständer dienten.
Größe: 109 cm bis zum Ende des Stabes
Geschätzter Wert: 2200 DM

Silber und andere Metalle

Bären schmücken die unterschiedlichsten Gegenstände, von Hutnadeln über Babyrasseln bis hin zu Gewürzstreuern. Viele dieser Dinge wurden in Birmingham hergestellt, und das britische Kennzeichnungssystem erleichtert es, sie exakt zu datieren, denn alle Stücke aus Silber sollten einen Hersteller- und einen Datumsstempel tragen. Moderne Stücke sind ebenfalls eine gute Ergänzung jeder Sammlung – sie sollten nur nicht mit Antiquitäten verwechselt werden.

Porzellan

Mit Teddybären geschmücktes Geschirr wurde hauptsächlich für Kinder produziert, entweder als Puppengeschirr oder als Tassen, Teller und Schüsseln für die Kinder selbst. Anderes »Bärenporzellan« diente nur zur Dekoration. Die meisten Stücke wurden in England und Deutschland hergestellt. Viele von ihnen entstammen einer Massenproduktion und sind nicht gekennzeichnet. Die höchsten Preise erzielen Objekte von renommierten Herstellern, vor allem, wenn sie in gutem Zustand sind.

OBEN Dieser Pfefferstreuer wurde 1910 in Birmingham hergestellt. Zum Nachfüllen läßt sich der Kopf des Bären abnehmen. **Größe:** 5 cm **Geschätzter Wert:** 320 DM

OBEN Wenn dieses amerikanische Teddybär-Glockenspiel von 1907 bewegt wird, tanzt der Bär und bringt die Glocken zum Klingen. **Größe:** 18 cm **Geschätzter Wert:** 1700 DM

LINKS Zwischen den 30er und den 50er Jahren hat die englische Porzellanmalerin Jean Allen eine Vielzahl von Wandtellern mit Negerpuppen und Bären bemalt. Diese Stücke sind heute sehr gefragt, denn es sind alles Einzelstücke, und selbst die Teller stammen aus verschiedenen Fabriken. **Durchmesser:** 30,5 cm **Geschätzter Wert:** 750 DM

LINKS Die Bretby Art Pottery im englischen Derbyshire stellte um 1885 diesen Keramik-Schirmständer her. Es gibt diese Ständer zwar auch mit anderen Tieren, doch die mit Bären sind besonders selten und sehr gefragt. **Größe:** 63 cm **Geschätzter Wert:** 2200 DM

OBEN Dieser Bär mit Hund gehört zu einer Serie von wertvollen Porzellanminiaturen mit gehäkelter Kleidung, die um 1910 in Deutschland hergestellt wurden. **Größe:** 5 cm **Geschätzter Wert:** 420 DM

OBEN Diese deutschen Bären aus Biskuitporzellan von etwa 1900 sind besonders schöne Sammlerstücke, weil sie in ausgezeichnetem Zustand und außerdem noch komplett sind. **Größe:** bis 13 cm **Geschätzter Wert:** zus. 550 DM

Besondere Bären

Seit der Herstellung der ersten Teddybären waren die Produzenten ständig bemüht, Besonderheiten zu erzeugen. Die frühesten Bären hatten oft eine Quietsch- oder Brummstimme, doch es dauerte nicht lange, bis die Hersteller auf die Idee kamen, ihre Bären auch aufregendere Dinge tun zu lassen. In Deutschland wurden musikalische Bären hergestellt, und Steiff und Bing sind berühmt für ihre mechanischen Bären. Der »Electric Eye«-Bär aus Amerika hatte Augen, die auf Knopfdruck aufleuchteten, und Strauss brachte einen pfeifenden Bären auf den Markt. Es gab auch Bären-Taschen, Bären-Börsen, Bären, in denen man sein Nachthemd unterbringen konnte, und Bärenmuffs. Viele dieser Gegenstände waren für Kinder gedacht, und viele, wie die Gasmaske in Bärenform, wurden während des Zweiten Weltkrieges produziert, um den Kindern ein wenig von der Angst vor den Schrecken des Krieges zu nehmen. Aber auch in den Zimmern der Allerkleinsten fanden sich viele bärige Dinge, z. B. Bären-Wärmflaschen, Fläschchenwärmer und bärenförmige Rasseln. Solche Besonderheiten wurden vor allem von Steiff und Merrythought produziert, es gibt jedoch noch viele andere, deren Hersteller heute nicht mehr ermittelt werden zu können.

RECHTS Der Mechanismus, der diesen Bären am Stock antreibt, ist sehr einfach. Wenn man den Holzklotz am Stock nach oben schiebt, macht der Bär einen Handstand. Dieser Bär aus kurzflorigem, goldfarbenem Mohairplüsch und mit den schwarzen Knopfaugen wurde um 1915 von einem unbekannten deutschen Hersteller produziert. Sein Kopf läßt sich nicht bewegen, und seine Arme haben Drahtgelenke. Er ist mit Draht an dem Stock befestigt, und seine Hände sind mit Baumwollgarn zusammengenäht.
Größe: 51 cm mit Stock
Geschätzter Wert: 170–250 DM

OBEN Purzelbaumschlagende Bären scheinen alle Sammler zu faszinieren. Den über diese Seite kugelnden Bären hat Steiff 1908 hergestellt. Seine Arme werden zum Aufziehen benutzt; dreht man sie nach hinten, macht der Bär eine Rolle vorwärts. Steiff hatte auch andere purzelbaumschlagende Figuren im Programm, darunter einen Affen, einen Elefanten, einen Clown und einen Eskimo. Auch Bing produzierte mechanische Bären *(siehe Seite 38–39)*. Den purzelbaumschlagenden Bären von Steiff gab es in Hellbraun, Dunkelbraun und Weiß. Noch heute findet man funktionsfähige Exemplare. Ist der Mechanismus aber defekt, ist er kaum zu reparieren.
Größe: 35,5 cm
Geschätzter Wert: 3400 DM

UNTEN Mehrere nicht mehr zu identifizierende Hersteller brachten Bären-Handtaschen auf den Markt. Diese Gegenstände sind oft sehr abgenutzt, aber trotzdem sehr beliebt. Dieser Bär zeigt alle typischen Merkmale der frühen Teddybären: schwarze Schuhknopfaugen, eine gestickte Nase, einen drehbaren Kopf und bewegliche Arme und Beine.
Größe: 40,4 cm
Geschätzter Wert: 1100 DM und mehr

UNTEN Diese Teddybär-Gasmaske steht als Beispiel für die Produkte, die im Zweiten Weltkrieg hergestellt wurden, um Kindern etwas vom Schrecken des Krieges zu nehmen. Der Bär ist auf die Hülle aufgenäht. Er ist aus Baumwollplüsch und mit Kapok gestopft. Nur wenige Exemplare davon haben den Krieg überstanden. **Größe:** 30,5 cm
Geschätzter Wert: 145–170 DM

UNTEN Diesen Muff brachte Merrythought in den 60er Jahren heraus. Der Bär ist aus goldfarbenem Mohairplüsch und hat das typische lächelnde Gesicht des Cheeky-Bären *(siehe Seite 70–71)*. Andere Merrythought-Neuheiten waren die Nachthemdtaschen, die mit verschiedenen Tieren geschmückt waren.
Größe: 38 cm
Geschätzter Wert: 750 DM

OBEN Die Tatsache, daß zu dieser Bären-Handtasche ein Foto mit ihrer ursprünglichen Besitzerin gehört, erhöht stark ihren Wert.
Größe: 40,6 cm
Geschätzter Wert: 1100 DM und mehr

OBEN Dieser Beutel stammt wahrscheinlich aus England, und die Verarbeitung deutet darauf hin, daß er von Hand genäht wurde – vermutlich um 1916. Der Beutel und der Bärenkopf sind aus Mohair. **Größe:** 30,5 cm
Geschätzter Wert:

Ratschläge für Bärenliebhaber

Pflege und Restaurierung

Wenn Sie einen alten Bären gekauft haben, wird er sicherlich etwas Pflege und Aufmerksamkeit nötig haben, und ebenso, wie Sie einen neu-erworbenen antiken Tisch erst restaurieren lassen würden, sollten Sie es auch mit Ihrem Bären machen. Einfache Reparaturen können Sie selbst ausführen, doch schwierigere Fälle sollten dem Fachmann übertragen werden. Solche Fachleute sind in den Teddybärzeitschriften aufgeführt, man kann sich aber auch im nächsten Teddybärgeschäft beraten lassen. Wer seinen Bären einem Restaurator übergibt, sollte zuvor auf jeden Fall mit ihm ab-sprechen, wie der Bär hinterher aussehen und was an ihm unverändert bleiben soll, damit er nichts von seinem ursprünglichen Charme verliert.

RECHTS UND LINKS
An dem großen, blonden Steiff-Bären links gibt es viel zu tun. Jemand hat ihm ein Paar Kindersocken angezogen, um zu verhindern, daß die Füllung der Füße verlorengeht. Auch seine Nase ist fast durchgewetzt – vielleicht hat ihn sein früherer Besitzer zu viel beschmust. Sein kleiner Freund von Farnell muß auch dringend restauriert werden. Bei dem Bären rechts müssen die Sohlen ersetzt werden, und seine Ohren sind falsch angenäht worden.

RESTAURIEREN ODER NICHT RESTAURIEREN
Bevor Sie einen Bären restaurieren lassen, sollten Sie sich überlegen, ob es sich lohnt – manche Bären sind in einem so schlechten Zustand, daß die Reparatur nicht nur sehr teuer wird, sondern auch ein enttäuschendes Resultat zeitigt. Bären wie die hier abgebildeten von Steiff und Farnell sollten vom Fachmann restauriert werden, denn sie sind wertvolle Sammlerstücke, bei denen sich die Investition lohnt. Außerdem ist ihr Plüsch noch in so gutem Zustand, daß die Reparatur sinnvoll ist. Bei minderer Stoffqualität besteht die Gefahr, daß der Wirkuntergrund zerfällt. Ist Ihr Bär aber ein geliebter alter Freund, den Sie nicht verlieren wollen, dann lassen Sie ihn ruhig restaurieren, auch wenn die Kosten seinen Wert übersteigen sollten.

LINKS Dieser Bär ist in einem traurigen Zustand. Seine Sohlen sind falsch aufgenäht und folgen nicht der Linienführung des Originals. Zudem wurde das falsche Material benutzt – daß die Farbe nicht stimmt, ist auf den ersten Blick zu sehen. Der Teddy ist außerdem sehr abgenutzt, und es könnte schwer sein, ihn wieder in seinen ursprünglichen Zustand zu versetzen.

RECHTS Dieser Bär ist in einem sehr schlechten Zustand. Sein Plüsch hat fast den ganzen Flor verloren. Das fehlende Ohr könnte ersetzt werden, indem man das verbliebene teilt und bei beiden Hälften auf der Rückseite ein Stück passenden Stoffes dagegennäht. Außerdem braucht der Bär neue Augen, denn er hat eines verloren. Aufgrund der minderen Mohairqualität wird die Restaurierung jedoch kein völlig zufriedenstellendes Ergebnis liefern.

LINKS Diese beiden Bären heißen Marjories Bären, nach dem kleinen Mädchen, dem sie um 1915 gehörten. Es sind recht einfache Bären aus kurzflorigem Mohair, die eindeutig schon vor langer Zeit restauriert und bekleidet wurden.

FALSCH RESTAURIERT

Alte Bären, die in ihrer Jugendzeit sehr geliebt wurden, sind oft extrem abgenutzt. Ihnen können Gliedmaßen, Augen oder Ohren fehlen, und oft ist die Stickerei durchgescheuert. In vielen dieser Fälle wurden die Mütter der kleinen Bärenbesitzer gebeten, den Bären zu reparieren. Leider sind viele dieser Reparaturen nicht sehr fachmännisch ausgeführt worden, weil die Mütter jedes Material verwendeten, das gerade zur Hand war – Garn der falschen Sorte und Farbe, nicht zusammenpassende Glasaugen und alle möglichen Stoffe zum Ersetzen der Sohlen. Glücklicherweise lassen sich all diese Fehler mit etwas Arbeit wieder rückgängig machen. Heute, da sich die Menschen des Wertes alter Bären bewußt sind und es immer mehr Fachliteratur zu diesem Thema gibt, kann man sich informieren, wie ein Bär restauriert werden sollte, oder eine Abbildung aus einem Buch heraussuchen, identifizieren, datieren und sich ansehen, wie er ursprünglich aussah.

SCHWIERIG ZU RESTAURIEREN

Manche Bären sind in einem sehr schlechten Zustand, und die Restaurierung erweist sich als schwierig. Das größte Problem stellt dabei trockener, brüchiger Stoff dar. Er erschwert die Arbeit des Restaurators ungemein, weil er zum Zerfallen neigt, wenn man ihn näht. Manche alten Bären sind auch mit Klebstoff repariert worden, der nur schwer wieder zu entfernen ist. Wenn der Stoff um die Schnauze herum zu brüchig ist, kann man sie durch ein passendes Stück Mohair ersetzen, auf das dann Mund und Nase neu aufgestickt werden. Die Nähte, mit denen die neue Schnauze befestigt wird, werden zwar zu sehen sein, aber das ist immer noch besser, als einen Bären zu haben, bei dem sich die Schnauze auflöst und der überhaupt keinen Mund und keine Nase mehr hat. Kleine Löcher in Körper und Pfoten können auf dieselbe Weise geflickt werden, und wenn der Plüsch noch halbwegs gut erhalten ist, fallen diese kleinen Flickstellen gar nicht auf. Ist der Bär aber überall sehr abgenutzt, kann man kaum etwas für ihn tun – Bärentransplantate gibt es noch nicht!

RESTAURIERUNG SOLLTE UNTERBLEIBEN

Einige Bären kann man nicht restaurieren, ohne ihren Charakter zu verändern. Das gilt vor allem für Bären, die schon vor langer Zeit von ihrem ersten Besitzer repariert wurden und die zwei verschiedene Augen oder unpassende Flicken haben oder deren Nase liebevoll von einem kleinen Kind nachgestickt wurde. All diese Dinge sind Teil der Familiengeschichte des Bären, und wenn sie verändert werden, verliert der Bär seinen Charakter. Marjories Bären, die hier abgebildet sind, sind Beispiele für Bären, an denen nichts verändert werden sollte. Die Bärin rechts hat viel zu große Augen, die ihr einen überraschten Ausdruck verleihen, und die Augen ihrer Freundin passen nicht zusammen. Doch obwohl die Bären dadurch etwas merkwürdig aussehen, passen ihre Gesichter zu ihrer altmodischen Kleidung und sollten nicht verändert werden. Wenn Sie einen Bären besitzen, der geliebt wird, obwohl er nicht ganz originalgetreu ist, sagen Sie dem Restaurator genau, welche Merkmale erhalten bleiben sollen – andernfalls könnte das, was Ihnen an dem Bären am besten gefallen hat, plötzlich verschwunden sein!

FLICK- UND STOPFMATERIAL

Zum Flicken eines Bären sollten nach Möglichkeit neue Materialien verwendet werden, die dem Original in Farbe und Struktur so ähnlich wie nur möglich sind; man erhält sie überall auf der Welt, entsprechende Händler findet man in Fachzeitschriften. Bei alten Bären muß manchmal die Füllung ergänzt oder ausgetauscht werden, deshalb kann man Kapok und Holzwolle auch heute noch kaufen. Nase und Krallen werden mit Stickseide erneuert, die nach Möglichkeit dieselbe Farbe haben sollte wie das Original. Wenn die neue Nase zu sehr glänzt, tupft man mit der Fingerspitze etwas Staub darauf oder bestäubt sie mit Talkum. Glasaugen sind in jeder Form und Größe erhältlich, doch es ist nie verkehrt, auf Flohmärkten nach alten Plüschtieren Ausschau zu halten, die als Ersatzteillager für die Bären dienen können.

Holzwolle   Kapok

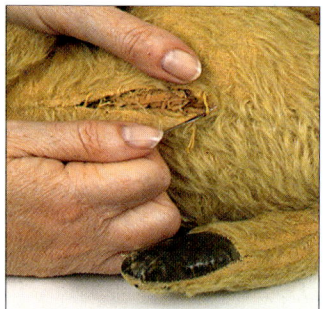

Die alte Rückennaht wird vorsichtig aufgetrennt, damit die zerfallene Füllung ergänzt werden kann.

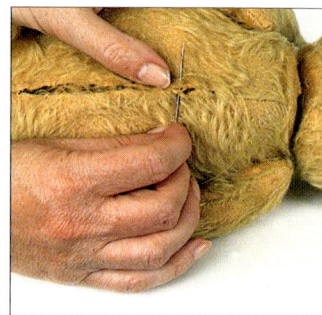

Wenn der Bär neu gestopft ist, wird die Rückennaht sauber von Hand mit passendem Garn wieder zugenäht.

Verschiedene Mohair- und Filzstücke zum Reparieren

Eine Kippmechanismus-Brummstimme *(links)* und zwei alte Quiekser *(rechts)*

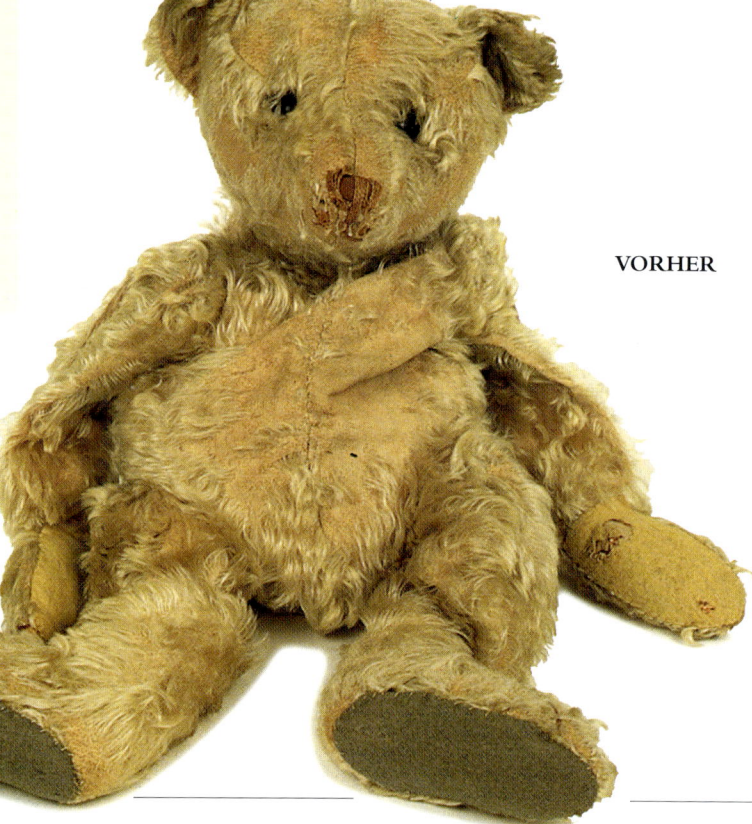

VORHER

RECHTS Sofort nach dem Kauf dieses um 1908 hergestellten Steiff-Bären mit Mittelnaht fiel seiner neuen Besitzerin auf, daß seine Füllung nahezu zu Staub zerfallen war. Außerdem brauchte er eine neue Nase und ein neues Lächeln, und auch an seinen Sohlen mußte etwas getan werden. Sein Plüsch war jedoch noch in gutem Zustand, und die Restaurierung lohnte sich auf jeden Fall. Wer bei seinem alten Bären die Füllung ergänzen möchte, muß bedenken, daß sich dadurch seine Kopfhaltung ändern kann. Manchmal ist ein leicht hängender Kopf jedoch ganz attraktiv (die Chiltern-Bären aus der Zeit vor dem Zweiten Weltkrieg ließen alle den Kopf hängen); Sie müssen also darauf achten, daß Sie den Bären nicht zu fest stopfen.

AUGEN

Bei alten Bären fehlen oft ein oder beide Augen oder sie haben Ersatz-augen, die nicht zu ihnen passen. Wenn nur ein Auge fehlt, ist es fast unmöglich, ein passendes Gegenstück zu finden. Die bessere Lösung ist es, ein neues Paar zu kaufen. Aber werfen Sie das Original nicht weg, denn man kann nie wissen – vielleicht fällt Ihnen eines Tages ein passen-des Gegenstück in die Hände. Die frühesten Bären haben schwarze Schuhknopfaugen, die fast nie verlorengingen; sollten sie aber doch fehlen, ist es kein Problem, Ersatz zu beschaffen. Glasaugen waren oft an einem Draht befestigt, der bis zum Hinterkopf führte. Viele übervor-sichtige Eltern haben deshalb die Augen entfernt, bevor ihre Kinder mit dem Bären spielen durften, und mit allem möglichen ersetzt, von alten Plastikknöpfen bis zu kleinen Filzstücken. Manchmal wurden die Augen-höhlen auch mit Wolle überstickt, was den Bären ein sehr eigentümliches Aussehen verleiht. Heute sind sowohl klare Glasaugen auf dem Markt als auch solche in Bernstein und Schwarz. Wenn Sie neue Augen kaufen, sollten Sie den Bären auf jeden Fall mitnehmen und sie im Geschäft daranhalten. Sind die Augen zu groß, besteht die Gefahr, daß der Bär wie ein Goldfisch aussieht!

UNTEN Der schlaffe blonde Steiff-Bär links hat sich in dieses wundervolle Exemplar ver-wandelt. Er ist gesäubert worden, seine Füllung wurde ersetzt, und Nase und Mund wurden neu aufgestickt. Die unpassenden Fußsohlen wurden entfernt, und an den Vorderpfoten hat er neue Sohlen bekommen.

NACHHER

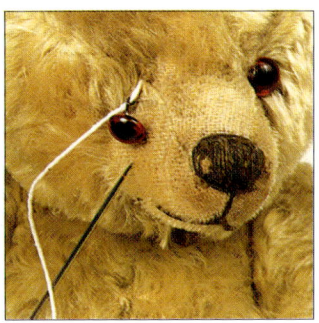

Bärenaugen kann auch der Laie ersetzen. Die alten werden mit einer Schere abgetrennt. Besonders wichtig

ist eine lange Nadel, denn der Faden wird bis zum Hinter-kopf durchgeführt und dort verknotet.

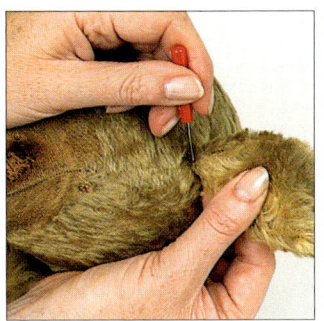

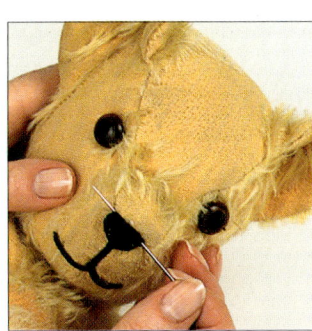

Hier wird das eine verbliebene Ohr abgetrennt. Es wird aus-einandergenommen, damit zwei neue daraus entstehen können.

Vor dem Nachsticken müssen alle Fadenreste vorsichtig herausgezo-gen werden. Die neue Nase sollte so originalgetreu wie möglich sein.

NASE UND OHREN

Die Schnauze ist der empfindlichste Körperteil alter Bären, und oft läßt sich eine abgenutzte Schnauze nur reparieren, indem man sie mit einem neuen Stück Stoff bedeckt und Mund und Nase daraufstickt. Die beste Lösung hierfür ist ein Stück alter Mohairplüsch, der dem Original möglichst ähnlich sein sollte. Wenn der Bär ursprünglich eine geschorene Schnauze hatte, kann die Unterseite des Plüschs benutzt werden. Fehlende Ohren sind schwerer zu ersetzen, denn es ist fast unmöglich, Mohair zu finden, das in Farbe und Struktur genau paßt, und mit unpassenden Ohren würde der Bär komisch aussehen. Wenn noch ein Ohr vorhanden ist, ist es einfacher, denn man kann es teilen und zwei daraus machen. Wo die Ohren sitzen müssen, sieht man auf alten Fotos und in Fachbüchern. Die Möglichkeiten eines Restaurators sind jedoch begrenzt, und Reparaturen im Gesicht sind besonders schwer zu kaschieren.

GELENKE

Die Kartonscheiben der Gelenke sind mit Metallscheiben, Splinten oder Nägeln gesichert, die rosten können. Manchmal sind sie so verrostet, daß sie sich nicht mehr herausziehen lassen – in diesem Fall muß man sie durchkneifen. Die Rostgefahr ist der Grund dafür, daß Bären kein Vollbad nehmen dürfen, auch die modernen Exemplare nicht, denn auch sie haben Metallsplinte. Einige der frühen Bären haben keine Pappscheibengelenke, sondern solche aus Metall, die sich gelegentlich durch den Stoff gebohrt haben und erneuert werden müssen. Auch die Pappscheibengelenke müssen ersetzt werden, wenn sie weich geworden sind oder sich aufgelöst haben. Neue Papp- und Metallscheiben und Splinte bekommt man im Fachhandel.

FUSSOHLEN

Leider findet man nur sehr selten einen alten Bären, bei dem Pfoten- und Fußsohlen noch im Originalzustand sind. Manchmal hat man jedoch Glück und findet beim Abtrennen der Ersatzsohlen noch Reste der Originale. Sind die Originalsohlen noch da, haben aber Löcher, kann man sie mit Filz unterlegen, der mit winzigen Stichen festgenäht wird. Das Originaletikett auf jeden Fall aufheben und nach der Reparatur wieder aufnähen! Rexin ist heute nicht mehr erhältlich, doch es läßt sich imitieren, indem man mit Acrylfarbe bestrichenen Baumwollstoff verwendet.

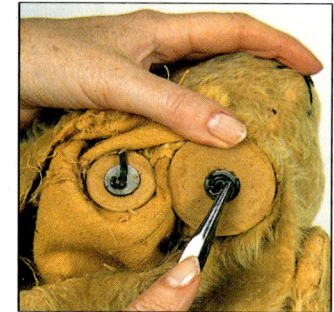

Der alte Splint wird mit der Zange aufgebogen und dann herausgezogen. Dann werden die beschädigten Gelenkscheiben entfernt und durch neue ersetzt.

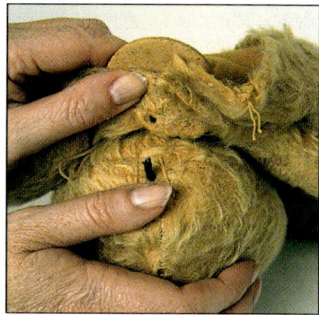

Um das Halsgelenk auszuwechseln, wird die Rückennaht aufgetrennt und ein Teil der Füllung herausgenommen. Den Splint muß man entfernen, damit der Kopf abgenommen und ein neues Gelenk eingesetzt werden kann.

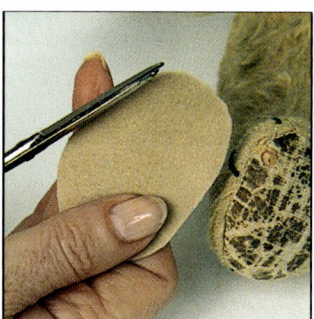

Ein neues Stück Filz auf die Sohle legen und ausschneiden.

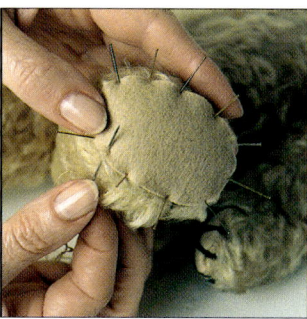

Den Filz vor dem Nähen auf dem Fuß feststecken.

VORHER

LINKS Auf den ersten Blick ist diese traurige Gestalt kaum als Teddybär zu erkennen. Als er gekauft wurde, lagen seine Ohren neben ihm, und er sah ausgesprochen jämmerlich aus. Sein Mohairplüsch ist sehr schmutzig und die Füllung im Arm locker. Die Schnauze ist durchgewetzt, und Nase und Mund sind fast zur Gänze verschwunden. Er braucht außerdem neue Sohlen und Krallen. Zur Zeit trägt er noch Socken, damit die Füllung der Füße nicht herausfällt.

VORHER

NACHHER

WASCHEN UND BÜRSTEN

Vor dem Waschen muß der Bär sorgfältig nach Ungeziefer abgesucht werden. Dann wird er entweder gebürstet oder abgesaugt, wobei die Staubsaugerdüse mit einen Stück Stoff abgedeckt sein muß. Anschließend setzt man den Bären auf ein Handtuch und füllt eine Schüssel mit lauwarmem Wasser. Ein mildes Wollwaschmittel hinzufügen und aufschäumen (Spülmittel und Shampoo bilden zu viel Schaum, der nur schwer wieder abzuwischen ist). Mit einer kleinen Bürste – am besten

einer Zahnbürste – wird der Schaum ins Fell einmassiert, wobei der Bär aber nicht zu naß werden darf. Nach dem Bürsten allen Schaum zuerst mit einem trockenen Tuch abwischen, dann mit einem feuchten Tuch wiederholen. Das feuchte Tuch immer wieder ausspülen. Wichtig ist, daß aller Schaum aus dem Fell entfernt wird, wenn etwas zurückbleibt, wird der Plüsch nach dem Trocknen klebrig und zieht Staub an. Den Teddy langsam trocknen lassen – keinen Fön benutzen. Nach dem Trocknen wird der Plüsch mit einen feinzinkigen Metallkamm aufgelockert.

NACHHER

RECHTS Es ist kaum zu glauben, daß dies derselbe Bär ist wie der links abgebildete. Er ist vollkommen verwandelt: seine Schnauze ist mit Mohair verstärkt, auf das eine neue Nase und ein neuer Mund gestickt wurden, seine Sohlen sind erneuert und haben neue Krallen bekommen, und er ist gewaschen und neu gestopft worden.

NÜTZLICHE TIPS

• Waschen Sie sehr schmutzige Bären (sehr schonend, siehe oben) mehrmals – das Ergebnis ist der Mühe wert.

• Untersuchen Sie alte Bären regelmäßig auf Mottenbefall.

• Bearbeiten Sie Ihren Bären mit einer weichen Bürste, um ihn staubfrei zu halten, denn Staub zieht Ungeziefer an.

• Wischen Sie alle Bären Ihrer Sammlung einmal im Jahr mit einem feuchten Tuch ab. Trocknen lassen und dann durchkämmen.

• Setzen Sie Ihre Bären nie direktem Sonnenlicht aus, denn dadurch verblassen die Farben.

• Plazieren Sie die Bären nicht in der Nähe eines Heizkörpers oder einer Rauchquelle, denn sie könnten sich verfärben.

• Packen Sie niemals einen Bären in Plastik ein, denn er könnte darin verrotten.

• Legen Sie sehr schmutzige Bären in eine Plastiktüte voller Weizenkleie, denn sie zieht den Schmutz heraus. Wenn der Bär dann noch schmutzig ist, kann er gewaschen werden.

Bekleidete Bären

Schon vom Beginn unseres Jahrunderts an, als die ersten Bären auf den Markt kamen, gab es Bären, die feine und modische Kleidung trugen, und selbst die, die ursprünglich unbekleidet waren, sind vielfach von ihren Besitzern liebevoll eingekleidet worden. Viele Sammler sind der Ansicht, daß sorgfältig ausgewählte Kleidung die Bären attraktiver macht, während andere sie für unnötig halten und der Meinung sind, daß zum Beispiel ein wundervoller alter Steiff-Teddy durch einen Anzug nur verunstaltet würde. Für diejenigen, die bekleidete Bären mögen, gibt es ein großes Angebot auf dem Sammlermarkt, doch vergessen Sie nicht, unter die Kleidung zu schauen, bevor Sie einen angezogenen Bären kaufen – Sie wollen schließlich nicht erst zu Hause feststellen, daß ihm womöglich ein Arm fehlt!

LINKS Dieser Bär aus den 50er Jahren war anläßlich der Hochzeit seines Besitzers in Frack und Zylinder gekleidet worden. Leider wurde er kurz nach der Hochzeitsreise von einem Hund erwischt, und jetzt fehlen ihm ein Bein, ein Ohr und ein Auge. Seine neue Piratenkluft verbirgt diese Verletzungen jedoch perfekt und verleiht ihm eine besondere Ausstrahlung. Wer käme schon auf die Idee, daß sich unter seiner Augenklappe gar kein Auge mehr befindet?

RECHTS Valentina, eine Bärin von 1910, deren Hersteller nicht mehr nachzuweisen ist, trägt alte Kinderkleidung, die ihren immer noch gut erhaltenen Mohairplüsch auch weiterhin vor Abnutzung schützen wird.

Kleidung als Schutz

Viele Liebhaber kleiden neuerworbene alte Bären sofort ein, um sie vor weiterer Abnutzung zu schützen. Bären, die schon kahl sind, werden leicht morsch und können sogar zerfallen; ihr Leben läßt sich verlängern, wenn man sie einkleidet. In der Vergangenheit wurden alten Bären oft Strümpfe angezogen, um zu verhindern, daß die Füllung aus den zerrissenen Sohlen quillt. Bären tragen die unterschiedlichste Kleidung. Begeisterte Näherinnen fertigen die Kleider für ihre Bären am liebsten selbst an, doch viele andere Besitzer versuchen, ihre Bären nostalgisch anzuziehen und sind stets auf der Suche nach Kinderkleidung aus der Zeit der Herstellung ihres Bären, die sie dann anpassen. In den Teddybärzeitschriften inserieren aber auch Teddybär-Bekleidungsfirmen, bei denen man den gewünschten Anzug bestellen kann.

Drei Eduard-Crämer-Bären von 1935 führen ihre Kleidung vor

Penny Chalmers Bären   »Augustus«

Vom Hersteller bekleidete Bären

Alte Bären in ihrer Originalkleidung findet man nur selten, was vor allem für die frühesten Exemplare gilt. Zu den ersten angezogenen Bären gehörten die Maskottchen der alliierten Truppen von der britischen Firma Harwin and Co. *(siehe Seite 78)*. Auch Master Teddy, der erste Bär von Chiltern, war bekleidet *(siehe Seite 72)*, ebenso wie die mechanischen Bären von Schuco und Bing. Bei vielen von ihnen läßt sich die Kleidung nicht abnehmen, doch die deutsche Firma Eduard Crämer *(siehe Seite 50)* produzierte für das amerikanische Kaufhaus F. A.O. Schwarz einen Ankleide-Bären, zu dem ein Koffer und mehrere Ausstattungsstücke gehörten. Nach dem Zweiten Weltkrieg kamen bekleidete Bären in Mode; damals brachten nicht nur Schuco und Steiff bekleidete Bären heraus sondern auch Merrythought.

Nachträglich eingekleidete Bären

Vielen Sammlern gefallen komplett angezogene Bären am besten, während andere ein einzelnes Accessoire bevorzugen, zum Beispiel einen alten Spitzenkragen, eine Fliege oder eine alte Brille. Auf Flohmärkten lassen sich oft gute Schnäppchen machen. Der hier abgebildete Augustus, ein unidentifizierter Bär aus der Zeit um 1912, ist ein typisches Beispiel für einen nachträglich eingekleideten Bären. Er trägt eine speziell für ihn genähte Samtweste und einen alten Hemdkragen. Außerdem gehört zu seiner Ausstattung eine alte Taschenuhr. Auch viele Künstlerbären sind bekleidet, wobei die Künstler oft alte Kleidungsstücke verwenden. Die zwei Bären ganz links stammen von der englischen Bärenkünstlerin Penny Chalmers *(siehe Seite 134)*, die alte Spitze und Samt verwendet.

Von ihren früheren Besitzern eingekleidete Bären

Manchmal hat man Glück und findet einen Bären, der von seinem ersten Besitzer eingekleidet wurde. Das Alter der Kleidung läßt sich schätzen, wenn der Bär von einem alten Familienfoto begleitet wird, auf dem er in seinem Anzug zu sehen ist, oder wenn man sich die dabei verwendeten Materialien genau anschaut; es darf jedoch nicht übersehen werden, daß es auch Bären gibt, denen nachträglich alte Kleidungsstücke angezogen wurden. Nach dem Ersten Weltkrieg wurden häufig die alten Uniformen zerschnitten und daraus neue, kleine Uniformen für Teddybären hergestellt. Der ganz links abgebildete Johnny Bear ist ein signifikantes Beispiel dafür. Andere Bären dieser Zeit wurden in alte Puppenkleidung gesteckt. Die kleine Bärin links stammt ungefähr von 1915. Sie trägt ein handgestricktes Puppenkleid, ihr Stühlchen stammt aus einem Puppenhaus.

Aufstellung und Lagerung

Wenn die Bärensammlung an Umfang zunimmt, kann es leicht zu Platzproblemen kommen; ein wenig Planung ist deshalb unumgänglich. Das Wichtigste ist, keinen Bären, weder einen alten noch einen neuen, dem direkten Sonnenlicht auszusetzen, denn es läßt seinen Pelz verblassen. Viele Sammler setzen ihre Bären in einen Vitrinenschrank, der den Wünschen des Kunden entsprechend hergestellt werden kann. Andere Sammler sehen ihre Bären nicht gern hinter Glas eingesperrt und ziehen es vor, sie möglichst ungezwungen auf Regale, Kinderstühlchen oder kleine Sofas zu plazieren, die sie für wenig Geld auf Auktionen oder Flohmärkten erstanden haben. Eine andere Möglichkeit ist es, für die Teddys Regale zu bauen. Bären sehen besonders reizvoll aus, wenn sie von hübschen Requisiten umgeben sind, und vor allem die Miniaturbären brauchen etwas, um sich anzulehnen. Wo immer Sie Ihre Bären aufstellen, wählen Sie einen Platz, an dem sie nicht zuviel angefaßt werden, denn das könnte sie abnutzen. Besondere Vorsicht ist geboten, wenn Sie Hunde haben, denn es sind schon viele Bären mit schrecklichen Wunden beim Bärendoktor gelandet!

LINKS Dieses alte deutsche Schaukelpferd aus der Zeit um 1880 eignet sich perfekt, um mehrere Bären darauf auszustellen. Andere nützliche Requisiten sind Kinderwagen oder Möbel aus dem Kinderzimmer. Teddybären sitzen aber auch gern auf Hochstühlen, denn dort sind sie vor Hunden sicher. **Höhe:** 76 cm

Miniaturbären

Miniaturbären auszustellen, ist besonders schwierig, denn sie gehen aufgrund ihrer geringen Größe leicht verloren oder fallen auf einem Regal voller anderer Dinge nicht genug auf. Kleine Bären werden am besten in Augenhöhe aufgestellt, zum Beispiel in einer Vitrine oder auf einem Wandregal. Die Bärchen wirken besonders nett zwischen den Möbeln eines Puppenhauses – Stühle, Sofas, Schreibtische und sogar Miniatur-Kinderwagen und -bettchen bieten unzählige Möglichkeiten. Auch in alten Glaskuppeln, die man mit etwas Glück beim Antiquitätenhändler findet, sehen Miniaturbären gut aus.

Größere Bären

Vor dem Kauf eines großen Bären sollte bedacht werden, daß er zu Hause irgendwo sitzen muß – viele Bären sind für die Vitrine oder das Bärenregal einfach zu groß. Besonders große Bären machen sich gut auf einem gewöhnlichen Stuhl, sie sitzen aber auch gern in Kinderautos oder auf einem alten Schlitten. Für normalgroße Bären eignen sich Kindermöbel, und ein mit Bären gefüllter alter Kinderwagen ist stets ein schöner Anblick. Auch alte Hochstühlchen und Schaukelpferde sind gute Plätze für einen oder mehrere Bären.

Requisiten

Requisiten für Teddybären zu suchen, macht fast genausoviel Spaß wie das Bärensammeln selbst. Dinge wie Koffer, bunte Trommeln und Kinderbälle findet man auf dem Flohmarkt, doch die meisten Leute haben auch noch viele Dinge aus ihrer eigenen Kindheit, die sich ideal als Bärenspielzeug eignen. Außerdem kann man die Bären mit einigen wenigen Accessoires verschönern – Taschenuhren und alte Brillen sind nur zwei von vielen Möglichkeiten.

OBEN LINKS UND RECHTS Diese winzigen Bären sitzen an einem Schreibtisch, der aus einem Puppenhaus stammt; die Miniaturen rechts haben es sich in einem kleinen Korbschlitten bequem gemacht. **Höhe:** *Schreibtisch* 10 cm; *Schlitten* 10 cm

RECHTS Auf Puppenstühlen sehen Bären ebenfalls nett aus. Die unten abgebildeten Trommeln aus den 50er Jahren sind weitere hübsche Requisiten.
Höhe: *Stuhl* 46 cm; *Trommeln* 15 cm

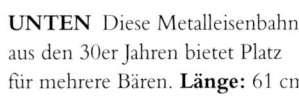

UNTEN Diese Metalleisenbahn aus den 30er Jahren bietet Platz für mehrere Bären. **Länge:** 61 cm

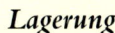

Lagerung

In der Vergangenheit haben auf Dachböden »gelagerte« Bären wegen der dort herrschenden Feuchtigkeits- und Temperaturschwankungen großen Schaden erlitten. Bären müssen an einem trockenen, kühlen Ort in einer Pappschachtel (oder in einem Kissenbezug) gelagert werden, die mit säurefreiem Seidenpapier ausgelegt sind. Zum Schutz vor Schädlingen sollten immer Duftkissen oder Mottenkugeln beigelegt werden. Bären dürfen nie in Plastiktüten aufbewahrt werden, weil sie darin schimmeln würden.

Glossar

ALCANTARA
Künstlich hergestelltes, wildlederartiges Material; waschbar.

BAUMWOLLPLÜSCH
Aus Baumwolle gewebtes, preiswertes Material, das während des Zweiten Weltkriegs für Teddybären verwendet wurde.

BUCKEL
Er entstand beim Stopfen. Anfangs bei Steiff-Bären besonders ausgeprägt, von anderen frühen Herstellern kopiert.

DUALPLÜSCH
Mohair mit eingefärbten Spitzen.

EXCELSIOR
Besonders feine Holzwolle zum Stopfen von Teddybären.

FILZ
Stoffähnliches Material aus Tierhaaren oder Wolle, die nicht gesponnen, sondern nur »verfilzt« wurde.

JUBILÄUMSBÄR
Sonderausgabe eines bekannten Herstellers zur Feier eines wichtigen Anlasses.

KAPOK
Seidig-weiche Fasern aus der Samenkapsel des Kapokbaums.

KIPPMECHANISMUS-BRUMMSTIMME
Eine Vorrichtung, die den Bären Brummgeräusche ausstoßen läßt, wenn er gekippt wird.

KÜNSTLERBÄR
Ein von einer kreativen Person entworfener Bär, der entweder als Einzelstück oder in sehr begrenzter Stückzahl angefertigt wurde.

KUNSTSEIDENPLÜSCH
Aus chemisch behandelter Zellulose hergestellte Kunstfaser, die von den 30er Jahren an für Teddybären verwendet wurde.

LATEX
Milchsaft des Kautschukbaumes, verwendet zur Gummiherstellung.

MOHAIRPLÜSCH
Ein Plüsch, der ursprünglich aus den Haaren türkischer Angoraziegen gewebt wurde; heute besteht er meistens aus einer Mischung von Wolle und Baumwolle.

REPLIK
Eine originalgetreue Kopie eines alten Teddybären, hergestellt von derselben Firma, oft nach den alten Schnittmustern und in limitierter Auflage.

REXIN
Glänzendes Wachstuch oder Kunstleder, das nach dem Zweiten Weltkrieg vor allem bei britischen Bären für die Sohlen verwendet wurde. Bei den erhalten gebliebenen Exemplaren ist die Beschichtung oft abgenutzt.

SCHUHKNOPFAUGEN
Schwarze Holzknöpfe mit einem Haken auf der Rückseite, wie sie auch für Schuhe und Stiefel verwendet wurden.

SIEGELLACK
Zum Versiegeln von Dokumenten gedacht, wurde dieser zu Beginn des 20. Jahrhunderts auch zum Formen echt aussehender Teddybärnasen verwendet.

SUB
Abfälle aus der Baumwoll-industrie, die nach dem Ersten Weltkrieg vor allem in Groß-britannien zum Stopfen von Teddybären verwendet wurden, weil andere Materialien nicht zu bekommen waren.

ZELLULOID
Ältester Kunststoff aus Nitrozellulose und Kampfer.

ZOTTY-BÄR
Ein langhaariger Steiff-Bär mit offenem Mund, der von anderen Herstellern kopiert wurde.

Wichtige Adressen

BÄRENKÜNSTLER

Australien

Heather Brooks
Bearly Collectable
PO Box 89
Mittagong
N.S.W. 2575

Lexie Haworth
The Bears of Haworth Cottage
7 Walsh Crescent
North Nowra
N.S.W. 2541

Briony Nottage
House of Brook Bri
451 Henley Beach Road
Lockleys
South Australia 3052

Deborah Sargentson
Nostalgia Bears
44 Ivanhoe Grove
Chadstone
Victoria 3148

Belgien

Jean Van Meeuwe Slater
Just For You
Mereldreef 119
B-3140 Keerbergen

Deutschland

Andrea Albert
Au bei Reisach 3
D-83512 Wasserburg

Verena Green-Christ
Teddys von Vera und Verena
Schulstraße 25
D-56749 Neunkirchen/Ww.

Heike Gumpp
Hauptstraße 28
D-65483 Sulzbach

Biggi Netzel
Wackenstadter Str. 25a
D-31135 Hildesheim

Annette Rauch
Spielzeugdesign
Neuhauser Str. 42
D-98701 Großbreitenbach

Gerlinde Tischner
Säbener Str. 11/Rg.
D-81547 München

Ineke Weber
Inekes Teddybären
Robinienstraße 61
D-80935 München

Heidrun Winkler-Laman
Drunes Bären
Rheinlandstraße 26
D-65824 Schwalbach

England

Penny Chalmers
The Bear's Den
80 The Street
West Horley
Surrey KT22 6BE

Jo Greeno
9 Cranley Close
Guildford
Surrey GU1 2JN

Gregory Gyllenship
109 Bow Road
London E3 2AN

Nicola Perkins
Tree Top Bears
2 The Spinney
Madeley Heath, Nr. Crewe
Cheshire CW3 9TB

Jennie Sharman-Cox
Mister Bear
17 Lord Roberts Avenue
Leigh-on-Sea
Essex SS9 1ND

Frank Webster
Charnwood Bears
4 Ashby Square
Loughborough
Leics. LE11 0AA

Frankreich

Aline Cousin
Boîte 7082
70 rue du Docteur Sureau
F-93160 Noisy le Grand

Marcelle Goffin
34 rue Lieu de Santé
F-76000 Rouen

Marylou Jouet
1 rue Emile Bernard
F-35700 Rennes

Irland

Joan Hanna
Craft T Bears
Mount Windsor
Farnahoe
Innishannon
Co. Cork

Japan

Michi und Hiro Takahashi
Fairy Chuckle
301-5-27-31
Higashifuchinobe
Sagamihara-shi
Kanagawa 229

Miyuki Wada
Miyuki Bears·
2-3 Nangu-Cho
Ashiya-City Hyogo 659

Mayumi Watanabe
Mammie Bears
2-11-20 Shoan
Suginami-ku
Tokyo 167

Kanada

Hana Franklin
25 Rivercourt Blvd.
Toronto/Ontario
M4J 3A3

Cherie Friendship
Friendship Teddy Bear Factory
21 Ridgevale Drive
Makham/Ontario
L3P 3J2

Lesley Mallet
Fred Bears
154 Cambridge Court
Richmond Hill/Ontario
L4C 6E7

Neuseeland

Janis Harris
Almost South Pole
23 Pohutukawa Avenue
Howick
Auckland

Cimarron Lang
Cimarron Bears
136 B Hanson Street
Newton
Wellington

Niederlande

Jane Humme
Oud Boegraafsweg 95
NL-2411 HX Bodegraven

Annemieke Koetse
Boefje Bears
Willam de Zweijgerlaan 8
NL-2012 SC Haarlem

Österreich

Karin Kronsteiner
Karin Kronsteiners
Künstlerbären
Krenngasse 8
A-8010 Graz

Schweiz

Ruth Heer
Little Heartbreakers
Neumatt 19
CH-4414 Füllinsdorf

Karin Koller & René Tscherrig
Pink Dino Bears
Emmentalstraße 22
CH-3510 Konolfingen

Henriette Lehmann
Sternchenbären
Schleusenweg 2
CH-2560 Nidau

Françoise Suter
Franzy's Puppen und Teddy
Paradies
Metzgerngasse 3
CH-1700 Fribourg

Südafrika

Mary Kelly
Bear Basics
The Railway Station
Simons Town
7995 Cape Town

USA

Gloria Franks
»By Goose Creek«
Rt. 1, Box 221 B
Walker, WV 26180

Elaine Fujita-Gamble
9510 2342nd SW
Edmonds, WA 98020

Susan Redstreake Geary
New Mexico Bear Paws
2 Trueman Court
Baltimore, MD 21244

Frances Harper
Apple of My Eye
233 Main Street
South Hampton, NH 05827

Kathleen Wallace
»Stier Bears«
2540 Pottstown Pike
Spring City, PA 19475

TEDDYBÄRZEITSCHRIFTEN

Australien

Bear Facts Review
PO Box 503
Moss Vale
NSW 2577
Tel. 61 48 6781 338

Deutschland

BärReport
Teddybär-
magazin
GmbH
Venloer
Straße 686
D-50827 Köln

Puppen und Spielzeug
Gert Wolfarth GmbH
Verlag Puppen & Spielzeug
Stresemannstr. 20–22
D-47051 Duisburg

Teddybär und seine Freunde
Verlag Marianne Cieslik
Theodor-Heuss-Str. 185
D-52428 Jülich-Koslar

Teddys
Gabea Verlag GmbH
Postfach 335
D-37253 Eschwege

England

Hugglets Teddy Bear
Magazine/Hugglets UK Teddy
Bear Guide
PO Box 290
Brighton BN2 1DR
Tel. 01273 697974

Teddy Bear Times
Avalon Court
Star Road
Partridge Green
West Sussex RH13 8RY
Tel. 01403 711511

Frankreich

Club Français de l'Ours Ancien
Boîte 7082
70 rue de Docteur Sureau
F-93160 Noisy le Grand
Tel. 00 33 1 43 04 38 03

Teddy's Patch
Le Club des Amis de L'Ours
34 rue Lieu de Santé
F-76000 Rouen
Tel. 00 33 35 88 9600

Japan

Teddy Bear Post
Japan Teddy Bear Fan Club
2-3 Nagu-Cho
Ashiya-City, Hyogo 659

USA

Teddy Bear and Friends
Cowles Magazines Inc.
6405 Flank Drive
Harrisburg
PA 17112

The Teddy Bear Review
PO Box 1239
Hanover
PA 17331

The Teddy Bear Times
3150 State Line Road
Cincinnati
North Bend
OH 450052

TEDDYBÄRCLUBS

England

The British Bear Club
Avalon Court
Star Road
Partridge Green
West Sussex RH13 8RY
Tel. 01403 711511

British Teddy Bear Association
PO Box 290
Brighton
East Sussex BN2 1DR
Tel. 01273 697974

Irland

Bear Friends
Mount Windsor Farnahoe
Inishannon, Co. Cork
Tel. 353 21 775470

Japan

Japan Teddy Bear Fan Club
2-3 Nangu-Cho
Ashiya-City
Hyogo 659
Tel. 81 797 23 5533

Japan Teddy Bear Association
Komatsu-Bldg.
16-20 Nanpeidai-cho
Shibuya-ku
Tokyo 150

USA

Good Bears of the World
PO Box 13097
Toledo
OH 43613

Steiff Club USA
225 Fifth Avenue
Suite 1033
New York, NY 10010

BÄREN-HERSTELLER

Deutschland

J. Hermann Spielwaren GmbH
Im Grund 9–11
D-96450 Coburg-Cortendorf

Gebrüder Hermann KG
Amlingstadter Straße 9
Postfach 1207
D-8606 Hirschaid

Margarete Steiff GmbH
Postfach 1560
Alleenstraße
D-89530 Giengen/Brenz

Frankreich

Thiennot SA
BP 6 rue du Stade
F-10220 Piney

Großbritannien

Colour Box Miniatures
Bronze Age Limited
Orchard Estate, Lauder
Berwickshire TD2 6RH
England

Dean's Rag Book
The Dean's Company (1903)
Pontypool
Gwent, NP4 6YY
Wales

Neuseeland

Countrylife
Robin Rive
19 Thomas Peacock Place
Auckland 6

Österreich

Berg Spielwaren
Tiere mit Herz GmbH
A-6391 Fieberbrunn

USA

Applause Inc.
6101 Variel Avenue
PO Box 4183
Woodland Hills
California
91365-4183

Gund
One Runyons Lane
Edison
NJ 08817

North American
Bear Company
401 North Wabash
Suite 500
Chicago
Illinois 60611

TEDDYBÄRENGESCHÄFTE

England

Sue Pearson Antique and
Collectors Bears
13½ Prince Albert Street
The Lanes
Brighton BN1 1HE

Teddy Bears of Witney
99 High Street
Witney
Oxfordshire OX8 6LY

Japan

Bruin's Bruin
10, 13-10 Utsukus-
higaoka
Midori-ku/Yokohama
Kanagawa 225

Niederlande

Teddy Bear's Picknick
Kolstverlorenpad 1b
NL-3961 CJ Wijk bij Duurstede

USA

The Calico Teddy
22 East 24th Street
Baltimore
MD 21218

F. A. O. Schwarz
767 Fifth Avenue
New York NY 10153-0199

Village Bears and Collectibles
5128 Ocean Blvd.
Sarasota
Florida 34242

MUSEEN

Deutschland

Margarete Steiff Museum
D-89530 Giengen/Brenz

Coburger Puppenmuseum
Rückertstraße 2
D-96450 Coburg

Museum der Deutschen
Spielzeugindustrie Neustadt
Hindenburgplatz 1
D-96456 Neustadt bei Coburg

Deutsches Spielzeugmuseum
Sonneberg
Beethovenstraße 10
D-96515 Sonneberg

Spielzeugmuseum der Stadt
Nürnberg
Karlstraße 13–15
D-90403 Nürnberg

Teddymuseum Wolfgang König
In der Altstadt 7
D-63911 Klingenberg/Main

Großbritannien

The London Toy and Model
Museum
21-23 Craven Hill
London W2 3EN
England

The Teddy Bear Museum
19 Greenhill Street
Stratford-upon-Avon
Warwickshire CV37 6LF
England

Teddy Melrose
The High Street, Melrose
Roxburghshire TED6 9PA
Scotland

Österreich

Puppen & Spielzeugmuseum
Inh. Dietmar Polzer & Vaclav
Sladky
Schulhof 4/I
A-1010 Wien

Spielzeugmuseum
Sammlung Folk
Bürgerspitalgasse 2
A-5020 Salzburg

Schweiz

Spielzeugmuseum
Baselstraße 34
CH-4125 Riehen

USA

Teddy Bear Museum of Naples
2511 Pine Ridge Road
Naples FL 33942

VERSCHIEDENES

Libearty
The World Society for the
Protection of Animals
2 Langley Lane
London
SW8 1TJ

Veranstaltungskalender

JANUAR

Verkaufsausstellung für Teddybären, Puppen und altes Spielzeug (Linda Mullins), San Diego, Kalifornien, USA

Teddybär-Verkaufsausstellung, ABC Unlimited, Measa, Arizona, USA

FEBRUAR

Bears Only (Nur Bären) in Stratford, Civic Hall, Stratford upon Avon, England

Teddybärausstellung und -verkauf in Seattle, Washington, USA

Polichinelle (französische Puppenmesse, findet zumeist in Paris statt), Frankreich

The Winter Bear Fest, Kensington Town Hall, Hornton St., London W8, England

Winter Teddy Bear Extravaganza, Newport, Rhode Island, USA

Internationales Puppen- und Bärenfestival Toscana Congress A-4810 Gmunden

MÄRZ

Puppen-, Spielzeug- und Bärenausstellung in Lansing, Michigan, USA

Japanisches Teddybär-Festival, Tokio, Japan

Teddy Bear Extravaganza, Northboro, Maine, USA

APRIL

Jährliche Puppen- und Bärenverkaufsausstellung, Jamesburg, NJ, USA

Internationale Schweizer Puppenbörse Marein AG Fegistraße 1, CH-8957 Spreitenbach

Verkaufsausstellung für Puppen, Bären, Ersatzteile und Sammlerstücke, San Diego, Kalifornien, USA

Eastern States Puppen-, Spielzeug- und Teddybärausstellung, West Springfield, Massachusetts, USA

The London Bear Fair, Fairfield Halls, Croydon, Surrey, England

Midland Teddy Bear Festival, Telford Moat House, Telford, England

Teddybär-Ausstellung mit Auktion, Schaumburg, Illinois, USA

Toy Mania, Parc des Expositions, Porte de Versailles, Paris 15e, Frankreich

Teddy Total in Hennef bei Bonn Veranstalteranschrift: Teddybär Total Schneiderstraße 53 D-44229 Dortmund

MAI

Teddybärenausstellung und -verkauf, San Mateo, Kalifornien, USA

Puppen und Teddybärenausstellung und -verkauf, Portland, Oregon, USA

The Festival of Artist Bears, Civic Hall, Stratford upon Avon, England

Internationales Puppen Festival in Neustadt bei Coburg mit Teddybärenbörse Hindenburgplatz 1 D-96465 Coburg

JUNI

Bären-Verkaufsausstellung, Tampa, Florida, USA

Teddy Bear Festival, Ausstellung und Verkauf, Rochester, New York, USA

Teddy Bear Jubilee, Overland Park, Kansas, USA

Winter Wonderland, Brisbane City Hall, Brisbane, Queensland, Australien

JULI

Bären-Verkaufsausstellung, San José, Kalifornien, USA

Australia's Premier Bear Affair, Sydney Town Hall, Sydney, N.S.W., Australien

Steiff-Festival, The Toy Store, Toledo, Ohio, USA

AUGUST

British Teddy Bear Festival, Kensington Town Hall, Hornton St. London W8, England

Rocky Mountain Teddies, Copper Mountain, Colorado, USA

South Australien Doll and Teddy Show, Adelaide Festival Centre, Adelaide, Australien

Teddybär-Ausstellung, Timonium, Maryland, USA

SEPTEMBER

Internat. Puppen- u. Bären-ausstellung Thun, Vreni Pulfer Bälliz 50, CH-3600 Thun

The Teddy Bear Club Fair, Hobart Town Hall, Hobart, Tasmania, Australien

Internationale Schweizer Puppenbörse Marein AG Fegistraße 1 CH-8957 Spreitenbach

Älteste Puppen- und Teddybärenausstellung, Huntington, New York, USA

Grazer Bär-nissage Karin Kronsteiner Prokopigasse 16 A-8010 Graz

OKTOBER

Doll and Teddy Bear Collectors Show, Sydney Town Hall, Sydney, Australien

Dream Catchers, Ausstellung und Verkauf von Puppen und Teddybären, Phoenix, Arizona, USA

Japan Teddy Bear Festival, Kobe, Japan

Polichinelle, Puppenmesse, Paris, Frankreich

NOVEMBER

Bears on Parade at the Fair, Flemington Racecourse, Flemington, Victoria, Australien

Teddybärenausstellung und -verkauf, Atlanta, Georgia, USA

DEZEMBER

The British Bear Fair, Hove Town Hall, Horton Road, Hove bei Brighton, England

Toy Mania, Parc des Expositions, Port de Versailles, Paris, Frankreich

Register